인지자본주의와
전 지구적 경제위기

Crisi dell'economia globale
Mercati finanziari, lotte sociali e nuovi scenari politici
a cura di Andrea Fumagalli e Sandro Mezzadra
Postfazione di Antonio Negri

인지자본주의와 전 지구적 경제위기
금융시장, 사회적 투쟁 및 새로운 정치 시나리오

엮은이 안드레아 푸마갈리, 산드로 메자드라
옮긴이 진성철

1판 1쇄 발행 2023년 12월 18일

펴낸곳 두번째테제 | 펴낸이 장원
등록 2017년 3월 2일 제2017-000034호
주소 (13290) 경기도 성남시 수정구 수정북로 92, 태평동락커뮤니티 301호
전화 031-754-8804 | 팩스 0303-3441-7392
전자우편 secondthesis@gmail.com
페이스북 facebook.com/thesis2
블로그 blog.naver.com/secondthesis

ISBN 979-11-90186-35-3 93320

인지자본주의와 전 지구적 경제위기

금융시장, 사회적 투쟁 및 새로운 정치 시나리오

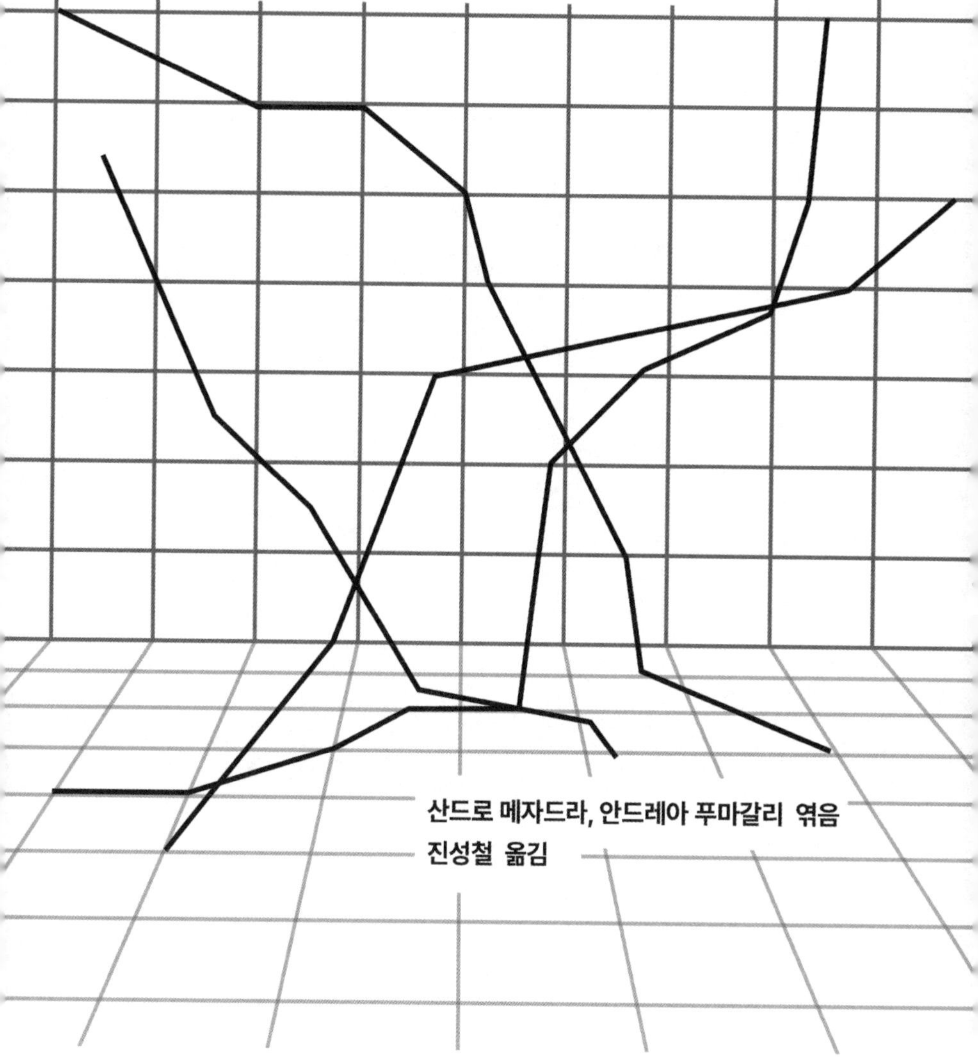

산드로 메자드라, 안드레아 푸마갈리 엮음
진성철 옮김

차례

일러두기

1 이 책은 이탈리아 Ombre corte 출판사에서 펴낸 *Crisi dell'economia globale: Mercati finanziari, lotte sociali e nuovi scenari politici*의 영어 번역본인 Andrea Fumagalli and Sandro Mezzadra(Ed), *CRISIS IN THE GLOBAL ECONOMY: FINANCIAL MARKETS, SOCIAL STRUGGLES, AND NEW POLITICAL SCENARIOS*, Semiotext(e), 2010을 우리말로 옮긴 것이다.

2 본문 주석은 각주로 처리했으며 한국어판 옮긴이가 주석을 단 경우 [옮긴이]로 표기했다. 이외의 판본 옮긴이가 단 주석의 경우 앞에 판본을 명기했다. 본문의 이탤릭체는 굵은 글씨체로 처리했다. 도서, 저널, 언론사명의 경우 겹화살괄호로, 보고서, 영화, 논문명은 홑화살괄호로 표기했다.

3 인명 및 단체명 등의 고유명사는 외래어 표기법을 따르되 널리 사용되는 표현이 있는 경우 그에 따랐다. 이해에 필요한 경우 원어나 한자를 병기했다.

서문

산드로 메자드라

1

앎을 향한 열정, 세계를 변화시키기 위해 세계를 이해하려는 견딜 수 없는 욕망. 물론 우니노마데UniNomade에는, 특히 우니노마데 도서 시리즈를 시작하는 이 책에는 이를 비롯한 많은 '이유'들이 있다. 그러나 우리 모임의 주요한 '산출물'을 구성한 것은 모임을 살아 움직이게 한 토론의 '정서적 열기'다. '전쟁과 민주주의'를 주제로 한 첫 번째 우니노마데 세미나는 2005년 1월 29일과 30일 이탈리아 파도바에서 열렸으며,[1] 그 이래로 4년간, 수백 명이 참여한 여러 세미나에서 이탈리아 오페라이스모의 전통 속에서 성장한 적어도 3세대에 걸친 연구자 및 활동가들이 만났다. 유럽과 인터넷, 메트로폴리스의 새로운 형태와 협치, '공통적인 것을 위한 제도' 그리고 현대 예술과 행동주의의 관계, 노동의 변형과 대학의 변형. 이것들은 다섯 대륙 전체에서 진행 중인 유사한 경험들 간의 지속적인 대화 속에서 지난 몇 년 동안 다뤘던 주제들이다.

지식의 위상 자체가 근본적으로 수정되었으며(최근 이탈리아에서 벌어진 '온다 아노말라Onda Anomala' 운동은 이를 매우 효과적으로 보여주었다) 이에 따라 지식의 생산과 이전에 이것을 독점했던 전통적인 학술적·

1 이와 관련된 자료는 다음에 실려 있다. Bascetta M, Tarì M, *Guerra e democrazia*, Manifestolibri, Roma, 2005.

정치적 제도 영역 사이의 관계를 다시 생각해야만 하는 시대에 살고 있다는 인식이 우리의 출발점이다.[2] 지식—'기술적' 지식뿐 아니라 '인문학적' 지식—이 직접적인 생산력이 될 때, 지식에 대한 비판은 정치경제학에 대한 비판이 될 수밖에 없다. 대학이 메트로폴리스를 기반으로 하는 생산의 필수적인 교차점이 될 때, 전통적 의미에서 대학의 '자유'를 지키는 일에 매달리는 것은 가치가 없게 된다. 계급투쟁이 전개되면서 가장 근본적인 갈등이 지식의 지형 위에서 수행될 때, 이론 생산이 우위를 주장할 수 있는 그 어떤 부분도 없을 것이며 '이념투쟁'의 영예는 더 이상 '유기적 지식인'만을 위한 것이 아닐 것이다.

우리가 여기서 도식적이고 문제제기적으로 다루는 것은 거대하고 복잡한 변형이다. 어떤 단순한 해답을 제안하고자 하는 것이 아니다. 그런 것은 우리에게 없다. 우리는 오직 긴급함의 감각만을 갖고 있을 뿐이며 앎의 생산, 정치적 실천 및 발전하는 투쟁들 사이의 미지의 관계들을 탐구할 수 있는 새로운 공간과 새로운 제도들을 만들어 내는 것이 필요하다는 확신만을 갖고 있을 뿐이다. 우니노마데는 이런 방향으로 내디딘 첫걸음이다. 우리는 최근 몇 년간 사회운동가 수백 명이 '교육받아야 할' 대상으로가 아니라 동등한 구성원이자 주역으로 세미나에 참석하고 프로젝트 기획에 참가한 일을 겪어 왔으며, 이는 앞으로도 계속해서 겪어 가며 확장하고 가까운 시일 안에 더욱 현재적인 것으로 만들어 갈 경험의 특징적인 요소다. 이 책으로 시작하는 우니노마데 도서 시리즈는 우리의 논의 영역을 넓히고 더 직접적이고 날카롭게 공개적 토론에 뛰어들고자 하는 마음에서 선택한 첫 번째 도구다. 이를 통해서 더욱 많은 대화 상대 혹은 지지자를 얻을 수 있기를 바란다.

2 이에 관해서는 우니노마데 프로젝트에서 발표된 다음 글을 참조할 것. Marco Bascetta and Sandro Mezzadra, "Il sapere come passione" in *Il Manifesto*, 1 April 2005.

이미 말한 바 있듯이 우리는 혁명적인 이탈리아 오페라이스모의 위대한 전통 안에서 자라났으며, 우리의 작업은 오늘날 국제적 토론에서 '포스트오페라이스모post-operaismo'—이는 확실히 불만족스럽기는 하지만 완전히 무익하지만은 않은 용어다—라고 불리는 흐름 속에 놓일 수 있을 것이다. 그렇지만 우리는 우리의 이론적 도구들에 의문을 제기할 필요를 느끼며 현 세계의 비판적 이해에 기여하는 최근의 다른 흐름들 및 이론적 실천들—몇 개만 언급하자면 탈식민주의 연구에서부터 페미니즘의 최근 성과까지, 또 뉴미디어 연구에서 정치철학의 새로운 전선까지—과의 대화에 우리 자신을 열어 둘 필요를 느낀다. 정치적 관점에서 우리 논의의 제안은 전방위적이다. 우리는 전복의 과학—그리고 따라서 전복의 합리성—을 소중히 여기지만, 우리 자신을 늘 혁명가로 정의하기에 조금의 주저함도 없다. 그렇다고 우리의 이론적이며 정치적인 작업이 텅 빈 공식에 의해 추동되는 것은 아니다. 우리의 관심은 이 땅에 살면서 고통을 겪고 기쁨을 만들어 가며 투쟁 속에서 협력하는 주체들의 투쟁이다. 우리는 바로 이러한 사람들과 이야기를 나누고 싶다. 어떠한 자격 증명서나 회원증도 요구하지 않고서 말이다. 현재에 대해 이야기할 것이 없는 사람들만이 영광스러웠다고 자부하는 지난날의 유산에 대해 재잘거린다. 이는 우리의 관심사가 아니다.

2

우니노마데 도서 시리즈의 첫 책으로 오늘날 우리가 겪고 있는 전 지구적 위기를 주제로 할 수밖에 없었다. 이를 위해 두 차례 세미나를 준비했었다. 첫 번째는 2008년 9월 12, 13일에 볼로냐 대학 정치·제도·역사학과와 TPO 소셜센터[3]에서 개최되었고, 두 번째는 올해[2009년_옮긴이] 1월 31일, 2월 1일에 로마 사피엔자 대학 철학과와 ESC 아틀리에에서 개최되었다. 그러나 이 책에 수록된 글들은 이 두 세미나에서의 발표문 이상이다. 여기에는 상당히 긴 시간 동안 전개되어 온 집단적인 토론의 결과물과 이탈리아뿐 아니라 스페인, 스위스, 브라질 그리고 프랑스 등에서 열린—이 책에 수록한 논문의 기고자 외에도—수많은 사회활동가들이 참여한 일련의 모임의 결과물이 담겨 있다. 따라서 이러한 만남들에서 나온 다양한 목소리들은 이 책의 결론으로 실려 있는 '열 가지 테제'에—물론 일부일 뿐이지만—종합되어 있다.

하루하루 위기가 더욱 임박하는 가운데 지난 몇 달 동안 우리의 작업을 이끌었던 한 가지 확신이 있었다. 우리가 경험하고 있는 이 위기는 새로운 유형의 위기, 즉 1970년대의 거대한 위기의 혁신—이 혁신은 달러의 금 태환 중지 선언으로 시작되었는데, 이는 1971년 8월 변동환율제를 개시함으로써 본질적으로 국제 통화체계를 국제적인 대중 노동자의 임금 투쟁으로부터 분리해내려는 목적을 갖고 있었다—의 결과인 현 자본주의 시스템 전체에 불어닥친 위기라는 것이다. 페르낭 브로델과 세계체계론 이론가들로부터 배운 바, 우리는 '금융화'가 새로운 현상이 아님을 잘 알고 있다. 예를 들어 우리는 14세기 말에서 15세기 초 동안 북이탈리아의 소규모 자본가 공동체를 중심으로 일어났던 금융적 팽창이 지닌 중요성을 알고 있는데, 여기서 "처음으로 축적의 체계적 순환의 동인들이 형성되었고, 이후에 나타

3 [영어판 옮긴이] 소셜센터는 이탈리아어 'centro sociale'를 옮긴 것으로, 버려진 도시 공간을 재전유하는 의미에서 점거하여 자주적으로 운영하는 공간을 가리킨다. 이에 관해서는 다음을 볼 것. N. Klein, *Fences and Windows: Dispatches from the Front Lines of the Globalization Debate*, Picador, London 2002.

날 모든 금융적 팽창의 주요한 특징들이 앞서 구현되었다."[4]

그러나 우리는 과거가 어떠했는지와 관계없이 '체계적 축적 순환'에서 '금융 영역의 팽창'은 '물질 영역의 팽창'에 **뒤따라** 일어난다는 주장—예컨대 조반니 아리기가 수행한 작업의 핵심 테제—이 더 이상 유효하지 않다고 확신한다.[5] 분명해 보이는 것은, 특히 크리스티안 마라치와 안드레아 푸마갈리의 글에서 상세히 논의되듯이 최근 몇십 년 동안 근본적으로 새로운 성격을 갖게 된 자본주의에서 금융이 사회 전역에 침투한 결과, 오늘날 '실물경제'와 '금융경제'의 ('물질 영역의 팽창'과 '금융 영역의 팽창'의) 구별은 일차적으로 어떠한 분석적 작업에서도 그 근거를 발견하지 못할 정도로 적실하지 못하게 되었다는 것이다.

이는 자본주의적 생산이 과거에 어떠했으며 오늘날 어떠한지에 대한 우리의 역사 이해와도 관련된 것이다. 이제 우리는 풍부한 사료 연구 덕택에 산업혁명 이전에도 자본주의가 존재했다는 것, 즉 본질적으로 상업에 기초를 둔 '전前산업자본주의'가 존재했다는 것을 알고 있다. 따라서 '후後산업자본주의'가 존재할 가능성은 분명하며 이 책의 저자 가운데 몇몇은 이를 잠정적으로 '인지자본주의cognitive capitalism' 혹은 '삶자본주의biocapitalism'라고 정의한다. 그러나 이 용어들의 적절성 여부 이상으로 중요한 것은 이 용어들이 특히 금융의 역할과 관련하여 제기하는 문제일 것이다. 1909년에 출판된 중요한 저작에서 루돌프 힐퍼딩은 당대의 주요한 두 현상(주식회사 및 유니버설 은행 즉 독일식 산업 신용의 발전)에 기초해 진정한 산업자본주의를 개시한 역사적

4 G. Arrighi, *The Long Twentieth Century: Money, Power, and the Origins of Our Times*, Verso, London, New York 1994. [한글본] 《장기 20세기》, 백승욱 옮김, 그린비, 2014.

5 ibid. 이러한 관점에서의 혁신적인 생각들이 풍부하게 담겨 있는 중요한 아리기의 최근 저작으로는 G. Arrighi, *Adam Smith in Beijing: Lineages of Twenty-first Century*, Verso, London, New York 2007. [한글본] 《베이징의 애덤 스미스》, 강진아 옮김, 길, 2009.

단절, 즉 산업혁명에 의해 시작된 과정의 정점에서 금융이 겪고 있는 변형을 분석했다.[6] 오늘날에도 이와 동일한 방법적 관점에서, 즉 지난 몇십 년 동안 금융을 형성해 온 변형들을 앞서와 유사한 새로운 역사적 국면을 알리는 단절의 징후로서 간주하면서 금융에 대한 연구가 이루어져야 한다는 것이 우리의 확신이다.

3

이제 우리의 주장을 명시적으로 밝혀 보겠다. 우리가 자본주의적 생산양식의 근본적 변형에 대해서, 더 이상 '산업적'이지 않은 자본주의에 대해서 이야기할 때, 우리는 산업 생산 및 노동이 전 지구 수준과 일국 수준 모두에서 계속해서 점하는 중요성(어떤 의미에서는 점증하고 있는 중요성)을 부정하지 않는다. 대신에 우리는 점진적으로 이러한 생산과 노동이 '산업적' 논리와는 다른 논리에 따라 기능하는 자본의 가치화 및 축적과정 속에 '절합'되고 (그리고 이 과정에 의해 통제되고) 있다는 사실을 주장하는 것이다.[7] 우리는 이 과정들이 추상적이고 공통적인 자원들—지식에서 삶bios에 이르기까지, 사회적 협력에서 카를로 베르첼로네가 '인간에 의한 인간의 생산'이라고 정의하는 것에 이르기까지—의 생산성에 대한 착취와 '포획'에 기반하여 점점 더 확장되고 있다는 사실에 주의를 환기시키고자 한다. 티지아나 테라노바가 이 책에서 묘사하는 금융자본주의와 웹 2.0의 소셜미디어 사

6 R. Hilferding, T.B. Bottomore, *Financial Capital: A Study of the Latest Phase of Capitalist Development*, Routledge & Kegan Paul, London 1981. [한글본] 《금융자본론》, 김수행·김진엽 옮김, 비르투출판사, 2011.

7 전 지구적 자본과 관련하여 '절합'[마디와 마디가 이어지는 형태의 결합을 말한다_옮긴이]이라는 개념에 관해서는 다음을 볼 것. S. Mezzadra, *La condizione postcoloniale: storia e politica nel presente globale*, Ombre corte, Verona 2008, ch. 6.

이의 접목은 이러한 새로운 상황을 탁월하게 보여주는 예다. 나아가 베르첼로네가 자신의 글에서 그리고 안토니오 네그리가 책의 발문에서 제시한 '이윤의 지대화'라는 테제가 이해되어야 하는 것은 바로 이러한 맥락에서다.

이 테제는 오늘날, 자본의 가치화 및 축적이 결정되는 전 지구 차원의 계급 구성을 정의하는 데서 커다란 문제를 낳는다. 이 책의 많은 저자가 이 주제에 대해 '다중multitude'을 제시하는 반면에, 카를 하인츠 로트는 (당초《와일드캣*Wildcat*》[8] 사이트에 실렸던) 글에서 "끊임없이 변형하는, 전 세계 노동계급의 다중우주multiverse"[9]라는 정식화를 중심으로 일련의 논의를 제시한다. 이는 분석적 관점에서나 정치적 관점에서나 매우 흥미로운 제안으로 보인다. 다만 여기서는 어떻게 이 제안이 무엇보다도 최근 몇 년 동안 프롤레타리아트 및 노동계급 역사 연구에 근본적인 수정을 가했던 '전 지구적 노동사'와의 생산적 대결로부터 출현했는지 강조하는 것에서 그치고자 한다. 로트가 말하듯이 장기적 관점만이 '일국적이고 유럽중심적인' 관점의 협소함을 해방하여 특히 노동의 '불안정성' 및 '유연성'에 관한 논의들을 새롭게 가다듬는 데 도움을 줄 수 있는 동시에 그러한 논의들을 실제로는 서구의 '포드주의'적 특징들에 기초한 '정상적 노동관계'(일련의 '사회권'을 가진 정규직 노동관계)라는 신기루로부터 자유롭게 해 줄 수 있다. 전 지구 자본주의 생산양식의 장기 역사 속에서 바라본다면 이는 '정상'이라기보다는 '예외'에 훨씬 더 가깝다.[10] 다시 한번 강조하건대 이는 역사적·분석

8 http://www.wildcat-www.de. 또한 K.H. Roth, *Der Zustand der Welt: Gegen-Perspektiven*, VSA-Verlag, Hamburg 2005에 이 책에 수록된 그의 글에서 제시된 주장들 가운데 많은 것이 이미 풍부하게 개진되어 있다.

9 이와 관련된 중요한 글로 다음이 있다. M.V.D. Linden, "Normalarbeit—das Ende einer Fiktion. Wie "der Proletar" vershwand und wieder zurückkehrte," in *Fantomas* 6 (Winter 2004–2005).

10 이에 관해서는 다음을 볼 것. M.V.D. Linden, *Transnational Labor History: Explorations*,

적 관점 못지않게 정치적 관점에서도 근본적인 질문이다.

반면에 이 책에서 제기된 많은 논점들은 바로 이탈리아 오페라이스모 운동의 이론적 실험실에서 발전한 몇몇 근본 개념을 문제로 삼는다. 우리는 이전에 다른 곳에서 노동의 자본으로의 '형식적 포섭'과 '실질적 포섭' 사이의 관계와 관련하여 그리고 '절대적 잉여가치'와 '상대적 잉여가치'의 관계[11](이 책에서 안토니오 네그리는 이 문제를 지대 분석의 영역으로 가져와 다룬다)와 관련하여 이러한 논점을 언급한 바 있다. 더 일반적으로 말해 이 관계는, 순환과 위기 사이에서뿐 아니라 또한 투쟁과 발전 사이에서 결정되는 것으로 자본의 진보적 힘이 이제는 소멸해 버렸다는 베르첼로네의 주장을 진지하게 받아들인다면, 더 이상 유지될 수 없을 것으로 보인다. 그리고 이에 따라 역사적으로 오페라이스모의 가장 귀중한 유산들 가운데 하나인 경향의 방법 자체도 오늘날 자본주의적 발전 리듬이 위기를 자기 자신의 결정적 지평으로 삼는다는 점에 맞게 수정되어야 한다.

4

이에 관해서도 역시 더 많은 설명이 필요할 것이다. 다시 '붕괴'론을 꺼내들고자 하는 것은 결코 아니다. **자본은 위기 자체**이지만, 위기 속에서도 수 세기 동안 살아남을 수 있다. 또한 자본주의 이후에 당연히 무언가 더 나은 것이 도래한다는 법도 없다. 요컨대 우리는 발터

Ashgate, Aldershot, Hants, Burlington 2003. 또한 M.V.D. Linden, *Workers of the World: Essays Toward a Global Labor History*, Brill, Leiden, Boston 2008. 그리고 다음의 훌륭한 저서 또한 잊어서는 안 될 것이다. P. Linebaugh, M.B. Rediker, *The Many-headed Hydra: Sailors, Slaves, Commoners, and the Hidden History of the Revolutionary Atlantic*, Becon Press, Boston 2000. [한글본] 《히드라: 제국과 다중의 역사적 기원》, 정남영·손지태 옮김, 갈무리, 2008.

11 S. Mezzadra, op. cit. ch. 6.

벤야민을 따라 "자본주의는 자연사하지 않을 것"[12]이라고 생각하는 쪽에 서 있다. 우리의 주안점은 자본주의의 '시간적 좌표'(이는 무엇보다도 자본의 명령에 종속되어 있고 현실에서 착취당하며 살아가는 사람들의 시간과 삶을 조직하는 자본의 방식을 의미한다)의 변화로, 이 변화는 오늘날의 전 지구적 상황에 고유한 '공간적 좌표'를 낳았던 변화 못지않게 근본적이다. 특히 우리는 현 위기에 대한 정확한 이해에 요구되는 정치적 범주의 관점에서 몇몇 결론을 이끌어내려 한다. 이러한 맥락에서 안드레아 푸마갈리가 현 자본주의적 발전의 모든 '개혁주의적' 안정화가 지닌 문제적 성격을 강조한다면, 크리스티안 마라치와 베르나르 폴레는 프랑스 조절학파가 최근에 내놓은 위기 분석과의 생산적인 대화를 시도하면서 오늘날 위기에서 협치의 범주가 겪고 있는 곤경에 대해 다룬다.

위기에 대한 분석으로부터 나오는, 개념들과 정치적 문제들의 변형이라는 관점에서 추가될 수 있는 다른 고려 사항들이 있을 수 있다. 예를 들어 근대 정치학의 고전적 개념, 즉 '여론public opinion'에 대해 길게 이야기할 수도 있을 것이다. 적어도 존 메이너드 케인스의 《일반이론》 12장 이후로, 주식시장을 조사하기 위해서는 여론을 알아야 했다.[13] 하지만 여론이 티지아나 테라노바가 정의한 바 있는 "수많은

12 W. Benjamin, *Paris capitale del XIX secolo*, Einaudi, Turin, 1986, (X, 11a, p.3).

13 John Maynard Keynes, *General Theory of Employment, Interest and Money*. Palgrave Macmillan, New York 1936. [한글본] 《고용, 이자 및 화폐의 일반이론》, 조순 옮김, 비봉출판사, 2007(이하 《일반이론》). 케인스는 또한 다음과 같이 썼다. "무지한 다수 개인의 대중심리의 결과로 일어나는 관성적인conventional 평가는 실제로는 예상수익에 별로 큰 차이를 가져오지 않는 요인들로 인한 여론의 급격한 동요의 결과로도 극심하게 변동되기 쉽다"[한글본 180쪽. 번역 일부 수정]. 이미 40년 전에 막스 베버는—주식시장을 산업자본주의 시장에서 피할 수 없게 된 "조절 및 조직화 장치"로서 분석하는 가운데—"시장에서 가격(주가)의 형성 및 고정이 확고하고 올바른 방식으로 실현되는 것"이 얼마나 중요한지 강조한 바 있다. M. Weber, *Gesammelte aufsätze zur soziologie und sozialpolitik*, Mohrm Tübingen, p. 278. 그러고 나서 그는 '대중das Publikum'의 "예상하기" 어려운 개입이 가져올 수 있을 동요의 효과에 주목할 것을 요구한다(Ibid., pp. 308, 313, 316).

데이터들의 안개" 속에서 작동하고, 이에 따라 '가독성'의 위기(자신이 착취하기 위해 의존하는 노동의 구성 상태를 읽어 낼 수 없는 자본의 무능력이 야기한 위기)를 불러일으키고 있는 상황에서 여론의 역할은 무엇인가? 다시 말해 스테파노 루카렐리와 페데리코 킷키가 이 책에서 다룬 핵심적인 주제를 요약해 가져와 보자면, 어떻게 우리는 상술한 변형에 상응하는 권력과 주체성 형상의 변화를 엄밀히 정의할 수 있을까?

그렇지만 이 서문의 결론으로 언급하고 싶은 또 다른 핵심적인 문제가 남아 있다. 그것은 이 책 곳곳에서 등장하는 것으로 이 위기가 보여주는 위험 그리고 기회의 정확한 의미다. 최근 몇 달 동안 이탈리아에서 이주노동자들의 삶의 조건에 대한 (공공연히 인종주의적인) 공격이 벌어졌을 때, 우리는 이 위험들을 처음으로 맛보게 되었으며 이러한 경향은 세계 다른 많은 나라에서도 확인된다.[14] 크리스티안 마라치가 말하듯이 그 배경에는 전쟁(이미 진행 중인 것도 있는 반면 준비 중인 것도 있다)이라는 유령이 상존하는 커다란 지정학적·화폐적 긴장이 있다. 그러나 전체적으로 보면, 이 책에 실린 글들이 가리키듯이 사회적 투쟁의 근본적 영역이 위기 속에서 새롭게 열리고 있으며 위기의 바깥을 향해 작동할 가능성을 실제로 보여주고 있다. 위기의 진정한

14 이동성이 산 노동의 전 지구 차원의 구성 상태에 관한 규정에서 핵심적인 요소가 되었음을 고려해 볼 때, 현 위기가 이주노동에 끼친 영향은 분석과 정치적 개입의 핵심 주제이다. 지난해[2008년_옮긴이] 12월 초 블라디미르 푸틴 대통령이 수백만 명에 달하는 구소련 공화국 출신 이주노동자들 대부분을 러시아로부터 추방하겠다고 텔레비전 생방송에 발표한 사실은 말할 것도 없고, 여기서는 다음의 두 사례만 더 언급하기로 하자. 모두 최근의 사건으로 하나는 최근 중국 경제발전의 핵심 원동력이었던 국내 이주이며 다른 하나는 걸프 지역으로 인도인들이 이주한 것이다. Simon Rabinovitch, "Economic crisis reverses flood of migrants in China," in *International Herald Tribune*, 30 December 2008(http://www.iht.com/articles/2008/12/30/business/col31.php). 그리고 N. Raghuraman, "Indians Flee Dubai as Dreams Crash—Fall out of Economic Crisis," in *Daijiworld.com*, 14 January 2009(http://www.daijiworld.com/news/news_disp.asp?n_id=55704&n_tit=Indians).

출구를 향한, 즉 우리가 평등과 자유를 재발명할 수 있는 공통적 지혜의 구축을 향한 탐구가 우니노마데 전체를 관통하는 문제의식을 구성하고 있으며 또 앞으로도 그럴 것이다. 소득과 임금을 위한 투쟁 그리고 특히 복지를 둘러싼 싸움은 오늘날의 위기 속에서 완전히 새롭게 평가되어야 할 것으로 보인다. 이러한 싸움들은 개혁주의의 구조적 한계와 동시에 그것이 열어 줄 혁명적 전망 또한 인식하면서, 선입견 없이 개혁주의를 이용해 볼 실험에서 특히 중요한 영역이다. 카를 하인츠 로트와 안토니오 네그리는 서로 다르지만 상통하는 논의를 통해 이러한 문제에 관해 생각해 보기를 청하고 있다.

1 금융자본주의의 폭력[1]

크리스티안 마라치

1. 위기 발발

금융자본주의의 위기를 해석하기에 앞서, 지난 1년 남짓 동안 부동산 및 은행 거품의 붕괴로부터 출현한 전 지구 차원의 거시경제적·금융적 상황에 관한 몇 가지 사실을 요약해 보는 것이 유용하겠다. 우리는 즉시 자유주의적 지구화의 명석한 지지자인 마틴 울프가 《파이낸셜 타임스》에 게재한 기사[2]를 인용할 수 있다. 거기서 울프는 미국 정부의 급격한 재정적자 증가와 세계 각국 중앙은행의 신용공급 확대가, 설사 그것이 필수적이더라도, 결국 **일시적인** 효과만을 거둘 것이며 정상적이고 지속적인 경제성장을 회복시킬 수 없을 것이라고 말한다. 따라서 2009년 내내 그리고 그 후에도 가짜 회복의 연속, 즉 주가가 반복적으로 하락하고 뒤이어 위기를 막기 위해 정부가 개입하는 식으로 주식시장이 요동치는 움직임을 목격하게 될 것이라는 예상은 매우 그럴듯하게 보인다. 요컨대 적어도 당분간은 실로 어느 누구도 설득력 있는 대책으로서 제시할 수 없을 "근본적 변화"가 요구되는 체계적 위기에 직면해 있는 것이다. 통화정책은, 비록 경기침

1 이 글은 증보되어 다음 단행본으로 출간되었다. Christian Marazzi, *The Violence of Financial Capitalism,* Semiotext(e), Los Angeles, 2010. [한글본] 《금융자본주의의 폭력》, 심성보 옮김, 갈무리, 2013.

2 Martin Wolf, *Financial Times*, 7 January 2009.

체기에 경기를 진작시키는 데 일정 정도 효력이 있다고 하더라도, 우리가 오늘날 겪고 있는 것과 같은 정도의 불황의 위기로 접어든 상황에서는 완전히 무력하다. 그 이유는 현재와 같은 위기—이는 어떤 면에서 일본이 1990년대에 경험했던 것과 닮았다—에서는 통화적 개입의 전달 통로들(금리 인하, 유동성 주입, 환율 개입, 지불준비금 증가)이 문제의 핵심을 빗겨 가기 때문이다. 즉 이러한 통로들은 소비를 회생시키는 데 필수적인 신용 자극을 기업과 가계에 전달할 수 없다. 일본의 사례와 다른 점은 일본의 경우 거품의 붕괴가 자본투자 부문—이는 그것이 최고점이었던 1980년대 말에조차 GDP의 17%를 차지했을 뿐이다—에 공황을 가져온 반면, 미국에서 터진 위기는 GDP의 70%를 차지하는 가계소비 부문에 직접적으로 영향을 미쳤다는 것이다. "미국 소비자가 단연 세계에서 가장 중요한 소비자"임을 감안하면, "거품붕괴 이후 미국의 경제 폭락이 전 지구에 미칠 영향력은 일본의 거품붕괴가 미친 것보다 훨씬 더 심각할 것이다."[3]

메릴랜드 대학의 카먼 레인하트와 하버드 대학의 케네스 로고프의 연구에 근거하여 우리는 이 위기가 어떤 면에서 최근 수십 년을 통틀어 가장 심대한 것인지를 이해할 수 있다.[4] 저자들이 지난 몇 년간을 관찰한 바에 따르면, 적어도 2년간 지금과 같은 정도의 은행 위기 Banking Crisis가 GDP의 심각한 감소와 더불어 지속되고 있다. 주식시장 역시 심각하게 붕괴되었으며, 부동산 자산의 실제 가격은 6년에 걸쳐 평균 35%가량 하락했고, 동산 자산의 가격은 3~4년 동안 55%가량 하락했다. 실업률은 지난 4년 내내 평균적으로 7%가량씩 상승한 반면 생산량은 9% 감소했다. 더욱이 공공부채의 실제 가치는 평균적으로

3 Stephen Roach, "US Not Certain of Avoiding Japan-Style 'Lost Decade,'" *Financial Times*, 14 January 2009.

4 Carmen Reinhart and Kenneth Rogoff, "The Aftermath of Financial Crises," December 2008, http://www.economics.harvard.edu/faculty/rogofff/files/Aftermath.pdf

86%가량 증가했는데, 이러한 증가에서 위기를 겪고 있는 은행의 자본 확충bank recapitalization을 위해 사용된 비용은 오직 작은 부분만을 차지했을 뿐이며, 실제로는 세수 붕괴가 공공 채무 증가의 가장 큰 원인이었다.

오늘날의 위기와 근래의 위기들 사이의 가장 중요한 차이점은 현재의 위기가 이전 것들처럼 지역적인 것이 아니라 **전 지구적** 위기라는 것이다. 과거와 같이 세계 나머지 지역들이 미국을 재정적으로 뒷받침해 줄 수 있었던 때에는 미국이 예금 과잉 국가들의 미국 국채 매입을 통해, 재정이 조달되는 광범위한 재정적·통화적 부양 프로그램을 이용할 수 있는 한에서, 위기를 지역적 규모에 묶어 둘 수 있을 것이라 예상할 수 있었다. 그러나 오늘날 과연 누가 장기적으로 미국을 도울 수 있겠는가? 오늘날의 어려움은 전 지구적인 이 위기가 지난 몇십 년간, 비록 불균등한 방식으로일지라도 전 지구 경제성장을 가능하게 했던 바로 그 힘—즉 구조적으로 생산이 부족한 나라들(미국)로부터 구조적으로 그것이 잉여인 나라들(어제의 일본과 오늘의 중국)로의 수요의 흐름—을 파괴해 버렸다는 데 있다. 그러나 민간 소비가 전 세계 규모로 붕괴된 지금, 미국의 수요를 증가시키려는 노력만으로는 더 이상 충분하지 않을 것이다. 전 지구 차원의, 말하자면 잉여생산 상태에 있는 개발도상국들조차 포함되는 차원의 수요를 회생시키기 위한 조치가 요구된다. 지금으로서는 개발도상국들이 선진국에서 발생한 수요 손실분을 자국에서 벌충하는 것(소위 탈동조화 decoupling)이 가능할 것으로 보이지 않는데, 이는 이러한 위기가 그들에게도 특별히 강한 경기침체 영향을 미치기 때문이다. 그럼에도 불구하고 세계은행World Bank의 예측에 따르면 중국, 인도, 러시아 그리고 남아메리카의 여러 나라에서, 나라들마다 꽤 큰 차이가 있을 수는 있겠지만, 적어도 중기적(2010~2015년)으로는 성장률이 계속해서 평균 4~5%는 될 가능성도 배제할 수 없어 보인다. 이러한 가능성은 개발도상국들의 총수출량—각국의 최근 5년 동안의 총수출량은 GDP 대비 평균 35%를 차지했다—가운데 오직 (GDP 대비) 20%만이 선진국에 수출된 반면, 나머지 15%는 개발도상국들 권역 안에서 이뤄진 내부 무역으로 구성되었다는 사실에 근거한다.[5] 어쨌든 세계적으로 수요를 견인하기 위해서는 개발도상국들이 자국의 임금을 올리는 것에 더해 자국의 저축을 더 이상 적자 상태에 있는 서구 선진국들이 아니라 내수를 진작시키는 쪽으로 흐르도록 해야만 할 것이다. 그런데 이로 인해 전 지구의 통화 및 금융 유통은, 심대한 구조적 불안정에도 불구하고, 심지어 그 불안정을 이용해 세계경제를 돌아가게 하는 바로 그 메커니즘을 잃게 된다. 따라서 **위기 이후** 개발도상국들이 선진국들의 예금이 투자되는 헤게모니적 경제 세력이 될 가능성, 이에 따라 자본 흐름이 역전되고 선진국의 소비 수준이 다소 줄어들 가능성이 있다. 그러나 누구도 이 위기의 **지속 기간**이 얼마나 될지 예상할 수 없으며 따라서 이미 분명히 드러나고 있는 점증하는 복잡한 사회·경제적 모순들을 처리해 나갈 수 있는, 경제적일 뿐 아니라 정치적인 능력을 미리 그려 볼 수 없을 것이다.

그렇기에 우리는 선진국, 특히 미국에서의 수요 흐름에 관심을 기울일 수밖에 없다. 2007년 삼사분기에서 2008년 삼사분기 사이 미국의 민간 신용 부문의 수요 하락이 GDP의 13%에 달했음을 고려하면, 순저축이 향후 몇 년간 양(+)의 값을 유지할 것—이는 미국의 일만은 아니다—이 확실하다. 달리 말해 개인은 자신의 채무를 줄이기 위해 모든 일을 할 것이고, 이로 인해 민간 소비의 회복을 노린 통화적 조치들은 무력화될 뿐이다. 당분간 민간 부문에서 GDP의 6%에 해당하는 재정흑자(즉 소비 부족)가 발생하는 한편 무역수지 면에서 GDP의 4%에 해당하는 구조적 적자가 발생할 것을 가정하면, 위에서 언급

5 "Emerging Markets: Stumble or Fall?" *The Economist*, 10 January 2009.

한 울프의 예측에 따라 내수 및 세계 시장에서의 수요 감소를 벌충하기 위해 요구되는 세수 부족은 GDP의 10%에 이를 것이다. 그것도 "**무기한으로**" 말이다! 이러한 규모의 공공 채무를 줄이기 위해서는, 특히 오늘날 이미 미국 정부의 적자가 GDP의 12% 수준—이는 2차 세계대전기 수준이다—에 이른 것을 감안하면 막대한 노력이 요구될 것이다. 이것만이 아니다. 우리는 0으로 향하는 명목금리와 물가하락(즉 디플레이션)의 효과가 함께 만들어 내는, 기업의 채무상환을 가로막는 장애물을 잊지 말아야 한다. 이런 상황에서는 실질금리[6]가 매우 높게 되어 그 결과 채무상환이 매우 어렵게 된다. 다시 한번 은행 위기의 물결이 밀어닥칠 가능성을 배제할 수 없는 것은 바로 이 때문이다. 미셸 아글리에타가 말하듯이,

> 상황이 이렇게 진행된다면 은행들이 제2의 금융 충격financial shock을 받을 위험이 있다. 이 충격은 기업에 대한 부실채권에 기인하는 부메랑 충격이다. 이렇게 경제공황은 금융 부문의 채무 축소 노력과 디플레이션 사이의 상호 심화 과정을 통해 증식되어 나갈 수 있다.[7]

폴 크루그먼에 따르면 오늘날과 같은 위기 상황에서 오바마 정부가 제출한 8,250억 달러 규모의 경기부양 프로그램은 잠재 GDP 성장률과 실질 GDP 성장률 간의 차이인 "아웃풋 갭output gap"을 메우기에 전혀 충분하지 않다. 즉 "미국의 산출량에 충분한 정도의 수요가 주어져 있다면, 미국은 앞으로 2년 동안 30조 달러 치의 상품과 서비스

6 [옮긴이] 실질금리=명목금리-물가상승률. 낮은 명목금리로 돈을 빌렸더라도 물가가 하락하면 더 많이 생산해야 그 돈을 갚을 수 있게 된다. 따라서 실질금리는 높아지게 된다.

7 Michael Aglietta, *La crise. Pourquoi en est-on arrive la? Comment en sortir?*, Michalon, Parigi, 2008, p. 118. [한글본] 《위기, 왜 발발했으며 어떻게 극복할 것인가?》(이하 《위기》), 서익진 옮김, 한울아카데미, 2009, 112쪽. 번역 일부 수정.

를 생산해낼 수도 있을 것이다. 그러나 민간 소비와 기업 투자가 모두 급감함에 따라서 오늘날 미국 경제가 생산해낼 수 있는 것과 그것이 팔 수 있는 것 사이에는 커다란 격차가 발생하고 있다. 그리고 오바마의 계획은 이 '아웃풋 갭'을 메울 수 있는 양에 조금도 미치지 못하고 있다."[8] 이어서 크루그먼은 왜 오바마가 이 이상을 행하려 하지 않는지 의아해한다. 물론 막대한 규모의 정부 차입에 여러 위험이 따르는 것은 사실이다. "그러나 적절한 조치를 취하지 못한 것의 결과 또한 일본식 장기 디플레이션의 덫에 빠지는 것—이는 정부의 개입이 적절하지(즉, 약 2조 1천억 달러에 이르지) 않다면 불가피하다—보다 하등 나을 것이 없다." 계속해서 그는 그렇다면 공공지출 기회의 부족이 오바마 계획의 규모를 제한하고 있는 것인지 묻는다. "공적자금이 투여되는 '준비된 건설shovel-ready' 프로젝트, 즉 단기간에 경기를 진작시킬 수 있을 만큼 지체없이 시작될 수 있는 프로젝트는 한정된 숫자만이 존재한다. 그러나 다른 형태의 공공지출, 특히 공중보건에 대한 지출과 같이 좋은 일도 하면서 도움이 필요한 때 경제에도 도움이 될 수 있는 지출 형태들도 있다." 다시 한번 그는 묻는다. "그렇다면 이러한 오바마의 결정 뒤에 정치적 신중함의 동기, 즉 공화당의 지지를 확보하기 위해 경제계획의 최종 비용을 1조 달러 이하로 유지하고자 하는 시도가 자리 잡고 있는 것은 아닌가?"[9]

오바마가 세운 계획의 60%는 공공지출(공중보건, 사회기반시설과 교육에 대한 투자, 주택 압류 위기에 놓인 주택 소유자들에 대한 원조 등)로 구성되어 있으며 나머지 40%는 세금 감면으로 이루어져 있다. 그러나 조지프 스티글리츠는 《파이낸셜 타임스》와의 인터뷰에서 감세에 기초한 경기부양책을 남발하지 말라고 촉구한다. 이런 부양책은 오

8 Paul Krugman, "Il piano Obama non basta" *La Reppublica*, 10 January 2009.
9 Ibid.

늘날과 같은 위기에는 확실한 실패로 귀결될 수밖에 없다는 것이다.[10] 예를 들어 2008년 2월에 실시된 감세 조치의 경우, 감세분의 50%만 이 지출을 증가시킨 반면 가처분소득의 나머지 증가분은 민간 부채를 줄이는 데 사용되었다. 오늘날 감세분은 높은 소비 성향을 지닌 빈곤한 가계의 경우를 제외하고는, 열이면 아홉 거의 전부 다 빚을 줄이는 데 사용될 것이다. 만약 누군가 정말이지 세금 감면이라는 방식을 고집하고자 한다면, 모든 기업으로 하여금 감세분을 투자—그리고 이 투자가 혁신적이라면 더욱 좋을 것이다—의 증가에 사용하도록 제한하는 것이 바람직할 것이다. "기반시설, 교육 그리고 기술에 대한 지출은 자산을 창조한다. 그것들은 미래 생산성을 높인다."

정부의 경기부양책이 미국과 같이 주로 재량적 경비discretionary expenditure로 조달되든 유럽과 같이 사회적 지출의 증가에 따른 다소 자생적 결과로 구성되든, 일반적으로 위기에 맞선 국가적 차원의 개입은 궁극적으로는 채권시장에서 자본을 융통할 수 있는 능력에 의존한다. 2009년에 예정된 국채 발행 규모는 막대하다. 여기에는 GDP의 14%에 해당하는 약 2조 달러의 국채 발행이 예정된 미국에서부터 2,150억 달러(GDP의 10%)의 영국 그리고 앵글로색슨식 재정지출을 통한 경기부양책—이를 두고 독일 메르켈 총리는 "세련되지 못한 케인스주의"라고 비난했다—에 저항감을 갖고 있었던 독일을 비롯한 세계 모든 국가의 상당한 양의 채권발행이 포함된다.

미국 입장에서 채권시장에 의지해 증가하는 재정적자를 충당하기 위한 자금을 모으는 것은 원리상 별다른 문제로 보이지 않을 것인데, 특히 오늘날 우리가 겪고 있는 것과 같이 지속적인 금리 인하로 특징지어지는 디플레이션 상황—이는 채권 투자자에게는 안정적이

10 Joseph Stiglitz, "Do not Squander America's Stimulus on Tax Cut," *Financial Times*, 16 January 2009.

고 상대적으로 높은 수익률을 의미한다—에서는 더욱 그렇다.

그럼에도 불구하고 시장 입장에서는 인플레이션율이 급락하고, 그에 따라 정부가 (보통 인플레이션이 유발하는) 세수 증가를 통해 채무 변제 이행에 더욱 어려움을 겪게 될 가능성이 예측되면서, 벌써부터 미국 국채의 실질금리가 상승하고 있으며, 이는 경제적으로 가장 부유한 나라들에서도 마찬가지이다. 실제로 국제적인 국채 투자자들은 정부의 지급불능 위험으로부터 자신을 더 잘 보호하기 위해 더욱 높은 명목 및 실질 수익률을 요구한다. 애널리스트들에 따르면 채권시장의 투기거품—채권가격의 왜곡은 이를 통해 설명될 수 있다—을 알리는 여러 신호들 못지않게 "정부의 자금 차입이 시작되면서 실질금리가 상승했다는 것은 다소 불안한 점이다."[11] 스페인, 그리스, 아일랜드 그리고 이탈리아와 같은 나라들의 경우, 2007년까지만 해도 해당국의 국채 수익률은 독일보다 거의 높지 않았다. 그러나 2008년 12월 이후로 이들 정부에게 공공적자를 충당하기 위한 재원을 마련하는 것은 더욱 어려운 일이 되어 가고 있다. 유로화가 출범한 지 10년이 지났지만, 시장은 하나의 유로존 내부에서도 국가별 신용 위험도를 정확히 구별하고 있으며, 따라서 앞선 어려움은 회원국들의 통화 발행이나 '유럽연합채권Unionbond'의 발행에 의지해 손쉽게 해결될 수는 없을 것인데, 이러한 조치들이 유로존 내의 강한 나라들에게 불리한 것이기 때문이다. 이는 유럽연합EU 안에서 각국의 정책들, 특히 사회정책의 진정한 통합이라는 문제를 다시 한번 제기한다.

이러한 상황에서, 즉 극단적으로 높은 국채 공급에 반해 국채를 구매하려는 투자자는 많지 않은 상황에서 구축효과crowding out—돈이 민간 채권시장을 떠나는 것—의 위험은 완전히 현실적인 것이 된다.

11 Chris Giles, David Oakley, and Michael Mackenzie, "Onerous issuance," *Financial Times*, January 7 2009.

채권시장에서 벌어지는 사적 기업과 정부의 경쟁은 기업의 채권발행 비용을 특히 높아지게 하는 한에서, 위기의 극복을 한층 더 방해할 위험이 있다. 이미 미국에서 자동차 회사를 지원하면서 일어난 일처럼, 이러한 상황에서 정부는 기업의 채권을 사들임으로써 민간기업에 대해 직접적인 지원을 할 수밖에 없게 될 것이다. 이는 몇 달 전 중앙은행의 개입을 통해 은행 및 금융 부문에서 시작되었던 준국유화 과정에 이어서 비금융권 기업에 대한 준국유화—그러나 국가에 주주로서의 의결권은 없다—과정이 시작됨을 의미할 것이다. 그렇다면 하나의 가정으로서 만약 세계경제가 다시 제대로 돌아가기 시작한다면 반대 방향의 구축 과정, 즉 국채에서 자금을 빼서 기업채에 투자하는 일이 벌어질 것이며, 이로 인해 모든 국가에서 채무상환의 압박이 심각하게 증가될 것이다.

이후의 시나리오는 전체적인 국가 재정적자의 가파른 증가에 직면하여 전 세계적으로 실업률이 대규모로 그리고 지속적으로 증가하고 소득과 지대가 일반적으로 감소하게 되는 것이다. 화폐 발권이나 은행으로 자본의 대여라는 수단을 통해 은행, 금융 그리고 보험 시스템을 지탱하려는 자유주의 정부들의 '사회주의적 선회'가 믿을 수 없을 만큼 많은 악성자산toxic asset을 보유한 지급불능 상태의 은행들이 연쇄적으로 파산하는 것을 막을 수 있으리라고는 보이지 않는다. 향후 2년간, 세계 모든 국가의 경제가 각종 경제부양책에도 불구하고 여전히 침체 상태(즉 스태그 디플레이션)에 있을 가능성이 매우 높으며, 각국이 납세자들에게 공공적자가 부담되는 것을 가능한 늦추기 위하여 환율의 평가절하 혹은 보호주의적 조치들(즉 탈지구화)과 같은 수단을 통해 자국에 수요 할당을 다시 한번 도입할 가능성 역시 매우 높다. 위기를 효과적으로 관리하기 위해 사용할 수 있는 경제정책 및 통화정책의 가능한 폭은 극히 제한적일 뿐이다. 고전적인 케인스주의적 조치들은 정부 경제부양책의 자극을 실물경제로, 상품과 서비스의 수요로 그리고 투자재로 전달해 줄 통로를 잃어버렸다. 다른 한편 국제 통화 구조의 심대한 변형, 즉 전 지구화로 일어난 국가주권의 위기를 반영하는 이러한 변형을 고려하지 않고서 새로운 브레턴우즈 체제에 대해서 논의하는 것은 거의 아무런 의미가 없을 것이다. 이것들 대신 뉴딜, 즉 소득, 고용 그리고 신용 체계를 "풀뿌리" 수준에서 지원하는 것을 꺼내 들고자 한다면, 정치적으로 혁신적인 방식으로 이 위기의 탈출을 구체화할 수 있을 사회세력, 주체 그리고 투쟁의 형태에 대해 분석해야만 할 것이다.

2. 금융의 논리

우리가 현재 겪고 있는 이러한 위기를 초래한 금융화 과정은 20세기에 역사적으로 기록된 여타 모든 금융화 과정과는 다르다. 고전적인 금융위기는 정확히 경제순환의 한 마디로 놓여 있는데, 그중 특히 국제적 분업의 지정학적 평형상태를 무너뜨리는 사회적 힘들이 세계적 규모의 자본주의 경쟁으로 인한 이윤율 하락과 결합되어 경제순환의 끝에 위치했다. 따라서 20세기의 전형적인 금융화는 자본 입장에서는 실물경제에서 더 이상 포획할 수 없는 것들을 금융시장에서 만회하려는 시도—어떤 점에서 '기생적'이며 '필사적인'—를 나타내는 것이었다. 마르크스가 《자본론》 3권에서 정의한 것처럼 "가공자본fictitious capital"이라고도 불리는 "이자 낳는 자본"의 특수한 축적 및 집중화는 주로 은행을 통해 이루어졌는데, 은행은 돈을 수단으로 하여 다른 경제 영역으로부터 자립적으로 돈을 만들어 내는 역할을 했다. 이는 실로 20세기 금융화 과정의 두드러진 특징 중 하나를 전형적으로 보여주는 것이었다(그리고 이는 이미 19세기 후반에 마르크스가 지적한 것이다). 이처럼 금융위기는 실물경제와 금융경제 사이의 모순적 관계에 기초해 있었는데, 오늘날 이 관계는 더 이상 같은 식으로 나타나지 않는다.

오늘날 금융경제는 편재遍在하는 것으로서 경제순환 전체에 걸쳐 퍼져 있으며 순환의 처음부터 끝까지 함께한다. 비유적으로 말하면, 오늘날 우리가 슈퍼마켓에서 쇼핑을 하고 신용카드로 결제하는 순간에도 우리는 금융 안에 있는 것이다. 하나의 예로 자동차 산업을 들 수 있다. 자동차 산업은 전적으로 신용 메커니즘(할부, 리스 등등)에 따라 작동한다. 그래서 제너럴모터스GM가 겪는 문제는 자동차 생산만큼이나 (GM의 자회사로, 그들의 상품을 소비자에게 판매하기 위해 필수불가결한 소비자신용의 대여를 전문으로 하는) GMAC의 재정적 취약성과도 깊은 관계가 있는 정도이다. 즉, 우리는 금융이 재화 및 서비스의 생산 그 자체와 **한 몸인** 역사적 시기에 있는 것이다. 고정자본 및 임금에 재투자되지 않은 이윤을 포함하여, 오늘날의 금융화 과정에 투입되는 재원은 날로 다양화되고 있다. 여기에는 외부로부터의 직접투자를 통해 얻은 배당금과 로열티의 본국 송환에서 유래하는 이윤, 제3세계에 대한 채권으로부터 발생하는 이자 흐름과 이에 더해 개발도상국들에 대한 국제 은행들의 대출에 따른 이자 흐름, 천연자원으로부터 얻은 잉여가치, 부유한 개인과 가계가 주식시장에 투자한 돈이나 그들의 퇴직연금 및 각종 투자기금 등이 포함된다. '이자 낳는 자본'의 재원과 행위자들의 이러한 다양화 및 확대는 의심의 여지없이 새로운 금융자본주의 특유의 전에 없던 그리고 문제적인 특징이다. 특히 이 시스템을 수정하고 '탈금융화'하여 실물경제와 금융경제 사이의 '좀 더 균형 잡힌' 관계를 재구축할 가능성을 고민하는 사람에게는 더욱 그러하다.

이전의 것과 마찬가지로, 이 금융화 과정 역시 발생된 이윤이 직접적 생산과정(즉 불변자본과 가변자본)에 재투하되지 않는 것으로 이해될 수 있는, 축적의 장애로부터 시작된다. 실제로 그것은 1970년대 이후 포드주의적 자본주의가 맞이한 성장의 위기와 함께 시작되었다. 그때는 실물(즉, 산업) 경제와 금융경제의 이분법에 기초한 고전적인 금융화가 다시 등장할 만한 조건이 충분히 존재했으며, 그 결과로 축적 없는 이윤의 증대를 보장할 일정량의 이윤을 금융시장에서 포획할 수 있었다. 1980년대 초 "금융 거품의 주된 원천은 축적 없는 이윤의 경향적 증대에 있었는데, 이는 다음의 이중 운동에 기인했다. 즉 임금의 일반적인 하락과 다른 한편으로 이윤율의 회복에도 불구하고 축적률은 침체(즉 하락)하는 운동이 있었다."[12] 이것이 가능한 것은 축적률이 순자본의 성장을 의미하는 반면 이윤율은 이윤과 자본 사이의 관계를 의미하기 때문이다. 1980년부터 시작된 이 두 비율 간의 분기는 금융화의 유일하지는 않더라도 확실한 지표이다. 그러나 앞서 이야기했듯이 이러한 재투자되지 않은 산업 이윤 외에 금융자본의 또 다른 '축적'의 원천이 점점 더 추가되고 있다는 점은, 포스트포드주의적 발전-위기 모델의 변형을 이해하기 위해서 잊지 말아야 할 사실이다.

포드주의적 생산양식에서 오늘날 금융자본주의의 기초를 이루는 '주주자본주의stock managerial capitalism'로의 전환은 사실 1960년대와 1970년대 사이의 (50%에 가까운) 이윤 감소에 의해 설명된다. 이러한 이윤 감소는 포드주의의 기술적·경제적 토대가 그 시효를 다한 것에 기인하는데, 특히 대량소비상품에 의한 시장 포화와 생산과정, 불변자본 그리고 정치적으로 '하방 경직된' 노동임금의 경직성에서 기인한다. 발전의 정점에 이른, 즉 자본의 유기적 구성(가변자본과 불변자본 사이의 관계)이 한계에 이른 포드주의적 자본주의는 더 이상 산 노동living labor으로부터 잉여가치를 '빨아들일' 수 없었다.

12 Michael Husson, *Les enjeux de la crise*, in "La Breche", November 2008.

그러므로 1970년대 중반 이후에 세계경제를 추동했던 주요한 힘은, 각종 수단을 동원하여 이윤율을 그것이 가장 높았던 20년 전 수준으로 되돌리려는—기업주와 투자자들에 의해 요구된—자본주의 기업들의 끝없는 노력이었다.[13]

우리는 이후 상황이 어떻게 진행되었는지 알고 있다. 우리가 목격한 것은 노동임금의 감소, 노동조합에 대한 공격, 전체 노동과정의 자동화 및 로봇화, 저임금 국가로의 기업 이전, 노동의 불안정화 그리고 소비 모델의 다양화 등이었다. 그리고 정확히 여기에 금융화도 포함된다. 이때 금융화란 (포드주의적 생산 논리에 따라) 비용에 대한 초과수익으로서의 이윤의 증가가 아니라 "시점 T_1에 비해 시점 T_2—둘의 차이는 단지 하루이틀에 불과할 수도 있다—에 증가한" 주식시장 가치의 초과분인 이윤의 증가를 의미한다.

실제로 기업 입장에서 이윤율 회복을 위해 금융시장에 의지하는 것은 새로운 채권발행을 통해 기업활동에 필요한 자금을 조달하는 것과는 전혀 다른 일이다. 이는 기업들이 언제나 자기 내부에 자금을 조달할 여력을 갖고 있기 때문이다. 세계에서 가장 큰 주식시장을 가진 나라인 미국의 기업들이 주식발행 등 금융을 이용해 필요 자금을 조달하는 것은 단지 필요액의 1% 정도이다(독일의 경우 역시 2%에 불과하다). 달리 말해 경제의 금융화는 이윤율이 하락한 이후 자본의 수익률을 만회하려는 과정이자 직접적 생산과정 **밖에서** 자본의 이윤율을 진작시키려는 장치였다. 기업이 '무책임한' 방식으로 주주가치 shareholder value 패러다임, 즉 다양한 복수의 '이해 담지자'의 가치—이는 이해관계자 가치stakeholder value라고도 불리며, 이해관계자에는 임금노동자, 소비자, 공급자, 환경, 미래 세대 등이 포함된다—보다 주주

13 Luciano Gallino, *L'impresa irresponsabile*, Einaudi, Torino 2005.

가치를 우위에 두는 패러다임을 내면화하도록 이끈 것 역시 바로 이 장치이다. 기업의 전체 수입에서 (산업적) 이윤이 차지하는 비중은 미국의 경우 1960년대에서 1970년대 사이 24%에서 15~17%로 감소했는데, 그 이후 14~15%를 결코 넘은 적이 없다. 금융화는 이에 맞게 구조화되어 모든 면에서 현대 자본주의의 작동 원리가 되었다.

> 크리프너가 이용 가능한 증거를 철저히 분석하여 보여주었듯이 미국 기업의 총이윤에서 금융·보험·부동산의 비중은 1980년대에 제조업 비중을 거의 따라잡았을 뿐 아니라 1990년대에는 이를 뛰어넘었다. 더욱 중요한 것은 1970년대와 1980년대에 다름 아닌 **비금융 기업들이** 공장과 설비에 대한 투자에 비해서 금융자산에 대한 투자를 급격히 늘렸으며, 생산활동에서 벌어들인 수입과 이윤에 비해서 금융에서 나오는 수입과 이윤에 점점 더 의존하게 되었다는 점이다. 이러한 비금융경제의 '금융화' 추세에서 제조업 부문이 양적으로 지배적이었을 뿐 아니라 이 추세 자체를 주도했음을 발견했다는 점에서 크리프너의 분석은 특히 중요하다.[14]

이러한 사정은 산업 이윤을 '가공의' 금융적 이윤과 구별하는 (산업적) 실물경제와 금융경제 사이의 구별을 폐기하기에 충분하다. 또한 이론적 관점에서나 역사적 관점에서나 이는 자본주의와 산업자본주의의 동일시(이는 아리기가 말하듯이 정당화될 수 없는, 정통 마르크스주의의 신념에 찬 행위와도 같다)를 멈출 충분한 근거가 된다. 만약 우리가 실제로 최근 30년간 기업 안에서부터 만들어진 주주가치 패러다임을 설명하기 위해 '무책임한 기업'에 관해 이야기하고자 한다면, 우리는

14 Giovanni Arrighi, *Adam Smith a Pechino. Genealogie del ventunesimo secolo*, Feltrinelli, Milano, 2007, pp. 159-60. [한글본] 《베이징의 애덤 스미스: 21세기의 계보》, 강진아 옮김, 도서출판 길, 2009, 198~199쪽. 번역 일부 수정.

(카를로 베르첼로네가 적절하게 표현한 바와 같이) '이윤의 지대화'[15]에 기초한 생산과정의 변화에 대해 이야기해야 할 것이다.

임금 부분이 감소하고 불안정하게 되며 생산자본에 대한 투자 또한 정체되는 포스트포드주의적 구도의 금융자본주의에서, 이윤의 **실현**이라는 문제(즉 잉여가치 생산물의 판매)는 의심할 여지없이 **비임금 소득**에 의한 소비의 몫으로 남겨진다. 이러한 분배 상황에서 자본의 재생산이(이 분배 상황의 특징인 극도로 심화된 부의 양극화를 낳으며) 가능한 것은 한편으로 지대수취자[16]들의 소비 증가와 다른 한편으로 임금소득자들이 빚을 내어 소비하는 덕분이다. 금융화는 비록 매우 불평등하고 불안정한 방식이지만(이에 대해서는 납입한 부담금을 우선순위로 하여 지급되는 은퇴보조연금을 생각해 보라) 금융소득을 동산과 부동산의 이중 형태—미국에서 전자와 후자는 각각 20%와 80% 비율을 차지한다—로 임금노동자에게도 재분배해 왔다. 따라서 이윤의 지대화와 더불어 일종의 임금의 지대화가 진행되고 있는 셈이다.

특히 가계경제에서 부채의 증가—이는 미국이냐 유럽이냐에 따라 약간 차이는 있지만 저축율의 뚜렷한 감소와 조응한다—는 금융자본주의가 더욱 확장된 그리고 전 지구적 규모로 재생산되는 것을 가능하게 해 준 요소이다. 사회적 국가가 지녔던 재분배 기능의 약화와 나란히 오늘날 말하자면 케인스주의적 적자 공공지출의 민간 부문으로의 이전이 발생하고 있다. 즉 추가 수요가 개인의 부채라는 수단을 통해서 창출되고 있는 것이다(그리고 그와 관련된 위험 역시 민간 가계경제의 몫으로 넘어간다). 특히 나스닥이 폭락한 직후인 2000년에

15 이 책 3장 카를로 베르첼로네의 글 '가치법칙의 위기와 이윤의 지대화'를 보라.

16 [옮긴이] 여기서 지대는 전통적 의미의 지대, 즉 토지 사용의 대가는 물론 주식, 채권, 연금 등 각종 금융장치로부터 얻는 수익을 포함한다. 이는 이 책 전체에 걸쳐 강조되듯이 오늘날 자본주의 양식에서 이윤이 점차 직접적 생산과정 외부에서 발생하는 지대의 형태를 띠게 되기 때문이다.

서 2002년 사이, 매우 확장적인 통화정책과 은행에 대한 규제완화, 즉 부채에 기초한 채권의 증권화를 도운 정책이 민간 부채의 폭발적 증가를 더욱 용이하게 했다. 이러한 증권화로는 대표적으로 부채담보부증권Collaterized Debt Obligtaion, 대출담보부증권Collaterized Loan Obligation 그리고 신용부도스와프Credit Default Swaps, CDS—투자 위험으로부터 보장받기 위해 당사자들 사이에 교환하는 (사실은 물물교환하는) 파생보험채권—등을 들 수 있다. CDS 총합만 62조 달러에 달하는데,[17] 이는 10년 만에 100배로 증가한 것이다.

증권화 덕분에 (신용카드 회사뿐 아니라 주택담보대출 회사를 포함하는) 신용기관들은 고객들에게 제공한 대부를 단지 그들의 장부상에 보유해 두기만 하는 것이 아니라 그것을 투자은행들에 파는 식으로 다시 활용할 수 있게 된다. 여기서 후자, 즉 투자은행은 ('양호'에서부터 '덜 양호'에 이르는) 서로 상이한 위험도를 가진 신용들이 모여들어 이루어진 하나의 신용 풀credit pool과 같은 역할을 하며 이 신용들에 기초해서 채권을 발행한다. 발행된 채권은 다시 단기 채무를 통해 매입 대금을 조달하는 단기 특수목적 금융기관들—여기에는 콘듀잇[18]이라고 불리는 것을 포함하여 많은 특수 회사들이 포함된다—에게 양도되고 끝에 가서는 헤지펀드와 같은 투자자나 투자은행, 노후연금 등으로 흘러 들어간다. 이러한 복잡한 금융공학을 이용하여 신용기관들은 이미 실행된 부채를 장부에서 털어 버리고 새로운 대부를 할 수 있게 되며 궁극적으로는 신용 총액의 인공적인 증가(레버리지 효과[19])

17 [옮긴이] 원문에서 저자는 모든 신용파생상품이 62조 달러에 달한다고 적고 있으나 2008년 CDS 예상 규모액만 적게는 45조 달러에서 많게는 62조 달러로 추정되었다고 한다.

18 [옮긴이] 콘듀잇conduit은 자산 유동화를 위한 특수목적회사special purpose vehicle, SPV 또는 special purpose entity, SPE로 미국에서는 SIV, Structured investment vehicle라고 부른다. 콘듀잇은 원래 도관이란 뜻으로, 한번 설립되면 도관에서 물을 뽑아내듯 계속 유동화증권을 발행할 수 있기에 이런 이름이 붙었다.

19 [옮긴이] '지렛대 효과'로도 옮길 수 있는 이 말은 말 그대로 낮은 액수의 자본 사용으로 높은 액수의 금융 자원을 관리하는 것을 말한다.

를 만들어 낼 수 있게 된다. 이는 일종의 오병이어의 기적과도 같은데 왜냐하면 이러한 증권화를 통한 신용의 증가에는 창출된 이윤에 대한 권리로서의 채권의 흐름과 순전히 화폐적인 이자 및 배당금의 흐름 사이에 단절이 일어날 위험이 내재하기 때문이다.

미국에서 GDP의 70%를 웃돌았던 모기지대출—동시에 총가계 대출액은 GDP의 93%에 육박했다—은 2000년 이후로 소비 증가의 주요한 원천이자 2002년 이후로는 부동산거품의 동력이기도 했다. 소비를 더욱 가속화한 것은 소위 주택재담보대출remortgaging이라 불리는 것이었는데, 이는 인플레이션에 의한 주택가격 상승을 기회로 새로운 신용을 얻고자 주택담보대출을 재거래하는 것을 가능하게 했다. 주택 지분가치 추출home equity extraction이라고도 불리는 이러한 메커니즘은 미국의 경제성장에서 근본적인 역할을 담당했다. 미국 경제분석국US Bureau of Economic Analysis은 2002년에서 2007년 동안 주택 지분가치 추출의 증가에 기인하는 GDP 성장이 평균 1.5%였을 것이라고 추정한다. 모기지 신용의 긍정적 효과와 이에 따른 소비 증가가 없었더라면 미국의 GDP 성장은 유로존과 같은 정도이거나 아마도 훨씬 더 적었을 것이다.[20]

서브프라임 대출은 금융이 성장하고 수익을 내기 위해서는 중산층 외에도 빈곤층 또한 끌어들여야 할 필요가 있음을 여실히 보여준다. 이 자본주의는 작동하기 위해서 어떠한 보증도 제공할 수 없는 사람들, 자신 이외에 어떠한 것도 내놓을 수 없는 사람들의 벌거벗은 삶에 투자할 수밖에 없다. 즉 벌거벗은 삶을 수익의 원천으로 삼는 자본주의인 것이다. 더욱이 금융이 기초하고 있는 것은 부동산 가격의 지속적이며 "무한한" 증가, 즉 잠재적인 무산자들을 끌어들이기 위해—이는 금융 수익의 지속성을 보장하는 필요조건이다—반드시

20 Jacques Sapir, *L'économie politique internationale de la crise et la question du "nouveau Bretton Woods": Leçons pour des temps de crise*, Mimeo, sapir@msh-paris.fr.

필요한 인플레이션적 증가의 기대이다. 이는 일종의 폰지 사기[21] 혹은 마지막에 온 사람에 의해 가장 먼저 온 사람에게 보수가 지불되는 비행기 게임과도 같다. 이 점을 잘 보여주는 사례로 전 나스닥 증권거래소 회장인 버나드 메이도프Bernard Madoff가 고안해낸 다단계 방식을 들 수 있다. 그는 이를 통해 500억 달러에 이르는 자금을 모집할 수 있었는데, 여기에는 놀라울 만큼 많은 수의 금융 전문가들이 포함되어 있었다.

이러한 포섭적 과정의 문턱은 (주택과 같은) 재화의 사회적 소유권과 사적 소유권 사이, 사회적 욕구의 확장과 시장의 사적 논리 사이의 갈등에 의해 주어진다. 이 문턱에서는 자본이 위기를 극복할 능력을 갖고 있는지 여부뿐 아니라 계급투쟁 또한 문제가 된다. 이것은 **시간적 차원의 문턱**의 문제인데, 서브프라임 대출에서 주택담보 계약의 구조만 살펴보더라도 이를 알 수 있다. '2+28' 공식, 즉 처음 2년 동안에는 낮은 수준의 고정금리이다가—물론 이는 더 많은 수의 '소유자'를 끌어들이기 위해서이다—나머지 28년 동안은 유동 금리로 전환되며 이에 따라 그때그때의 경제 상황과 화폐정책에 종속되게 되는 대출 구조는 사회적 소유권과 사적 소유권 사이의 갈등을 잘 보여준다. 상대적으로 사용가치(주거의 권리)가 지배하는 2년의 기간이 지나면 우리는 퇴거/배제가 극단적으로 폭력적인 효과를 발휘하는, 교환가치가 지배하는 28년의 시간으로 이동하게 된다. 이런 식으로 금융의 논리는 일종의 **공유지**(공통재)를 생산한 뒤, 온갖 종류의 희소

21 [옮긴이] 사기의 한 형태로 1920년대 초반 최초로 이런 형태의 사기를 친 찰스 폰지Charles Ponzi의 이름을 따서 폰지 사기라고 부른다. 실제 아무런 이윤 창출 없이 투자자들이 투자한 돈을 이용해 투자자들에게 수익을 지급하는 방식으로, 새로운 투자자의 돈으로 기존 투자자에게 배당을 지급하는, 소위 아랫돌 빼어 윗돌 괴는 식의 사기라고 볼 수 있다. 계속해서 기존보다 훨씬 더 많은 투자금이 지속적으로 유입되지 않으면 지속 불가능한 투자 형태로 유입되는 자금이 지급해야 할 액수보다 결국 모자랄 수밖에 없어 언젠가는 무너질 수밖에 없다.

성—금융도구들·유동성·권리 욕망·권력의 **희소성**—의 인위적 창출을 수단으로 삼아 '공유지 거주민'을 축출해냄으로써 그 공유지를 분할하고 사유화한다. 이는 17세기의 종획운동 시기를 떠올리게 하는 과정이다. 그 시기 공통재로서의 토지에 의지해 살아갔던 농민들은 공유지의 사유화 및 분할 과정에 의해 축출되었고, 이는 근대 프롤레타리아와 그들의 벌거벗은 삶을 낳았다.

스피노자에 대해 그리고 주권의 규범과 규율에 대한 그의 거부에 대해 말하면서, 아우구스토 일루미나티는 다음과 같이 종획 과정의 사법적-규범적 성격을 강조한다. 스피노자는,

> 땅을 간과하지 않았다. 그러나 그가 말하는 땅은 17세기 종획운동에 의해 울타리가 쳐지고 가축 사육과 사냥을 위해 종획된, 그리하여 수평파 Levellers의 말을 빌자면 양이 사람을 집어삼키는 평야도 아니고, 오로지 복종할 줄만 아는 무기력한 양으로 전락한 사람들이 사는 토지도 아니다. 왜냐하면 이러한 토지는 평화나 시민다움이 아니라 오히려 **고립**이자 사막이기 때문이다.[22]

산드로 메자드라가 보여준 바와 같이 기원적 축적 혹은 시초축적, 즉 토지에서의 축출을 통해 수백만 사람들을 임노동자와 프롤레타리아로 만든 과정은 자본주의적 착취 법칙과는 무관한 자유로운 사회적 관계 및 협력에 의해 생산된 공통적인 것the common과 자본의 팽창이 충돌을 일으킬 때마다 역사적으로 재등장하는 과정이다.[23] 따라서 자유로운 사회적 관계들이 생산해낸 공통적인 것은 바로 이 공통적인 것에 대한 자본주의적 전유에 **앞선다**.

22 Augusto Illuminati, *Spinoza atlantico*, Edizioni Ghilbi, Milano 2008, p. 15.

23 Sandro Mezzadra, *La "cosiddetta" accumulazione originaria, in AA.VV., Lessico marxiano,* manifestolibri, Rome 2008.

3. 이윤의 지대화에 관하여

그렇지만 금융의 이러한 **비**非기생적 역할, 즉 GDP 성장에 필수적인 유효수요 및 소비 증대를 보장함으로써 이윤을 창출해내는 능력은 오로지 분배의 관점에서만 설명되지 않는다. 금융이 축적과 관계없는, 즉 (불변 및 가변) 자본에 재투자되는 대신 금융공학을 이용하여 기하급수적으로 증식하는 이윤에 기초하는 것이 사실이듯, 이러한 이윤 증가의 결과로 잉여가치의 일정 몫이 가산적patrimonial[24] 주주들에게 분배되게 되는 것 또한 사실이다. 이러한 관점(반복하거니와 **분배적** 관점)에서 금융화와 그것에 내재적인 불안정성에 대한 분석은 실제적이며 극히 왜곡된 과정인 금융의 자립화를 분명히 보여준다. 이 과정은 금융자본이 일체의 집단적 이해관계로부터 자립화되는 과정(임금 및 고용안정성, 퇴직연금과 주식에 투자된 예금의 폭락, 신용 소비에 접근 불가능, 장학기금의 증발)이자 점점 더 많은 주주 소득의 추구가 금융도구들—이것들은 규제와 통제 밖에 있기 때문에 통제가 불가능하다—의 증가를 통해 가공이윤의 증대를 낳는 역동적이며 자기준거적인 과정이다. 이러한 생산양식에서의 위기-발전은 초수익성을 기준으로 하는 금융 논리와 사회적 욕구 사이의 간극을 모든 면에서 더욱 벌려 놓는다. 선진국의 경우, 소비가 점점 더 사회·보건·교육·문화 영역으로 향하는 '인간에 의한 인간의 생산'이라는 인간생성적anthropogenetic 모델이 본격화된다. 이에 따라 이전에는 공적 규준에 의해 관리되었던 많은 영역에서 사유화가 진행되면서 이를 둘러싼 갈등에서 저 간극이 분명히 드러난다. 개발도상국에서는 가치화의 대

24 [옮긴이] 전통적 의미의 지대수취권이 그 기초인 토지와 함께 한 집안의 재산으로 세습되듯이 이윤이 지대의 형태를 띠게 된 현 금융자본주의에서는 주주배당금 등과 같은 금융 수익 역시 주식소유권과 함께 세습되는 경향이 있다.

상이 되는 영역의 팽창이 고도 착취와 지역경제 및 환경의 파괴를 불러일으키고 있다. 금융자본주의가 사회 전체에 부과한 수익성 요구로 인해 사회는 부의 분배를 위해 사회적 화합과 삶의 질 자체를 기꺼이 희생하는 성장모델의 압력 속에서 점점 더 퇴보한다. 임금 디플레이션, 노동의 병리화 및 이에 따른 노동 스트레스에서 발생하는 (최대 GDP의 3%에 이르는) 의료비용의 증가, 사회적 격차들의 악화 그리고 회생 불가능한 환경파괴는 전 지구적 금융자본주의의 전형적인 금융 논리 및 주주의 탈지역화의 결과이다.

문제는 분배적인(궁극적으로는 경제주의적인) 관점에서 분석했을 때, 금융자본주의의 위기-발전은 진정으로 막다른 길로 귀착된다는 것이다. 창문으로 내던져졌던 것, 즉 이제는 상투적인 금융의 기생적인 성격이 다시 대문으로 슬쩍 들어온다. **곤궁**, 실천적이며 정치적이기보다는 이론적인 곤궁이 우리 모두의 눈앞에 나타난다. 이 위기를 극복하기 위한 전략을 수립하는 것, 즉 경기부양책에 의존하는 것은 불가능하다. 그것은 한편으로 금융이 구제해 줄 것이라 가정하지만 (실제로 우리는 금융의 인질이다) 다른 한편으로 경제의 회생 가능성 자체를 없애 버린다.

이러한 금융자본주의의 위기를 비판적으로, 즉 정치적으로 분석하기 위해 우리는 처음으로 돌아가서, 그러니까 금융화의 기원에 놓여 있는 축적 없는 이윤의 증대라는 문제에서부터 다시 시작할 필요가 있다. 이는 말하자면 금융화를 포드주의 모델의 위기—자본주의가 직접적 산 노동, 즉 공장의 임금노동으로부터 잉여가치를 빨아들일 수 없게 된 것—이래로 전면화된 새로운 가치**생산**과정의 이면으로 분석하는 것이다. **여기서 제출하고자 하는 테제는 다음과 같다. 금융화는 잉여가치와 전체 저축액의 많은 부분이 점점 더 비생산적으로 혹은 기생적으로 일탈하는 과정이라기보다 새로운 가치생산과정과 상응하는 새로운 자본의 축적 형태이다.** 그리고 이것이 사실이라면, 오늘날의 금융위기는 자본축적 없는 과정이 내파된 결과라기보다는 자본축적의 **장애**로서 이해되어야 한다.

금융이 소비 영역에서 일정한 역할을 담당하게 된 것 이상으로 중요한 변화는 최근 30년간 바로 잉여가치생산과정에 변형이 일어났다는 것이다. 가치증식 과정의 변형이 있었는데, 이제 가치의 추출은 더 이상 재화와 서비스의 생산에 할당된 특정한 공간에 국한되지 않는다. 가치 추출은 말하자면 공장 너머로 확장되는데, 이는 그것이 자본의 **유통** 영역, 즉 재화와 서비스의 교환 영역에 직접 들어간다는 점에서 그러하다. 이제 가치추출 과정이 재생산 및 분배 영역까지 확장되는데, 지적해 두자면 이는 여성들에게는 오래전에 잘 알려진 것이다. 경제학 이론이나 경영전략에서 점점 더 명시적으로 생산과정의 **외부화**와 같은 말들이 거론되고 있으며, 심지어 군중과 그들의 삶 형태를 기업활동에 사용하는 것을 가리키는 말인 '크라우드 소싱crowd sourcing' 같은 말이 있을 정도다.[25]

이렇게 생산 관점에서 금융자본주의를 분석하는 것은 바로 삶경제bio-economy 혹은 삶자본주의에 대해 이야기하는 것과 같다.

> 삶자본주의 형태는 그것이 인간의 삶과 점점 더 복잡하게 얽혀 들어가는 것으로 특징지을 수 있다. 이전에 자본주의는 기계와 노동자들의 신체가 수행하는, 원료의 가공이라는 기능에 주로 의존했다. 이와 달리 삶자본주의는 물질적 도구로서 기능하는 신체에서뿐만 아니라 하나의 총체로 이해된 신체에서도 가치를 추출하는 방식으로 가치를 생산한다.[26]

25 Jeff Howe, *Crowdsourcing. Why the Power of the Crowd is Driving the Future of Business*, Crown Business, New York 2008.

26 Vanni Codeluppi, *Il biocapitalismo. Verso lo sfruttamento integrali di corpi, cervelli ed emozioni*, Bollati Boringhieri, Torino 2008.

여기서 금융위기를 분석하면서 삶자본주의와 인지자본주의에 관한 최근의 연구들과 이론들을 참조하는 것은 단지 방법론적인 차원에 국한될 것이다. 새로운 자본주의의 고유한 특징들에 대한 예리하고 철저한 서술—이는 이미 많은 학자들에 의해 이루어졌다[27]—보다는 그 자본주의의 위기-발전의 근저에 있는 금융화와 가치생산과정 사이의 연관관계를 강조하는 것이 이 글의 관심사이다.

가치 생산의 외부화와 유통 영역으로의 확장을 보여주는 경험적 사례는 풍부하다.[28] 기업의 아웃소싱의 첫 번째 국면(1980년대)—이때 2세대 자율 노동과 비非전형 노동 유형이 출현했다—이래, 유통 영역의 자본주의적 식민화는 그치지 않고 계속되어 소비자를 경제적 가치의 진정한 생산자로 변형시킬 정도로 진행되고 있다. 분석을 단순화할 위험이 있더라도 오늘날 이미 하나의 전형이 되어 버린 몇몇 사례들을 검토해 보는 것이 유용할 것이다. 세계적 가구 회사인 이케아IKEA는 (구매를 원하는 항목의 코드를 검색해 상품을 찾아내고 선반에서 꺼내 차에 싣는 일과 같은) 일련의 자신의 모든 기능을 소비자에게 떠넘겨 버렸으며 이제 '빌리' 책장을 조립하는 노동마저 외부화한다. 즉, 상당량의 고정비용 및 가변비용을 소비자가 감당하는 이러한 외부화에서, 소비자는 아주 적은 이득을 얻지만 기업 입장에서는 많은 비용을 절약할 수 있게 된다. 또 다른 사례도 있다. 마이크로소프트나 구글을 필두로 한 소프트웨어 회사들은 보통 그들의 새로운 프로그램을 소비자를 대상으로 테스트하며 또한 소위 오픈소스 소프트웨어라 불리는 것에 속하는 프로그램은 다수의 사람들, 즉 "생산적 소비자"에

27 이러한 연구에 처음 노력을 기울인 작업으로 다음을 참조할 것. Andrea Fumagalli, *Bioeconomia e capitalismo cognitivo*, Carocci, Rome 2007.

28 '생산자로서의 소비자consumer-as-producer' 현상에 관한 가장 최근의 작업으로 다음을 참조할 것. Marie-Anne Dujarier, *Le travail du consommateur. De McDo à eBay: comment nous coproduisons ce que nous achetons*, La découverte, Paris 2008.

의해 실행된 개선의 결과물이다.

이러한 자본의 새로운 가치증식과정이 가져온 첫 번째 중요한 결과는 새로운 가치추출 장치가 낳은 잉여가치의 양이 **막대하다**는 것이다. 그것은 직접임금 및 간접임금(퇴직연금, 사회안전망, 개인적·집단적 예금으로부터의 소득)의 축소, 기업 시스템의 네트워크적 유연화(노동의 불안정화, 비정기적 일자리)를 통한 사회적 필요노동의 축소 그리고 더욱더 광범위한 무상노동(인지노동의 강화와 더불어 발생하는 소비, 유통, 재생산 영역에서의 무상노동)의 풀pool을 창조하는 것에 기초한다. 생산 영역에 재투자되지 않는 이윤 증가—따라서 안정적인 임금은 둘째 치고 안정적인 고용의 증대조차 낳지 않는 이윤의 증가—의 기원에는 많은 양의 잉여가치, 즉 부불노동이 있는 것이다.

이러한 관점에서 현 위기의 원인에 대한 마르크스주의적 논쟁[29]을 참조해 보면, 오늘날 우리가 '잉여가치의 초과'를 목도하고 있다는 알랭 비르Alain Bihr의 주장을 부분적으로 수긍할 만하다. 그러나 비르와 위송[30]의 생각과 달리 이는 축적과정이 결여되어 있기 때문에, 즉 이윤이 불변자본 및 가변자본에 재투자되지 않기 때문이 아니다. **반대로** 잉여가치의 초과는 포드주의의 위기 이후 자본의 순환 및 재생산 영역 **내부**에서 발생한 **새로운 축적과정**의 결과이다. 프랑수아 셰네François Chesnais는 이러한 잉여가치의 초과가 단순히 새로운 시장의 탐색으로 이어진 것만은 아니라고 비르의 주장을 반박하는데, 실제로 상당수 미국 및 유럽의 다국적기업들이 (중국, 브라질 그리고 약간의 어려움이 있는 인도에서) 해외직접투자를 늘려 온 점을 감안하면 이러한 주장은 더욱 자세히 서술될 필요가 있다. 이윤에 대한 자본의 전형적인 갈망을 보여주는 직접투자는 경제적으로 발전된 나라들 외부에서

29 La Brèche.

30 Michel Husson, op. cit.

이루어졌을 뿐 아니라 **또한 정확히 그 내부에서**, 즉 유통과 재생산의 영역에서도 이루어졌다. 이는 자본이 좋건 싫건 오랫동안 포드주의적 노동계급에 맞서 걸어온 길의 결과이다. 그리고 이 결과가 자본 자신에게 반드시 이롭기만 한 것은 아니다.

인지자본주의에 대한 연구는 부가가치 생산에서 인지노동·비물질노동이 차지하는 중심성을, 기업과 국경을 가로지르는 두뇌들 사이, 공적 영역과 사적 영역 사이, 개인과 조직 사이의 협력이 차지하는 중심성을 강조할 뿐 아니라 고정자본(**물적** 생산재)이 그 전략적 중요성을 점점 더 잃어 가고 있으며, 생산도구가 지녔던 일련의 기능들이 노동력의 살아 있는 몸으로 이전되고 있음을 보여준다.[31]

> 지식경제는 흥미로운 역설을 품고 있다. 기업은 각각의 새로운 상품들의 시제품prototype 생산에 많은 비용을 들일 수밖에 없다. 왜냐하면 연구 단계에서 막대한 투자가 필수적이기 때문이다. 그러나 그 후 추가로 제품을 생산할 때는 거의 비용이 들지 않는다. 왜냐하면 이제 문제는 단순히 저 원형을 복제하는 것이 되고, 이는 생산의 탈지역화나 이용 가능한 여러 기술들 그리고 디지털화 등에서 생기는 이점들을 이용해서 저렴하게 생산을 해낼 수 있기 때문이다. 이에 따라 기업은 아이디어의 생산에 그들의 노력과 자원을 집중하게 되지만 점차 이 비용이 상승하는 경향에 직면할 수밖에 없을 것이다.[32]

인지자본주의의 이러한 특성은 **수확체증 이론**, 즉 상품의 재생산 비용이 급격히 감소하는 것에서 기인하는 이윤의 증가와 관련된다.

31 Christian Marazzi, *Capitalismo digitale e modello antropogenetico del lavoro. L'ammortamento del corpo macchina*, in J. L. Laville, C. Marazzi, ed. M. La Rosa, F. Chicchi, *Reinventare il lavoro*, Sapere 2000, Rome 2005.

32 Codeluppi, op. cit., p. 24.

데이비드 워시는 《지식경제학 미스터리》[33]에서 수확체증 이론을 특히 지식이 매우 생산적이며 경쟁력 있는 생산요소로 된 경제와 관련하여 훌륭하게 검토하고 있다.

우리의 분석을 위해서는 경제학자들이 노동의 분업화-전문화로부터 발생하는 생산성 증가를 설명하기 위해 종종 사용하는 '핀 공장' 사례를 다시 꺼내 보는 것으로 충분할 것이다. 워시는 책에서 다음과 같이 말한다. "한 핀 제조업자가 새로운 장비와 연구개발에 투자함으로써 시장에 보다 먼저 진입하고, 사업을 확장하며, 핀 제조에 전문화되었다고 가정해 보자. 그는 더욱 질 좋은 쇠, 더욱 매력적인 포장, 더욱 효율적인 유통망을 개발한다. 그의 시장이 더욱 클수록, 그가 감당할 수 있는 이러한 종류의 전문화는 더욱 강화될 것이다. 그는 노동자를 기계로 교체한다. 전문화가 더욱 강화될수록 핀의 생산은 더욱 능률적이 되며, 그가 핀을 팔 수 있는 가격은 더욱 낮아진다. 가격이 낮아질수록 그는 더욱 많은 핀을 팔게 되고, 그가 더욱 많이 팔수록 그의 이윤은 더욱 높아진다. 즉 동일한 투입에 대해 더 많은 수확이 있게 되는데, 이렇게 수확은 규모에 대해 일정한 비율로 체증한다."[34]

그러나 체증하는 수확은 지속적인 생산비용 상승 경향에 의해 상쇄된다. 생산비용의 상승은 환율 상승, 생산시설의 기술적 노후화, 소비자 요구의 증가, 부유한 고객층을 끌어들이기 위한 새로운 자극책의 지속적 필요, 기업 간 경쟁의 격화 그리고 사회체제의 점증하는 복잡성 등과 같은 일련의 요인들에 의해 결정된다.[35]

비용 상승에 직면하여 기업은 노동활동을 조각내어 전 부분을

33 David Warsh, *Knowledge and the Wealth of Nations: a Story of Economic Discovery*, W.W. Norton, New York 2006. [한글본] 《지식경제학 미스터리: 경제성장의 숨겨진 힘, 지식의 기원과 부의 비밀》, 김민주, 송희령 옮김, 김영사, 2008.

34 Ibid., p. 46.

35 Codeluppi, op. cit., pp. 25-26.

노동력이 값싼 나라로 외부화하는 각종 형태뿐 아니라 독점판매 가격을 통해 초기비용을 회수하는 데 필수적인 **희소성**을 (각종 자격증명, 특허권, 저작권 등을 통해) 만들어 내는 과정을 발달시킨다. 그리고 마지막으로 기업은 자본자산에 대한 직접 투자를 축소한다. 예를 들어 기업은 초기비용을 절감하기 위해 "더 이상 자본 설비를 구매할 생각을 하지 않으며, 대신에 그들에게 필요한 물적 자본을 리스 형태로 대여하고 그것을 단기 경비, 즉 일종의 사업비용으로 계상한다."[36]

이처럼 축적, 이윤 그리고 금융화 사이의 관계를 이해하기 위해서는 포스트포드주의적 생산과정의 고유한 특징들로부터 시작해야만 한다. 금융화의 동력이 되었던 이윤의 증가는 자본의 축적이라는 개념 자체가 삶자본주의에서 변형되었기 때문에 가능했다. 자본축적을 구성하는 것은 더 이상 포드주의 시대에서와 같은 불변자본 및 가변자본에 대한 투자가 아니라 직접적 생산과정의 외부에서 가치를 생산하고 또 그렇게 생산된 가치를 외부에서 포획하는 장치에 대한 투자이다. 이러한 '크라우드 소싱' 기법들은 새로운 자본의 유기적 구성, 다시 말해 사회 전체로 분산된 불변자본과 탈지역화·탈공간화되었으며 재생산, 소비, 삶형태 그리고 집단적·개인적 상상력의 영역 곳곳에 확산된 가변자본 사이의 관계를 보여준다. 새로운 불변자본은 포드주의 시대에 전형적이었던 (물리적) 기계의 체계와는 달리 정보통신기술을 포함하는 비물질적인 조직 체계 전체로 구성된다. 이 체계는 노동자들의 모든 삶의 시간 동안 그들을 쫓아다니면서 잉여가치를 빨아들이는데 그 결과 노동일, 즉 산 노동의 시간은 확장되고 강화된다. 산 노동의 양적 증가는 핵심적 생산수단(지성·지식·협력)이 노동력의 살아 있는 몸으로 이전되는 것을 반영할 뿐 아니라 고전적 생

36 Jeremy Rifkin, *The Age of Access: The New Culture of Hypercapitalism, Where All of Life is a Paid-For Experience*, Putnam Publishing Group, 2000, p. 41.

산수단이 경제적 가치를 잃어 가는 추세를 이해할 수 있도록 해 준다. 따라서 최근 몇 년간 나타난, 주식시장에 의지해 경제위기를 극복하려는 전략이 고용 및 임금의 증대를 낳는 직접투자를 목표로 하지 않고 오히려 순전히 주주가치의 증대만을 목표로 했다 하더라도, 이는 전혀 신비스러운 것이 아니다. 오늘날 각종 투자에서 나타나는—이렇게 부를 수 있다면—자가자본조달auto-financing은 축적 레버리지가 기업 외부에서 즉 사회 전체에서 생산된 가치의 포획과 모종의 관계를 맺고 있음을 보여준다.

따라서 지난 30년간 일어난 이윤의 증대는 축적을 **동반한** 잉여가치 생산에 기인한다. 비록 이 축적이 전통적 생산과정 외부에 있다는 점에서 전적으로 새로운 형태의 축적이라고 하더라도 말이다. 바로 이런 점에서 '이윤(그리고 부분적으로는 임금)의 지대화'라는 생각은 직접적 생산공간 외부에서 생산된 가치를 포획하려는 노력의 결과로서 정당화될 수 있다. 오늘날의 생산체계는 흥미롭게도 농업을 중심으로 중농주의자들에 의해 이론화된 18세기의 경제 상황과 닮았다. 케네의 《경제표*Tableaux économiques*》에서 지대는 (자본주의적 소작농—그의 소득은 다른 노동자의 임금과 다를 바 없는 것으로 간주되었으며 훗날의 스미스와 리카도에서와는 달리 이윤으로 간주되지 않았다—의 노동을 포함하여) 임금노동자의 농업노동에 의해 생산되어 지주에 의해 전유되는 순생산물의 몫을 나타낸다. 《경제표》에서 물적 생산수단은 심지어 고려사항에 들어가지도 않는다. 케네는 생산도구(불변자본)의 생산자를 **비생산적** 계급 가운데 활동적 부분으로, 즉 노동도구의 생산은 원료에 어떠한 가치도 더하지 않으며 단지 그것을 변형시킬 뿐이라는 점에서 어떠한 순생산물도 생산하지 못하는 계급으로 정의했다. 불변자본, 즉 생산도구를 순생산물의 생산요소들에서 제외한 것은 이후 첫 번째 산업혁명의 물결 시기에 등장한 고전파 정치경제학의 아버지들이 보여주었듯이 분명히 실수였다. 그러나 이러한 후대의 발견, 즉 불변자본의 경제적 가치에 대한 발견 및 가변자본과의 질적 차이에 대한 발견(**일반노동** 즉 노동이 수행되는 구체적 영역으로부터 **추상된** 노동의 발견)이 사실이라 해도, 중농주의자들의 실수는 **생산적인** 것이었다. 왜냐하면 바로 이것이 자본주의적 근대의 결정적인 표지가 되었던 인식론적 도약의 발판이 되었기 때문이다. 즉 초창기 자본주의의 **위기-발전**의 지렛대로서 작동했던 노동과 자본 사이의 질적이며 주체적 차원의 분리, 이 두 '생산요소' 간의 모순적 관계 말이다.

오늘날 사회적 신체를 살아 움직이게 하는 삶형태는 리카도의 지대론에서는 토지에 해당한다고 할 수 있을 것이다. 다만 리카도의 (절대 및 차액) 지대와는 달리 오늘날의 지대는 바로 금융화 과정 **덕분에** 이윤으로 포섭된다. 금융화는 그것을 규정하는 논리—특히 화폐에 의한 화폐의 창출과 같은 직접적 생산과정으로부터의 독립화—와 더불어 삶자본주의의 전형적 특징인 가치 생산의 외부화의 이면이다. 이것은 단지 잉여가치의 **실현**에 필수적인 유효수요의 창출(즉, GDP 성장과 안정화를 위해 필수불가결한 규모의 수입과 소비)에만 기여하는 것이 아니다. 그것은 또한 근본적으로 삶자본주의의 지속적인 혁신과 생산적 도약을 **규정하며** (여기서 언급되지 않은 기업을 포함한) 모든 기업과 사회 전체에 주주가치의 우선성에 초점을 맞춘 고도생산성의 논리를 부과한다. 이러한 금융화에 의해 규정되는 생산적 도약은 자본의 '창조적 파괴', 즉 점점 더 빈번해지며 체감되는 위기, 사회적 부에의 접근이 기만적으로 촉진되었다가 파괴되곤 하는 위기에 의해 체계적으로 수행된다.

따라서 1970년대 포드주의의 위기로부터 시작된 경제거품은 유통영역에서의 '자본주의적 식민화'라는 장기적 과정 속에서 하나의 위기 국면으로 해석될 수 있다. 이러한 과정은 **전 지구적**이다. 이런 관점에서 지구화를 전 지구적이면서 동시에 지역적인 차원에서 점점 더 많은 사회·경제적 주변부를 금융적 삶자본주의의 논리에 맞게 포섭하는 과정으로 이해할 수 있다. 제국주의에서 제국으로의 이행,[37] 즉 남반구 저개발 지역Global south이 원료 공급원이자 상품의 **외부** 판로로 기능하고, 발전과 저발전이 서로 의존하는 관계에서 내부와 외부의 이분법이 붕괴되는 제국적 지구화로 이행하는 것 또한 가치생산 과정의 외부화라는 자본주의적 논리에 포함시킬 수 있다. **금융화는 새로운 자본주의의 고유하고도 왜곡된 축적양식을 보여준다.**

4. 전 지구적 협치의 위기

서브프라임 모기지 사태의 폭발과 함께 2007년 8월에 시작된 금융위기는 그 어느 위기보다 더 장기적일 것으로 보인다. 신용경색credit crunch, 은행 파산, 위기의 구조적 성격에 영향을 미치지 못하는 통화당국의 지속적인 개입 등이 이 위기에 동반되었다. 또한 경제회생을 위한 조치들의 비용이 더욱 증대했으며, 개별 국가들은 지급불능의 위기를 겪었고, 디플레이션 압력과 동시에 이어서 극단적인 인플레이션이 되돌아올 가능성이 있었으며, 실업률이 증가하고 소득은 감소했다. 모든 면에서 이 위기는 **역사적**이다. 이는 이 위기가 포드주의적 축적양식의 위기로부터 시작된 경제의 점진적 금융화의 과정 동안 축적된 모든 모순들을 품고 있다는 점에서 그러하다.[38]

37 [옮긴이] "제국주의에서 제국으로의 이행"이라는 표현에서 알 수 있듯이 여기서 제국은 새로운 전 지구 수준의 질서/주권 형태이다. 제국주의가 국민국가 주권에 기초한 해외 영토의 확장을 특징으로 한다면, 제국은 유엔과 같은 초국가기관들, 전 지구적 자본가 기업들 그리고 여러 지배적 국민국가들로 구성된 네트워크적 권력이다. 다시 말해 제국적 질서에서 국민국가는 이전과 같은 정도로 주권을 행사하지 못하며, 제국의 네트워크의 한 마디로서 기능할 수 있을 뿐이다. '제국'에 관한 자세한 설명으로는 《제국》(안토니오 네그리·마이클 하트 지음, 윤수종 옮김, 이학사, 2001.)을 참조하라.

38 포드주의의 위기가 한창이었던 1970년대에 시작된 은행 시스템에 대한 탈규제화에 대한 분석으로는 다음을 참고하라. Barry Eichengreen, "Anatomy of the Financial Crisis," *Vox*, http://www.voxeu.org/index.php?q=node/1684

그렇지만 현재의 위기가 결정적으로 시작되고 가속화된 순간은 1997년에서 1999년 사이 아시아에서의 위기에서 발견할 수 있다. 아시아에서의 위기는 동남아시아 국가들이 세계 통화·금융 시스템의 불안정성에 내재한 심각한 위기의 위험으로부터 자신을 보호하기 위해—부동산 투기와 자국 통화에 대한 산입자본의 과투자를 초래한 과도한 달러화 부채 위기를 극복할 목적으로—외환보유량을 축적하기로 결정했던 바로 그 시점부터, 국제 금융질서 체제가 변화했음을 보여주었다. 아시아 국가들이 내수에 의해 견인되어 온 성장모델에서 수출에 의존하는 성장모델로의 변화를 선택했다는 점에서, 이는 경제모델의 근본적 변화와 관련된 문제이기도 하다. 이런 식으로 아시아 국가들은 달러의 채무자에서 채권자로, 특히 미국의 채권자로 변화했다.[39]

아시아 국가들은 외환을 축적하기 위해 국제무역에서 '약탈적predatory' 정책을 취하면서 강력한 평가절하, 경쟁적 디플레이션 그리고 국내 소비 제한과 같은 정책에 의존했다. 여기에 더해 중국, 인도 같은 국가들이 국제무역에 나선 것을 고려하면, 우리는 어떻게 아시아의 변화가 결국 디플레이션이라는 결과를 낳을지 이해할 수 있다. 즉 무엇보다 임금의 디플레이션이 일어나며, 이는 전 세계 활동적인 노동력의 규모가 갑자기 두 배로 증가되는 효과를 낳는다. 뿐만 아니라 중국과 인도—인도는 이 문제에서 중국에 비해 양적으로는 적지만 질적으로는 중요한 수준을 차지한다—에서 생산되고 수출되는 산업 소비재와 관련해서도 역시 디플레이션 효과가 발생한다. 임금 디플레이션은 "다른 한편 부채와 레버리지 효과(차입매수leveraged buyout, LBO)를 이용한 기업 환매 등을 통해 금융 논리가 실물경제 영역의 기업에 난입하면서 더욱 심각하게 악화되었다."[40]

39 Aglietta, *La crise*(《위기》), op. cit., pp. 33-37.

40 Sapir, op. cit., p. 5.

디플레이션 위험은 인터넷 거품 위기 이후로 더욱더 현실적인 것으로 드러났다. 실제로 인터넷 거품이 부풀어올랐던 시기(1998~2000년)에 대규모로 빚을 내 자금을 모았던 회사들이 2007년 이후로 부채 상환에 나서기 시작하면서 앨런 그린스펀이 이끄는 연방준비제도이사회FRB(이하 연준)는 확장적인 통화정책을 추구할 수밖에 없게 되었다. 1990년대 일본이 겪었던 디플레이션의 악순환에 빠지는 것을 피하기 위해서 미국의 통화 당국은 유례없이 긴 기간 동안 (1%대 정도의) 낮은 이자율을 유지하기로 결정했다. 여기에는 2002년 이후 엔론을 비롯한 몇몇 주요 기업들이 파산하면서 확장적인 통화정책이 주식시장의 자신감을 회복시켜 주지 못했다는 점도 한몫했다. 여하튼 **마이너스** 실질금리는 가계부채도 늘렸지만 동시에 은행들로 하여금 신용의 양을 늘리기 위하여 다양한 금융도구들과 오늘날 많은 비난을 사고 있는 증권화 상품(악명 높은 악성 자산)을 개발하도록 했다.

서브프라임 부동산 거품은 이러한 맥락에서 시작된다. 기업들이 적어도 부분적으로는 마이너스 금리 덕분에 그들의 부채를 상환할 수 있었던 반면, 미국 가계경제의 부채는 기하급수적으로 증가한다(또 매우 빈번히 대출이 장려된다). 부채를 통한 소비 증가는 미국의 무역적자를 심화시키며 그에 따라 아시아 국가들의 중상주의적 통화정책이 훨씬 더 강화된다(이러한 통화정책은 미국으로의 수출에 악영향을 끼칠 수 있을 달러화의 평가절하를 피하기 위해 막대한 양의 달러를 사들여서 그들의 수익을 불태화하고sterilize[41] 잉여예산을 통해 국부펀드를 만들어 낸다. 이러한 국부펀드가 한동안은 서구의 은행 위기를 해소해 줄 수 있을 것으로 보인다). 디플레이션 경향은 또한 (불태화 조치들에도 불구하고) 아

41 [옮긴이] 불태화 정책sterilization policy이란 해외 부문으로부터 외자 유입이 늘어 국내 통화량이 증가하고 물가가 상승할 경우에 이를 상쇄시키기 위해 취하는 정책을 말한다. 구체적으로는 중앙은행이 각종 통화채를 발행해 시중의 자금을 환수한다든지 재할인 금리를 인상하거나 지급준비율을 올리는 등의 정책이다.

시아 국가들의 무역 수입이 같은 신흥 수출국들에 대한 투자로 이어질 때에도 심화되는데, 이러한 투자는 이번에는 낮은 노동비용뿐만 아니라 생산품의 질과 점차 높아지는 부가가치를 통해서 신흥국들의 경쟁력을 향상시킨다.

서브프라임 거품의 붕괴를 초래했던 동학에 대한 이러한 서술은 그것이 아무리 도식적일지라도 이 위기가 바로 자본주의적 축적과정의 전 세계적 배치 형태 내에서 무르익은 것임을 보여준다. 이러한 배치 형태와 국제분업 내에서의 금융화가 금융지대와 소비자 부채를 생산해내고, 국제무역에 **체계적 유기성**을 부여한 덕분에 **전 지구적** 자본이 성장할 수 있었다. 전 지구적 성장에서 특히 인터넷 거품의 위기가 발발하고 뒤이어 기업들이 부채상환에 나선 이후로, 우리는 (고정자본 투자의 증대로 이어지지 않는) 잉여가치량의 증대와 산 노동 비용의 감소를 위해 외부화라는 과정을 통해 자본 자신을 재구조화하는 것을 목격할 수 있었다. 실제로 우리는 특히 1998년부터 2007년까지 (S&P 500에 올라 있는) 대기업들에서 재투자되지 않는 이윤(잉여 현금 흐름)이 각별히 증가하고, (가계 저축의 감소와 동시에 대출에 의존한) 소비 증가가 일어나는 한편 대기업들의 유동성이 축적되는 것을 목격할 수 있었다.

언제나 그렇듯 자본의 위기가 억제되지 못하고 터지는 것은 자본 자신의 성장을 규정하는 힘과 동일한 힘에 기인한다(경기순환의 전형적인 회귀적 운동). 그렇지만 **이번** 위기는 이전 위기들과 비교해 볼 때 전에 볼 수 없었던 무언가를 드러낸다. 이는 미국 통화 당국이 아무리 최선을 다해서 국제통화를 관리하더라도 그들의 시장으로 들어오는 유동성을 통제할 수 있는 능력을 상실해 버린 것을 말해 준다. 이러한 유동성 유입은 1997년에서 1999년 위기 이래로 아시아 국가들이 사용한 '중상주의적'이며 약탈적인 통화 전략의 결과이다. 미셸 아글리에타와 로랑 베레비가 이미 지적한 바 있는[42] 이러한 (그린스펀이 재임 중에 "수수께끼"라고 말한 바 있는) 특수성은 신흥국들과 산유국들에서 미국 채권시장으로, 특히 미국 재무부채권과 패니메이Fannie Mae·프레디맥Freddie Mac[43] 채권 등으로 유동성이 유입된 결과를 가리킨다. 신흥국들로부터의 이러한 대규모의 지속적인 유동성 유입은 신용량 증가를 억제하기 위해 2004년부터 2007년 사이에 단기금리를 (1%에서 5.25%로까지) 인상시켰던 연준의 반복적인 시도에도 **불구하고** 사실상 재무부채권을 비롯한 장기채권 금리를 **떨어뜨린다**. "미국에서 긴축적 통화정책이 갈수록 강화되었음에도 불구하고 신용 비용이 꽤 오랜 기간 매우 낮은 수준에 머물러 있을 수 있었던 것은 장기금리가 단기금리보다 더 낮게 되는 금리 역전이라는 대단히 특수한—통상 이렇게 긴 기간 동안에는 나타나지 않는—상황 때문이었다."[44] 이렇게 통화시장에서 대량의 자금을 빌려올 수 있게 됨에 따라, 은행들은 점점 더 높은 위험을 무릅쓰고도 가계경제에 대출해 줄 수 있는 수단을 갖게 된다. 그 결과 부동산 가격은 미국의 경우 2006년 하락이 있기 전까지 계속해서 상승했으며, 많은 유럽 국가들 역시 2008년 전까지 그러했다(프랑스에서는 60%에서 80%까지 상승했으며 영국과 스페인에서는 10년 동안 두 배로 뛰었다).

따라서 미국 통화 당국이 처한 관리의 위기를 세계 다른 국가들, 특히 신흥국들로부터의 유동성 유입을 관리할 수 없는 그들의 무능력으로 이해할 수 있다. 사실상 위기 이후 아시아 국가들의 지구화는 선진국들에서 경기순환에 내재된 위기의 위험이 증대되고 있음을 **가**

42 Michel Aglietta and Laurent Berrebi, *Desordres dand le capitalisme mondial*, Odile Jacob, Paris, 2007. [한글본] 《세계 자본주의의 무질서》, 김태황·서익진·정세은·서환주 옮김, 길, 2009.

43 [옮긴이] 이 둘은 미국의 국책 주택 대출업체다.

44 Aglietta, *La crise*(《위기》), op. cit., p. 39.

리는 역할을 하는데, 이는 국공채(장기채권) 리스크 프리미엄의 감소로 인해 금융 영역이 온갖 가산patrimonial 자산적 가치증식에 더욱 노출되기 때문이다. 다시 한번, 이러한 위기를 분석할 때는 **시간의 차원**이 핵심적이다. 연준이 계속된 금리인상에 나설 정도로 2004년부터 이미 부동산 위기의 징후가 분명히 나타나고 있었다. 그렇지만 부동산 거품이 2007년 8월까지 지칠 줄 모르고 부풀어오를 정도로 국외 유동성의 유입은 이러한 통화정책을 무력화했다. 이뿐만이 아니다. 이미 2006년 중반에 부동산 가격은 더 이상 오르기를 멈췄고 이후로 그해 말까지 줄곧 하락했다. 그러나 거품은 신용평가사들이 (이제는 악성 자산이 된) 신용대출채권에 대해 마침내 신용등급 하락을 단행했을 때인 2007년 8월이 되어서야 터져 버렸다. 경기순환에서 역전이 일어난 지 1년이 지나서야 말이다.[45]

다시 말해 통화 관리의 위기는 경제순환과 금융·통화 순환 사이의 **간극**을 드러낸다. 이는 전자가 후자보다 더 짧은 시간 안에 전개된다는 의미에서 그러하다. 경기순환과 마찬가지로 실물경제순환에서 위기는 어떤 상품 (예를 들면 부동산) 가격의 인플레이션적 상승이 수요 증가의 **둔화**를 낳으며 끝날 때 시작된다. 수요는 증가하지만 점점 더 느리게 증가하는데, 왜냐하면 이러한 상황에서는 미래 소득의 할인 계산이 거품이 잔뜩 껴 있는 상품의 '비이성적인' 가격 상승을 더 이상 정당화해 줄 수 없기 때문이다. 전통적인 경제순환에서 이러한 둔화는 대개 완전고용에 가까운 상태와 함께 나타났다. 은행 입장에서 이는 경제순환의 전반부에 과도하게 이루어졌던 대출의 상환 속도가 둔화되는 것을 의미한다. 전반부에는 이윤이 증가하는 흐름을 타 대출이 손쉽게 이루어지며 투기가 촉진된다(소위 '금융의 과잉거

45 이러한 아시아의 위기 이후에 벌어진 위기의 재형성 과정에 대해서는 다음을 참조할 것. "When a Flow Becomes a Flood," *The Economist*, 24 January 2009.

래'). 그러나 완전고용에 근접해 감에 따라 부채를 가진 기업과 소비자들이 부채상환을 어려워하는 징후가 나타나는데, 이는 (수요 감소에 직면하여 기업들의) 판매량과 (인플레이션에 직면하여 가계경제의) 가처분소득이 감소하기 시작하기 때문이다. 제2금융권에서 중앙은행까지 은행들은 바로 이 시점부터 이자율을 올리기 시작한다.

이미 우리가 살펴보았듯이 금융의 지구화는 결산을, 즉 순환의 역전을 지연시킨다. 이는 실물경제순환에서 역전의 신호가 있음에도 불구하고 (예를 들어 부동산 가격이 하락하기 시작했음에도 불구하고) 기업과 가계에 제공되는 신용량이 계속 증가할 수 있기 때문이다. 게다가 미국의 국제수지 추이 또한 임박한 위기를 가리는 데 일조하고 있다. 실제로, 높지는 않지만 안정된 수익을 찾아 미국에 대규모로 유입되는 신흥국들의 예금이 미국의 해외직접투자—이는 특히 달러화가 다른 통화에 비해 약세일 때 국내 투자보다 높은 수익률을 내 미국 기업의 이윤을 증대시켜 준다—에 의해 상쇄되는 한에서, 미국 통화 당국은 국제 상업수지상의 불균형이라는 **분명히 상존하는** 문제에 직면하는 것을 피할 수 있다.

나아가 그 속에서 미국의 통화 관리 위기가 현실화된 이 시간적인 간극은 지역적 위기가 **곧장** 전 지구적 위기로 전환되는 현상의 뿌리에 있기도 하다. 물론 이 현상이 같은 기간 리스크와 악성 자산들이 은행 포트폴리오, 보험, 헤지펀드 및 주식형 펀드, 퇴직기금 등을 비롯한 모든 형태의 투자에 퍼졌다는 사정에 기인한다는 것은 사실이다. 그렇지만 더욱 면밀히 살펴보면 이것은 악성 자산의 전 세계적 확산 이상의 문제이다. 이는 막대한 유동성 투입을 통해 은행과 보험 시스템을 구제하기 위해 지금까지 전 세계의 국가들이 취해 온 각종 개입 조치들이 전부 그 효력을 발휘하지 못했다는 점에서 잘 드러난다. 따라서 우리는 통화적 협치의 위기가 우리가 겪고 있는 위기의 **단지** 일면만을, 그 **시작**만을 설명해 줄 뿐이라고 주장할 수 있다. 이러한 주장은 다음 사실에 의해서도 입증된다. 금융위기가 최악으로 치달았던 순간—2008년 10월—에 모두의 예상과는 반대로 달러화는 나머지 통화들에 대해 평가절상되었다. "비정상적인 것은 지난 몇 주 동안 달러화가 여타 다른 통화들에 대해 강세를 띠고 있다는 것이다."[46] 그렇지만 달러가 평가절상되었던 2007년 8월(다름 아닌 서브프라임 위기가 한창이었던 때!) 이후 시기와 마찬가지로 다시 달러의 평가절하가 시작될 수도 있다. 그리고 이는 (2007~2008년과 마찬가지로 석유와 식품 가격의 급등에 의해 초래되는) 전 세계 규모의 인플레이션을 낳을 것이다. 미국, 영국과 같은 구조적 적자국과 신흥국 및 독일과 일본을 포함하는 구조적 흑자국 사이의 전 지구적 불균형은 오랜 기간 지속될 수밖에 없을 것으로 보인다. 오랜 기간, 그러니까 각종 구제 조치들과 (인터넷 위기 이후로부터 서브프라임 거품의 폭발에 이르는 기간 동안) 미국으로 유입된 유동성이 우리가 살펴본 신용의 레버리지 효과를 낳을 수 있도록 했던 은행 및 금융 시스템을 재정비하는 조치들이 **끝난 후에도** 이러한 불균형은 계속될 것이다.

이 지점에서 다음과 같은, 단지 도발적으로 보일 뿐인 질문을 던져 볼 수 있을 것이다. 미국과 그 밖의 모든 국가의 통화 당국이 달리 또 어떤 방식으로 대응할 수 있었을까? 확실히 이미 사태가 벌어진 뒤에는 무슨 일이든 대답으로 내놓을 수 있다. 예를 들어 (이는 정확히 사후적인 이야기인데) 보다 신중한 통화정책을 시행하고, 은행의 지급준비금을 증가시키며, 발행된 채권의 질에 대한 관리를 개선하고, 서브프라임 모기지대출에 기초한 증권화를 보다 엄격히 규제하는 것 등등을 말할 수 있을 것이다. 그렇지만 미국은 디플레이션 위험에 직면해 있었고 신흥국들은 1997~1999년 위기에서 이미 한번 완전히 박살난 뒤 회복기에 있었던 그때에, 미국 통화 당국이나 신흥국들의 중

46 Eichengreen, op. cit.

앙은행이 할 수 있었던 일이 무엇이었을까? 답은 그들이 했던 일 외에는 어떤 것도 없다는 것이다. 이는 다음 사정을 고려하는 것으로도 충분하다. 만약 미국 연준이 경상수지적자를 억제하거나 완화하기 위해 보다 긴축적인 통화정책을 시행했다면, 그 결과는 미국에서의 경기후퇴 그리고 그 결과로서 신흥국에서의 경기후퇴였을 것이다. 거기에 더해 미국의 문제는 인플레이션이 아니라 디플레이션이었는데, 어떻게 연준이 긴축적인 통화정책을 정당화할 수 있었겠는가?

우리는 다음과 같은 사실을 명심하면 된다. 오늘날의 금융자본주의 및 그것에 적합한 통화정책의 고유한 특징은 경제-금융 순환의 내부에서 벌어지는 일을 그 외부로부터 관리하는 것이 불가능하다는 것이다. 이에 대한 가장 훌륭한 분석으로는 앙드레 오를레앙André Orléan, 미셸 아글리에타, 로버트 쉴러Robert Shiller, 조지 소로스 그리고 프레데릭 로르동Frédéric Lordon의 이론적 분석을 들 수 있다. 이들의 분석은 '최대손실가치value-at-risk 모델'[47]에 기초해 금융시장 행위자들의 행동을 해석하기 위해 다종다양한 행위자들의 인지적 기능과 조작적 기능, 경제적 합리성과 모방적 행동을 구별하는 것이 어떻게 불가능한지 보여준다. 완전한 정보와 시장의 투명성에 기초한 신고전주의의 합리적 기대 이론은 오랫동안 핵심을 놓쳐 왔는데 이는 그것이 금융시장의 핵심적 요소를, 다시 말해 그것의 고유한 특징인 내재적 **불확실성**을 누락해 버렸기 때문이다. 이 불확실성은 실물경제와 금융경제, 전 지구적 경제체제의 '내부에 있음'과 '외부에 있음' 사이의 이분법이 점점 더 희미해져 가고 있다는 점에 기초한다. 실제로 리스크

47 [옮긴이] 대개 'VAR 모델'로 불리는 이 모델은 정상적인 시장 여건하에서 일정 기간 동안 발생할 수 있는 '최대손실금액'을 뜻한다. 예를 들어 목표 기간 1년, 신뢰 수준 95%에서 산출된 VAR이 10억이라면, 1년 동안 발생할 수 있는 최대손실금액이 10억보다 적을 확률이 95%라는 의미로, 10억의 자금을 조달할 수 있는 능력만 있으면 시장위험이 통제된다고 본다.

평가에 사용되는 확률 계산 모델에는 특유한 존재론적 약점이 있는데, 이는 금융시장 행위자들 사이의 상호작용이 **내생적**_endogenous_[48] 성격을 갖기 때문이다.[49] 바로 이런 점에서 리스크에 대한 "평가 오류"는 신용평가사들의 전형적인 이해관계의 충돌 탓이라기보다 (혹은 단지 그것만이기보다) 소위 합리적 원리라고 하는 것에 맞게 시장을 규율할 수 있는 규범이나 메타 규범(예를 들면 바젤 I, 바젤 II[50]와 같은 시도)을 만들어 내는 것이 불가능한 현실의 표현으로 이해될 수 있는 것이다.

통치 위기의 기원은 다음 두 **저항**에 있다고 주장할 수 있다. 한편으로 신흥국들의 저항, 즉 신흥국을 선진국에 종속된 지위에 묶어 두려는 모든 시도에 맞선 저항이 있다. 이러한 저항은 아시아 위기 이후 성장모델의 수정을 가져왔다. 실제로 아시아 국가들의 수출지향적 모델은 자국에 재투자되지 않은 저축액, 유동성의 방향을 외부로 향하게 함으로써 실현되는 **금융지대**地代로 전환했다. 다른 한편에는 **사회적 지대**라는 패를 전략으로 내밀었던 미국 가계경제의 저항이 있었다. 이는 경제의 금융화 '안에서 그것에 맞서'는 식으로 움직였다. 미국 가계들은 비록 재정적으로 그렇게 안정적이지는 못했지만 얼마간은 사회적 소유권—주거의 권리, 상품과 서비스의 (부채를 통한) 소

48 [옮긴이] 이는 말 자체로는 '안에서 생겨나는'이라는 뜻으로, 시장의 움직임이 시장 안 행위자들의 행위로부터 발생하는 경우를 일컫는다. 이와 반대되는 상황을 가리키는 말로 'exogenous[외생적]'가 있는데 시장 바깥의 상황으로 인해 시장에 움직임이 발생하는 경우를 말한다.

49 다음을 볼 것. André Orléan, "La notion de valeur fondamentale est-elle indispensable à la théorie financière?", *Regards croisés sur l'économie. Comprendre la finance contemporaine*, March 3, 2008.

50 [옮긴이] 바젤 I, II는 모두 은행의 자기자본비율BIS과 관련된 국제 회계기준을 말한다. 은행의 BIS는 스위스 바젤에 본부를 둔 국제결제은행 산하 바젤은행감독위원회에서 정하는데, 1988년 7월 8% 이상의 BIS를 유지하도록 하는 국제 표준안을 만든 이후(바젤 I) 2004년 바젤 II를 발표했고, 2010년 12월 16일에 제정된 바젤 III가 2013년부터 순차적으로 시행되었다.

비의 권리—의 지평 위에서 움직였다. 그리고 바로 이러한 움직임이 일어난 시기가 정부에서 교육 및 직업훈련과 같은 사회의 기초 영역에 투자를 축소하여 이에 따라 교육비가 막대하게 증가하고 결국 가계들이 그들의 자녀를 공부시키기 위해서 빚을 질 수밖에 없던 시기였음을 기억해야만 한다. 민간 부문의 적자 지출은 자신의 소득수준 이상으로 살고자 하는 모든 미국인들의 경향을 반영하는 것이기는커녕 1980년대 초에 있었던 자유주의적 선회와 그에 따른 복지국가의 위기에 뿌리를 두고 있는 현상이었다.

5. 지리통화적 시나리오들

위기는 순환의 상승 국면 동안 성장한 저항의 사회적 (그리고 잠재적으로는 정치적) 차원을 다시 경제적 질서 안으로 가져가려는 자본주의적 방식이다. 그러나 이번 위기는 전 지구 차원의 얽히고설킨 모순들과 경직성 위에서 폭발했으며 그렇기에 지역 차원의 케인스주의적 개입 수단이 이 위기를 해소하는 데 성공할 수 있을 것으로 보이지는 않는다. 따라서 경제회생을 위한 조치들이 정확히 지정학적 그리고 지리통화적geomonetary 전략 속에 위치할 때에만 이 위기의 극복이 가능하리라는 점은 명백하다.

현재의 위기 상황으로부터 추론 가능한 중기(5년에서 10년 정도의) 시나리오는 본질적으로 다음 세 가지이다.

> 첫 번째는 미국과 중국의 동조화coupling, 즉 달러화와 위안화 사이의 협정에 기초한다(차이메리카Chimerica). 두 번째 시나리오에서 상황은 러시아와 서유럽의 강대국 특히 독일과 프랑스로 확장되는데, 이들은 유로존과 루블화 사이의 특별 협약을 통해 묶인다(유러시아Eurussia). 중국-미국 축

과 더불어 이런 식으로 슈퍼 브레턴우즈 체제, 세계 주요 열강 사이의 전방위적 협정의 전제가 마련된다. 세 번째 시나리오는 (구대륙이 예전 같지 않으며 그들 사이의 갈등이 점증함에 따라 발생하는) 불균형이 이 시스템이 완전히 통제 불가능한 상태에 이를 정도로 악화되는 것이다. 파국적 상황이 쌓이고 쌓여 결국 1914년 8월[제1차 세계대전 발발 시기_옮긴이]을 재현하기에 이를 것인데, 이번에는 지구 전체 규모의 핵전쟁이 될 것이다.[51]

이 모든 시나리오들은 미국 헤게모니의 쇠퇴, 즉 **신용(신뢰)을 잃은 제국**의 쇠퇴의 불가피성에 기초한다. 신용(신뢰)을 잃은 제국이라는 표현은 세계에서 가장 강력한 국가가 세계에서 가장 많은 빚을 지기도 한 국가가 된 역설을 묘사한다. 이번 위기가 중국에서 싱가포르, 일본에서 한국에 이르는 아시아 국가들에서 특히나 강력한 위력을 떨치고 있는 반면에[52] 역설적이게도 미국이 계속해서 가장 안전한 예금 투자처 가운데 하나라면, 미국의 쇠퇴라는 '그 자체로 자명한' 가설을 의심해 볼 만하다.

오늘날 위기는 다양한 행위자들이 물고 물리는 이해관계로 서로 묶여 있는 복잡한 지리통화적 질서 안에서 무르익었다. 중국에서 미국인들이 저축을 더 해야만 한다고 주장할 수는 있겠지만, 이것도 더 많은 저축이 그들의 대미 수출에 영향을 주지 않는 한에서만 가능하다. 미국인들은 과거에도 반복적으로 그랬듯이 그리고 점점 더 소극적이기는 하더라도 오늘날까지도 그러하듯이 중국에게 그들의 통화를 절상하고 국내 소비를 증대하라고 요구할 수 있다. 그러나 그러면서도 미국은 중국의 미국채 매입이 감소할까 걱정한다. 다른 한편 이번 위기는 이미 신흥국들로 유입되는 민간 자본량의 급감을 유발하고

51 Lucio Caracciolo, "L'impera senza credito", *Limes*, 5, 2008.
52 "Asia's Suffering," *The Economist*, 31 January 2009.

있다(2009년 현재 이 자본량은 1,650억 달러를 넘지 못할 것으로 예상된다. 이는 2008년의 4,660억 달러의 절반, 2007년의 5분의 1에도 미치지 못하는 수준이다). 신흥국들의 입장에서 서구 나라들의 감세 조치 및 파산한 서구 은행들을 위한 구제 조치는 신흥국 시장에서는 구축효과[53]를 낳을 뿐이며 게다가 그들의 국채 상환 부담을 증가시킬 뿐이다. 주목해야 할 점은 이러한 과정의 결과, 아시아 국가들이 자신을 보호하기 위해 자국의 통화보유량을 더욱 늘리고 자신들의 저축액을 선진국 경제에 투자하게 된다는 것이다. 이런 식으로 미국에서 신용 폭발이 일어나는 데 일조했던 것과 동일한 동학이 반복되게 된다.

따라서 전 지구적 불균형을 보다 잘 관리하기 위해 국제적 협력이라는 길에 나설 수밖에 없도록 만든 것은 미국 제국의 쇠퇴가 아니다. 왜냐하면 이 위기가 세계경제의 지도자 역할을 맡을 수 있는 어떤 나라도 없는 상태로 오랫동안 지속될 수밖에 없을 것이라는 사실 때문이다. 2008년 8월 2일 자 《인터내셔널 헤럴드 트리뷴》 기사에서 데이비드 브룩스David Brooks가 말했듯이 오늘날의 전 지구적 체제에서 자본주의를 무력하게 만드는 것은 바로 결정의 불가능성이다. 권력의 분산은 "이론적으로는 좋은 것이 분명하지만 실천적으로 다극화는 더 많은 그룹이 집단행동에 대해 반대권을 행사할 수 있게 된다는 것을 의미한다. 실천적으로 이 새로운 다원주의적 세계는 전 지구 차원의 경화硬化증, 즉 계속해서 발생하는 문제들을 해결할 수 없는 무능력을 낳았다." 달리 말하면 이 위기는 일방주의적 혹은 다자주의적 경제-정치 헤게모니라는 개념 자체를 무너뜨렸다. 즉, 그것은 새로운 형태의 전 세계적 협치의 모색을 강요하고 있다.

이러한 방향으로의 첫걸음은 아시아를 포함한 신흥국들에게 유

53 [옮긴이] 여기서 구축효과란 자금이 신흥국 시장의 기업채권에서 서구 나라들의 국채로 이동하는 효과를 가리킨다.

동성 위기가 발생하더라도 그들이 홀로 남겨지지는 않을 것임을 보장해 주는 것이다. 2008년 10월, 연준은 신흥국 4개국에 대출을 제공해 주었는데, 비록 이들 나라가 이미 풍부한 외환보유고를 가지고 있었다고 하더라도 이러한 결정은 위와 같은 방향의 혁신으로 이해되어야만 한다. 이것의 목적은 신흥국에서 내수를 진작시키면서도 달러화와 다른 통화들 사이의 균형을 위험에 빠뜨리지 않는 방식으로 자본 흐름을 재조정하는 데 필요한 정치 경제적 조치들을 보다 잘 조직하는 것이다. 이 전략에 유로존 국가들이 **포함되어** 있다는 점에 주목해야만 한다. 독일 또한 구조적 무역흑자국이며 따라서 독일의 모든 관심은 외국의 수요 하락을 상쇄하기 위해서 자국의 수요를 회복시키는 정책을 추구하는 데 쏠려 있기 때문이다.

우리는 또한 이러한 지정학적-지리통화적 전략의 실행에서 당분간 IMF가 전적으로 제한된 역할을 수행할 것이라는 점에 주목해야만 한다. 이러한 실행에 사용되는 자금량은 IMF의 재정 능력을 훨씬 넘어선다. 사실 중·장기적으로 IMF에 대한 모종의 적극적인 개편이 필연적이었음이 입증될 것인데, 여기에는 다음과 같은 단순한 이유가 있다. 미국이 '예방적' 대출제도precautionary credit line를 통해서 장기적으로 신흥국을 원조할 수 있으리라는 보장이 없다. 프랑스 대통령 사르코지는 슈퍼 브레턴우즈 체제를 건설하고 IMF를 그것의 새로운 무기로 사용하자는 주장을 여러 차례에 걸쳐 펼친 바 있는데, 이러한 계획이 최근 수십 년에 걸친 미국 신자유주의 정책의 핵심이 고스란히 녹아들어 있는 IMF의 특징을 간과할 수는 없을 것이다. 그것은 이전까지 경상계정의 태환성만을 의무로 했던 IMF의 규정 속에 자본계정의 태환성(브레턴우즈협정 준비 작업 동안 케인스가 전력을 다해 막으려고 했던 태환성)에 대한 의무까지 집어넣으려는—이는 미국에서 강하게 요구되고 있다—문제와 관련된다.

> 그렇지만 두 개념의 차이는 본질적이다. 전자[경상계정의 태환성]에서 강조점은 실물거래에 해당하는 통화의 흐름, 상품과 서비스의 교역, 관광수지, 혹은 이민자 소득의 본국으로의 송금에 따른 통화 흐름 등에 놓여 있다. 후자[자본계정의 태환성]에서는 모든 포트폴리오 투자 즉 모든 가능한 투기 수단이 인정을 받게 된다.[54]

슈퍼 브레턴우즈 체제의 구상은 그것의 규정에서 자본계정의 태환성을 삭제하는 것을 핵심으로 한다. 1980년대 이후로 이 태환성은 최근 30년 동안 반복해서 금융위기를 만들어 냈던 세계시장 개방 및 전 지구적 불균형의 축적을 위한 전제조건을 대표해 왔다. 오늘날 심지어 IMF조차도 이러한 자본 이동의 자유가 교역 및 국제 금융 시스템이 불안정하게 된 것에 상당한 원인을 제공했음을 인정하고 있다. 하지만 이러한 가상의 새로운 IMF—이것의 근본적인 목표는 국민국가의 **경제주권**과 초국가적 통화 시스템에 의해서 보장되는 균형 잡힌 교역관계를 재수립하는 것이다—의 규정에서 자본계정의 태환 의무를 삭제한다면, 이는 모순들과 금융 불안정성을 막대하게 축적하면서라도 삶자본주의의 발전과 본격화를 보장해 줄 수 있었던 장치들을 무력화하는 결과를 낳을 것이다. 무엇보다 우선 미국은 신흥국으로부터 유입되는 대량의 유동성의 혜택을 누릴 수 없을 것인데, 우리가 살펴보았듯이 미국에서 자본이 가계대출을 통해 소비를 폭발적으로 증대시킬 수 있었던 것은 바로 이러한 유동성 유입 덕분이었다. 이러한 의미에서 새로운 브레턴우즈 체제라는 가설을 어떻게 평가하든, 그것의 개혁이 복지국가를 해체해 버린 뒤 소비와 부채를 자신의 작동을 위한 동력원으로 만들어 버린 사회모델에 극적인 영향을 미칠 것이라는 점은 확실하다.

54 Sapir, op. cit., p. 3.

종래의 통화의 무질서를 지지하는 세력과 금융·통화체제의 실재적 재구축을 지지하는 세력이 갈라지는 지점은 다음의 두 문제에 집중되어 있다고 할 수 있다. 하나는 자본의 통제이며 다른 하나는 몇몇 나라들의 정책이 낳을 수 있는 경기침체 효과가 자국으로 유입되는 것을 피할 수 있도록 해 주는 다양한 형태의 보호주의 통제가 그것이다.[55]

이런 관점에서 보면 관건은 현재 위기의—경제적 극복보다는—**정치적** 극복 가능성에 놓여 있다. 전 지구 수준의 자본주의적 축적의 장애는 이러한 서로 충돌하는 세력들을 고려하여 재해석되어야 한다. 한편으로는 이 위기가 매우 장기간 지속될 가능성 혹은 적어도 유사한 위기들이 체계적으로 뒤따라 일어날 가능성이 있지만 다른 한편으로 이 위기를 극복하기 위해 국제 통화 시스템이 국민국가 주권(그리고/혹은 지역적 축)과 교역의 균형이라는 명목하에 재정비될 가능성이 있다.[56]

정치적으로 보면 당분간은 오바마 행정부가 새로운 뉴딜 정책을 실현해내는 데 얼마나 성공할 것인지 계속 주시하는 것이 더 나을 것이다. 경제회생계획Financial Stability Plan, FSP의 다양한 조치들 가운데 특히 관심을 갖고 지켜볼 만한 것이 있다. 바로 '파산가계주택보존지원법안'으로 이 법안은 파산법원에 소송 중인 파산한 주택 소유자의 대출금을 조정해 줄 수 있는 권한을 부여한다.[57] 지금까지 주 거주지를 위한 대출은 파산법원에서 조정될 수 없는 유일한 것이었다는 점을 고려하면 이는 역사적인 선례이다.[58] 여기에는 또한 지금까지 완전히 실

55 Sapir, op. cit., p. 32.

56 Martin Wolf, "Why President Obama Must Mend a Sick World Economy," *Financial Times*, 21 January 2009.

57 "Top 10 Business Battles," *Business Week*, 2 February 2009.

58 James C. Cooper, ""Job One: Build a Flour Under Housing,"" *Business Week*, 9 March 2009.

패했던, 금융 및 보험 시스템의 지원을 위한 여타 개입 조치들에 비해 전적으로 혁신적인 금융 조치가 포함되어 있다. 주택담보의 전환대출[59]을 위한 기금을 마련하는 것은 세계 은행 시스템을 가로막고 있는 파생상품의 가치를 회복시킬 수 있는 사실상 유일한 **기술적** 수단이다. 무엇보다 이는 융자 기간이 30년의 대출 계약기간에 걸쳐 분산되어 있기에 공공부채에 즉각적인 영향을 주지도 않는다. 달리 말해 은행을 구하기 위해 가계를 구하고 있는 셈이다. 더욱 정확히는 통화 시스템을 개혁하기 위해 그 기초에서부터 시작하고 있는 셈이다.[60]

언제나처럼 **우리의** 뉴딜 정책은 그 기초에서 출발한다. 즉, 금융자본주의를 위기에 몰아넣는 동시에 금융자본주의 극복의 전제를 나타내는 사회적 지대地代 차원에서의 저항들에서 출발한다. 사회적 지대 영역에서 전개되는 운동의 시간은 여러 갈등을 다룰 수 있는 협치의 능력, 즉 공통적인 것에 대한 권리와 그것 안에서 살아갈 수 있는 권리를 제도화할 수 있는 협치의 능력을 다시 획득하는 긴 시간이 될 것이다.

59 [옮긴이] 전환대출refinance이란 기존 대출보다 이자가 더 낮은 대출로 전환하는 것이다.

60 Frédéric Lordon, *Jusqu'à quand?, Pour en finir avec les crises financières,* Raisons d'agir, Paris, 2008.

2 전 지구적 경제위기와 사회·경제적 협치[1]

안드레아 푸마갈리

들어가며

금융위기는 이미 흐릿한 기억이 되었다. 그것이 끝났기 때문이 아니라 곧바로 경제적 위기 그 자체로 변형되었기 때문이다. 현재의 전 지구적 금융위기는 인지자본주의가 오늘날까지도 설립하려고 애쓰는 축적과 분배의 협치 메커니즘의 모순을 체계적이며 구조적으로 선명하게 보여준다. 이러한 관점에서 볼 때, 오늘날의 위기는 포화saturation의 위기가 아니라 성장의 위기이며, 축적의 위기라기보다는 분배의 위기에 더욱 가깝다. 1929년과 꼭 마찬가지로 말이다.

이미 이야기되고 있는 것처럼, 우리는 체계적 위기에 마주하고 있다. 이 체계적 위기는 과거로부터 오는 것이 아니라 오히려 미래로부터 온다. 사실 위기에 빠졌던 것은 새로운 인지자본주의 패러다임이 암묵적으로 자신에게 부과하려 했던 사회적이며 분배적인 규제의 시도였다. 더욱 정확히는 '탈규제'라고 하는 것이 나을 텐데, 왜냐하면 1990년대 초반 이래로 인지자본주의의 동학은 정치 경제에 대한 의도적·제도적 개입이 아니라 시장의 "너무나 잘 보이는all too visible" 손에

1 이 글의 초고를 읽고 논평해 준 스테파노 루카렐리Stefano Lucarelli, 산드로 메자드라, 크리스티나 모리니Cristina Morini와 영어본을 수정해 준 사브리나 델 피코Sabrina Del Pico 그리고 사이키델릭한 도움을 준 그레이트풀 데드와 지미 헨드릭스의 음악에 고마움을 표한다.

기초했기 때문이다. 따라서 우리가 목격하고 있는 것은 시장과 시장 위계구조 간 협치의 위기이다.

다른 곳에서 이미 논의된 바 있듯이 인지자본주의는 다음과 같은 세 기둥에 기반한 축적체계로 구조화되어 있다.[2] 1) 금융투자 측면에서 축적의 발동기인 한편 부의 분배 메커니즘이 의존하고 있는 경첩이기도 한 금융시장의 역할(삶의 삶정치적biopolitical 통제로서 금융화 과정), 2) 전 지구 차원에서 자본주의적 가치증식의 주요 원천이 되어 가고 있는 지식의 생산(교육) 및 보급(네트워크). 이는 산 노동과 죽은 노동 사이의 관계를 재정의한다(일반지성이라고 일컬어지는 '공통적' 협력을 착취하는 과정으로서 인지적-비물질적 축적과정), 3) 노동의 인지적 분업의 맥락 속에서 개인들의 주체적 차이의 가치화를 통한 국제적 차원의 노동력의 탈구성(노동의 불안정화 과정 및 인지적 초과의 통제 과정).

이전의 산업적-포드주의적 패러다임의 상충하는 노동-자본 관계의 위기로부터 생겨난 이러한 세 가지 혁신은 축적의 새로운 경로를 제시한다. 이 경로는 (오늘날 지배적 관점인) 단기적 관점에서 화폐를 통해 다시금 가치증식을 가능하게 하는 것을 목표로 하는데, 이는 중·장기적으로는 지속 불가능이라는 결과를 낳을 뿐이다.

앞선 포드주의적 패러다임과 달리 여기서 시간적-공간적 좌표계는 변화한다.

시간과 관련하여 단기와 장기 사이의 관계가 재정의된다. 즉, 축적의 시간성이 변화한다. 가치증식의 비물질적 형태로의 이행은 축적과정에 필요한 시간을 급격하게 감소시켰으며, 이에 따라 교정을 위해 개입할 가능성 또한 줄어든다.

2 예를 들어 다음 책을 참고할 것. L. Bazzicalupo, *Il governo delle vite. Biopolitica ed economia*, Roma-Bari, La Terza 2005; C. Vercellone (ed.), *Capitalismo cognitivo*, Manifestolibri, Rome 2006; A.Fumagalli, *Bioeconomia e Capitalismo Cognitivo. Verso un nuovo poaradigma di accumulazione*, Carocci, Rome 2007.

공간과 관련하여 지구화와 금융화는 새로운 국제적 위계구조를 재규정하는 경향이 있는데, 일국적 수준에서 자율적 개입의 역량은 초국가적 권력기구들의 탄생으로 인해 매우 제한적이게 된다(민족국가의 위기).

다음 절에서 우리는 이러한 공간적이며 시간적 동학이 가하는 여러 한계들을 한층 더 자세히 다룰 것이다. 이를 통해 사회·경제적 협치의 임무를 담당하고 있는 여러 기관들이 이와 관련하여 어떤 일을 하고 있는지 분석하고 규제적 개입 조치들의 구상이 가능할지, 나아가 무엇보다 그러한 조치들이 실현 가능할지 따져 보고자 한다.

1. 경제위기의 공간-시간적 동학

a) 단기와 장기의 변증법

현재의 전 지구적 경제위기의 복잡성을 가장 잘 담고 있는 요소들 가운데 하나는 단기와 장기 사이의 변증법에서 발생하는 모순이다. 금융시장의 동학은 단기적이며 점점 더 단기적으로 되어 가고 있다. 이는 교환의 소용돌이가 실물가치로 침전되지 않고 항상 상징적 교환의 차원에 남을 수 있기 위한 필수 조건이다. 그러나 그러한 시간적 환경은 거기에 참여하고 있는 주체들의 시간적 환경과는 양립 불가능하다. 그 이유는 사소하다. 단기적으로 잉여가치를 얻을 가능성이 실제로 평생 동안 보호받으리란 보장이 없기 때문이다. 산업적-포드주의적 자본주의 시대에 금융투자가 활기를 띤 것은 중기적이며 장기적인 투자 의향에 의해서였다. 이는 생애주기와 일치하며 지속적인 수입을 보장할 수 있었다. 반면 인지자본주의에서 금융시장은 심지어 직접적인 투기의 장소가 되기도 하며 오로지 많은 자산 포트폴리오를 보유한 사람들만이 지속적인 수입(자본이득)을 기대할 수 있다. 이는 오직 소수의 특권일 뿐이다.

이러한 단기와 장기 사이의 괴리는 두 번째 모순적인 요소로 우리를 이끄는데, 이것은 복지의 해체와 관련된다. 포드주의 시대에 (매우 높은 보장성을 지니며) 국가가 담당했던 사회보장의 역할을 이제는 (어떠한 보장성도 없이) 금융시장이 담당하고 있다는 것은 주지의 사실이다. 노동수입 가운데 점점 더 많은 부분이 사회적 서비스에 접근하고 그것을 요구할 수 있도록 해 주는 미래 및 현재의 소득을 보장하기 위해 주식시장으로 흘러 들어간다. 사회적 서비스는 더 이상 무상으로 공급되지도 않으며 보편적으로 공급되지도 않는데, 이는 점점 더 개인에게 사회적 서비스의 비용을 분담할 것이 요구되기 때문이다 (노동복지workfare).

(주택 그리고 그것을 얻기 위한 주택담보대출과 같은) 기초적인 재화의 획득을 원하는 '고객층'을 소득이 불안정하며 따라서 채무이행 불능의 위험이 더욱 높은 사회적 영역까지 확대해야 할 필요성이 이러한 경향을 더욱 공고히 하는 것처럼 보인다. 주택담보대출은 비록 그것이 단기적인 파생증권에 의해 '보장'된다고 해도 장기적인 투자이다. 여기서 단기와 장기 사이의 괴리가 전면에 등장한다.

단기와 장기 사이의 해소 불가능한 모순은 또한 각종 구제 조치들이 실효성을 거둘 가능성과 제도적 협치의 가능성에 매우 부정적인 영향을 미친다.

전 지구적으로 주요 주식시장에서 주가지수가 평균 1% 하락한다면 이는 약 1조 4천 5백억 달러에 해당하는 유동성이 파괴됨을 의미한다. 예를 들어 2007년 10월 이후 미국의 다우존스지수는 43%가량 빠졌다.[3] 국제결제은행은 유동성 감소량이 약 580조 달러에 해당한

3 다우존스지수는 2007년 10월 9일에 14,164포인트를 기록하며 정점을 찍었다가 2009년

다고 추산했다. 이를 다음과 같은 맥락 속에서 생각해 보자. 전 지구 부동산 자산의 전체 가치는 75조 달러다. 지구 전체의 총생산량은 50조 달러를 넘지 않는다. 이것은 물론 '명목' 가치이다. 그런데 국제결제은행은 또한 (2008년 9월에) 이러한 유동성 감소가 가져온 자본 상실captial loss의 결과가 약 11조 달러에 해당하는 실물경제 가치의 감소로 해석될 수 있음을 우리에게 상기시킨 바 있다. 이는 미국의 GDP와 맞먹는 양이며[4] 전 지구 총생산의 20%에 해당한다.[5]

이러한 통화 및 실제적 부의 손실이 12개월이라는 기간 동안 발생했다. 이는 그러한 규모의 부의 붕괴가 일어나기에는 유례없이 짧은 기간이며, 그것의 영향은 이제 전 지구적으로 감지될 수 있다. 주식시장의 붕괴에 의해 가장 큰 타격을 입은 지역인 미국과 유럽 각국의 정부와 중앙은행이 지금까지 취해 온 조치들은 약 5조 달러의 유동성 공급이라는 결과를 낳았다.[6] 이것의 효과는 기껏해야 2009년 이사분기에 가서야 그러니까 아마도 주가가 더욱 떨어졌을 때에야 볼 수 있을 것이다. 따라서 금융위기가 몰아닥치고 있는 그 순간에 거기에 개입하는 것은 불가능한 것이다. 유동성 감소가 휩쓸고 다니는 속도는

1월 말 8,077포인트로 급락했다. 광범위한 투자펀드와 퇴직연금을 운용하는 주요 부동산 회사나 금융기관을 살펴보면 결과는 훨씬 더 파국적이다. 2007년 6월에서 2009년 1월 말에 이르는 기간 동안 모건스탠리는 67.3%, 스코틀랜드로얄은행RBS은 95.8%, 도이체방크는 86.6%, 바클리Barclays은행은 92.3%, 크레디 아그리꼴Crédit Agricole은 74.6%, 우니크레딧Unicredit은 72.0%, 스위스연방은행UBS은 69.8%, 골드만삭스는 65%, JP모건은 48.%, 크레디 스위스Credit Suisse는 64%에 해당하는 사회적 자본을 잃었다.

4 다음을 참조할 것. M. Whitney, "Economic depression in America: evidence of a withering economy is everywhere," *GlobalResearch*, 2 June 2008.

5 다음을 참조할 것. http://www.nexusedizioni.it/apri/Argomenti/Economia/sta-per-scoppiarela-bolla-dei-derivati-di-Maurizio-Blondet

6 《파이낸셜 타임스》에 따르면 유럽 및 미국 각국이 행한 개입 조치의 규모는 2조 2천억 달러에 달한다. 그 외의 2조 8천억 달러는 미국 연준, 유럽중앙은행 그리고 일본중앙은행 사이의 공조로부터 나왔다.

그것의 회복에 필요한 속도보다 구조적으로 월등히 빠르다. 또한 유동성 공급이 재빠르고 즉각적으로 이루어진다 하더라도 금융시장에서의 부정적인 전망들과 신용 위기를 단기간에 해결할 수는 없다. 질병을 치료하는 데 필요한 시간이 경과하는 동안 환자가 죽게 될 위험이 있는 것이다. 따라서 '타이밍'과 관련된 구조적 문제가 발생한다.

시간적 차원의 변증법과 관련된 두 번째 문제는 '일반지성'의 착취와 수탈에 의해 규정되는 가치축적과정과 '일반지성'이 금융시장에서 직접적으로 가치화되는 과정 사이의 모순에 관한 것이다. 인지자본주의가 발전함에 따라 가치화 과정은 생산시간에 기초하여 직접적으로 계산될 수 없게 된다. 산업적-포드주의적 패러다임에서 생산의 물질적 측정은 이러저러한 방식으로 상품 생산에 필요한 노동의 양에 의해 규정되었으며 이러한 측정가능성은 생산 자체와 그 필요시간이 지닌 유형有形성에 기초했다. 인지자본주의가 도래함에 따라 핵심적이 된 **비물질적인 것**의 가치는 지식의 가치, 정동과 사회적 관계의 가치 그리고 상상적인 것과 상징적인 것의 가치이다.[7] 이러한 삶정치적 변형의 결과는 전통적 노동가치 측정의 위기 그리고 그에 따른 (수입과 지출의 차와 같은) 포드주의에 특징적이었던 이윤 개념의 위기이다. 축적이 사회적이 될 때 '자본의 코뮤니즘'[8]에 내재적인 가치 측

7 다음을 참조할 것. A. Gorz, *L'immateriale*, Bollati Boringhieri, Torino, 2003. 1990년대 중반 이후로 무형자본(인적, 인지적, 비물질적 자본)의 가치가 물리적 자본의 가치를 넘어섰다는 점을 기억하는 것이 중요하다.

8 파올로 비르노는 다음과 같이 말한다. "우리는 1980년대와 1990년대 동안 서구 사회 시스템의 변형을 다음과 같은 한마디로 적절하게 표현할 수 있을 것이다. 자본의 코뮤니즘. … 만약 포드주의가 사회주의적 경험을 자신의 방식대로 포괄하고 수정했다면 포스트포드주의는 케인스주의와 사회주의 모두를 근본적으로 축출했다. 우리가 보고 있는 것처럼 일반지성과 다중에 그 기반을 두고 있는 포스트포드주의는 코뮤니즘에 전형적인 사례들(노동의 폐지, 국가의 해체 등등)을 자신의 방식대로 결합하여 조직한다. 포스트포드주의는 자본의 코뮤니즘이다." P. Virno, *A Grammar of the Multitude*, Semiotext(e), Los Angeles, 2004, pp. 121-122. [한글본] 《다중》, 김상운 옮김, 갈무리, 2004.

정은 주식시장에서 그 가치가 평가되는 사회적 자본의 형태(즉, 미래의 기대 가치와 현재 가치 사이의 차이)로 실현되는 경향이 있다. 이에 따라 사회적 협력 및 일반지성의 착취는 주식 가치의 동학이 결정되는 데 영향을 미친다. 따라서 이윤은 지대로 전환된다. 그리고 금융시장은 **금융가치**로 변형되는 노동가치가 결정되는 장소가 된다.[9] 그러나 현재의 금융위기는 이런 가능한 측정의 지표들이 전혀 제대로 규정되어 있지 않음을 분명하게 보여준다. 측정의 위기 역시 단기와 장기 사이의 모순의 결과이다. 즉 일반지성의 착취로부터 나오는 미래 가치들을 즉시 실현하기를 원하는 욕망과 일반지성 자체의 생산과 보급에는 긴 시간이 필요하다는 사실 사이의 모순 말이다.

다른 한편 인지자본주의의 시간적 차원의 모순의 세 번째 차원은 노동의 수행과 관련된다. 이는 교육과 네트워크(즉 축적의 바탕을 이루는 사회적 생산성을 위한 요소)의 역동적인 경제를 더욱 잘 착취하기 위한 조건으로서 사회적 협력 및 팀 방식의 노동이 확대될 필요성과 노동과 지식 생산물을 직접적으로 (단기적으로) 통제할 필요성(예컨대 지적재산권) 사이의 모순과 관계된다. 바로 이 변증법적 쌍에 기초해서 잉여가치 생산이 수행되고, 인지자본주의의 착취 과정이 기입되며, 새로운 형태의 소외가 활용된다. 여기서 새로운 자본-노동 관계가 분명하게 출현하는 가운데 규정된다. 한편으로 기업의 생산적 목표에 참여하고 관계하며 그것을 공유할 것이 요구된다. 다른 한편으로 개인적 관계의 불안정성, 걱정, 불확실성 그리고 이런 것들로부터 파생되는 심리적이며 실존적인 좌절이 있다. 한편에는 자신의 의사에 따라 노동 여부를 결정할 가능성과 중·장기적인 훈련 및 교육 과정이 있는가 하면 다른 한편에는 다소 짧은 만료 기간을 가진 개인별 형태의 계약이 있다.

9 이 책의 마지막 글 '무엇도 전과 같지 않으리' 가운데 특히 테제 2번을 참조할 것.

단기와 장기의 변증법의 위기는 금융시장을 통제하고 조절할 수 없는 불가능성, 즉 자본주의적 축적의 불가능성을 가리킨다. 동시에 이러한 모순은 다중에 의해 새로운 갈등의 시나리오를 개시하기 위해 사용될 수도 있다. 우리는 뒤에서 이러한 측면을 논의할 것이다. 여기서는 그러한 문제가 1929년 위기 동안에도 나타났었음을 강조할 필요가 있다. 그때는 국가가 초개인적인 동시에 공식적으로는 시장 외부에 있는 경제적 주체로서 개입했으며 위기에서 발생한, 가치 생산 국면(상품 생산)과 가치 실현 국면(상품 판매) 사이의 시간적 불일치를 교정할 수 있었다. 케인스가 장기에 비해 단기를 우위에 둔 것은 "미래에 맞서 현재를 지키는 것"[10]을 목표로 하여 정치경제학이 정교한 조정을 할 수 있을 가능성을 보장하기 위해서였다. 만약 1929년의 위기에서 단기와 장기의 이분법이 전적으로 생산의 순환 속에, 정확히는 가치 생산과 가치 실현 사이에 내재했다면, 오늘날 그것은 전 지구 금융시장에 내재한다.

그 당시 국가의 역할은 (전쟁이라는 비상사태와 함께) 부채와 가치 증식 사이에서 생산순환의 시간적 변증법을 재구성해내기에 충분했다. 이는 민족국가가 자국의 경제정책의 보장자로 역할했고 국제무역에서 승인된 정확한 규칙이 존재했기 때문이다. 1944년 브레턴우즈협정 속에서 (따라서 정확히 국제적 위계질서 속에서) 국민국가의 자율성은 그것이 국제적 지정학적 긴장으로부터 파생된 불안정성의 위험을 효과적으로 불식시킬 수 있는 한에서 포드주의적 축적과정에 필요한 안정성을 가져다주었다.

오늘날 우리는 인지적 축적체계—이것의 성장 가능성은 전 지구적 금융화와 생산의 선택적 세계화에 기반한다—의 발전을 가능

10 A. Negri, "J.M. Keynes e la teoria capitalistica dello Stato" in AA.VV., *Operai e Stato*, Feltrinelli, Milan, 1972, p. 7

하게 하는 (그러나 위계적인) 모든 통제 메커니즘 및 국제적 조절 메커니즘이 망가진 상황에 놓여 있다.

b) 국제 지리-경제적geo-economic 변증법

산업적-포드주의적 패러다임의 위기는 2차 세계대전의 결과로 형성되었으며 얄타 및 브레턴우즈 협정으로 승인된 국제 위계구조에 균열을 냈다. 서구의 사회운동과 더불어 제3세계 국가들의 정치·경제적 해방 과정에 의해 유발된 1970년대의 위기에 대한 자본의 대응은 국제 분업구조의 수정이라는 결과를 가져왔다. 상이한 수준에서 다양한 형태의 지식에 접근할 수 있는 능력에 기초한 새로운 분업이 테일러주의적 생산에서 전형적인 전통적 스미스식 분업에 추가되었다(그리고 부분적으로는 스미스식 분업을 대체했다). 이러한 일이 일어날 수 있었던 것은 정보통신기술ICT에 기초한 새로운 기술 패러다임이 점점 더 대량으로 도입된 덕분이었다. 운송 비용의 감소에 더해 물리적이거나 가상적인 형태의 통신기술 또한 폭발적으로 증가했는데, 이는 전 지구 규모에서 생산과 노동의 조직화에 심원한 영향을 끼쳤다.

1980년대 그러니까 아직까지 국민국가가 경제정책을 통해 자국의 혁신 체계를 수립할 수 있었던 때에 우리는 일본과 미국 사이의 기술 경쟁을 목격하였다. 1990년대 1차 걸프전쟁—이는 베를린 장벽의 붕괴와 소비에트 블록의 내파 이후 미국 군사력의 우월성을 확인시켜 준 사건이다—이후로 금융화 과정은 기반을 획득했으며 아웃소싱과 탈지역화는 서구 다국적기업의 생산 전략의 형태를 바꿔 버렸다. 동남아시아와 라틴아메리카에서 새로운 노동시장이 열렸는데, 이는 IMF와 세계은행의 신자유주의적 정책이 (악명 높은) 구조조정 계획에 힘입어 밀어붙인 것이었다. 이로 인해 생산 기지가 국경 너머로 확대될 수 있었다. 미국이 인터넷 경제에서 기술적 우위를 회복한 첫 번째 국면 동안, 주요 국제적 생산 기업은 서구의 통제 아래에 확고히 놓이게 되었다. 기술적 영역과 금융적 영역 모두에서 일어난 이러한 강한 집중화 과정은 여전히 미국의 지도 아래 있었다. 1990년대에 예를 들어 (태국 바트화의 가치절하로 초래된) 1997년의 금융위기는—2000년 이후로 일어난 위기들과는 달리—금융에서 앵글로색슨권 시장의 헤게모니적 지위를 더욱 강화시켰다. 그러나 이는 덧없이 짧은 신기루와도 같았다. 금융시장에 의해 주도되는 인지자본주의가 축적과 가치증식에서 점점 더 헤게모니적인 패러다임으로서 부과되는 바로 그 순간, 새로운 모순들이 그것의 내부에서 폭발했다.

시장을 동양으로 확대할 필요성, 중국의 WTO 체제 참여 그리고 2000년 3월 금융시장을 강타했던 인터넷 거품의 위기 이후 최근에 동양의 주식시장이 갖게 된 자율성은 생산기술 위계구조의 새롭고 뚜렷한 재편을 가져왔다. 미국은 기술적 통제에 대한 독점력을 잃기 시작했으며 브라질과 더불어 중국과 인도의 생산 시스템은 서양이 가졌던 정보통신기술의 핵심 영역에서의 기술적 주도권을 침식했다. 중국과 관련해서는 2007년 5월의 OECD의 보고서 〈OECD 혁신 정책 검토서: 중국편〉 중 '종합보고'에는 다음과 같이 되어 있다.

> 최근 몇 년 사이 중국의 첨단기술 제품 수출은 극적으로 증가했다. 중국 전체 수출에서 이 수출품이 차지하는 비율은 1990년대 초 5%에서 훌쩍 뛰어 2005년도에는 30%를 상회했다. 이 수출품은 1) 사무용 기기 2) TV, 라디오 및 통신장비와 같은 두 가지 품목군에 크게 집중되어 있다. 의약품과 같은 첨단기술 제품의 수출은 상대적으로 빈약하다. 2004년 현재 중국은 세계에서 가장 큰 정보통신기술 상품 수출국이다(15쪽).

인도와 브라질 모두, 비록 양적으로는 더 적더라도, 동일한 움직임을 주도적으로 보여주었다. 그 결과 미국은 1990년대의 경제적-금융적 성장의 바탕이 되었던 기술적 헤게모니를 잃어 가고 있다.

기술적-생산적 축이 서양에서 동양 및 남반구 저개발 지역으로 이동한 것은 그 자체로 경제적·정치적 불안정성의 매우 중요한 요인이다. 이것은 단지 기술적 헤게모니가 한 영토에서 다른 영토로 이전되는 과정이 아니다. 그것은 기술과 관련된 일방주의가 붕괴되는 과정이다. 상이한 기술적 극들이 동시에 병존하는 이러한 상황은 국제 권력을 구성하는 나머지 두 기둥, 즉 금융 흐름의 통제력과 군사력과의 관계 속에서 분석되어야 한다. 이번 위기 전까지만 해도 금융 헤게모니가 여전히 확고하게 앵글로색슨권 시장의 수중에 있었다는 것은 의심할 수 없으며, 이들은 자신들 외의 주요한 전 지구적 금융시장뿐만 아니라 미국의 연준, 유럽중앙은행 그리고 일본중앙은행의 화폐 정책의 선택까지 좌우할 수 있었다. 여기에 IMF에서 세계은행에 이르는 전 지구적 경제기구들에 대한 완전한 통제도 덧붙일 수 있겠다. 비록 칸쿤과 도하에서의 회담이 실패한 이후 WTO에 대한 미국의 통제력이 감소한 모습을 보이고 있었더라도 말이다.

그럼에도 불구하고 2000년 이후 이러한 금융적 헤게모니는 잠재적인 역공을 받았다. 이는 한편으로는 공적 국제 유동성[11] 통제력의 부분적 상실(이는 금융시장이 아니라 공적 준비금으로 인해 발생했다)에 기인하며 다른 한편으로 이라크 전쟁이 교착상태에 빠진 후 외교 및 군사 정책에서 미국의 선의에 대한 믿음이 위기에 처한 것에 기인한다.

첫 번째 측면과 관련하여 미국을 세계에서 가장 큰 채무국으로 만든 공공적자가 미국 무역수지의 구조적 적자와 합쳐졌을 때 어떤 상황이 발생했는지 강조할 필요가 있다. 먼저 이것은—비록 연준의 통제에 의해 진행되었지만—달러를 가치절하하도록 밀어붙여 국제

11 [옮긴이] 원활한 국제 결제에 필요한 대외 지불준비 보유액과 대외지급액의 비율 또는 대외 지급준비금 그 자체.

통화준비금을 구성할 때 달러화와 다른 주요 통화들(무엇보다도 유로화) 사이의 대체효과substitution effect를 낳았다. 둘째로 미국의 무역적자가 신흥개발국들의 무역흑자로 전환되었으며 이에 따라 신흥국들은 미국 경제의 순 채권국이 되었다. 이것은 하나의 역설을 만들어 냈다. 국제 금융의 헤게모니를 쥐고 있음에도, 미국이 세계 나머지 국가들에 대해서 순 채무국이 된 것이다. 달리 말해 한편으로 미국이 발행하는 공채 및 외채를 구매하는가 하면 다른 편으로 (특히 국부 펀드를 구성해서) 미국 시장에서 채권을 구매함으로써 미국 경제의 성장을 위한 자금을 대고 있는 것은 다름 아닌 신흥국들이다.[12]

이러한 금융 흐름이 오랫동안 지속될 수는 없을 것이다. 그리고 실제로도 그렇지 못했다. 이런 관점에서 금융위기는 또한 더 이상 중앙집권적이며 단일한 명령을 내릴 수 없는, 제국 안에서 발생한 불화의 결과이기도 하다. 상이한 지경학적 극들(서양이 차지하고 있는 금융 헤게모니의 중심과 동양으로 옮겨 가고 있는 기술적-생산적 무게중심)은 단지 한정된 시간 동안만 공존할 수 있을 뿐이며 그것도 공존의 불안정성을 보상해 줄 특정한 조건하에서만 가능할 뿐이다.

군사력의 독점은 확실한 저 조건들 가운데 하나이다. 그렇지만 언제까지 그것이 효과적인 제지력과 억지력을 발휘할 수 있을까? 미국이 여전히 이러한 독점력을 갖고 있는 것은 사실이다. 그러나 2차 걸프전쟁과 아프가니스탄에서 겪고 있는 위기는 비록 그 독점력이 공식적으로 여전히 미국의 수중에 있다 하더라도 그것이 이빨 빠진 호랑이일 뿐이라는 것을 암시하는 듯하다. 부시-체니 행정부의 네오콘 일방주의가 패배하고 오바마가 백악관에 들어선 후로, 무기를 (물론 확정적으로 금지된 것은 아니지만) 다시 거두어들인 것처럼 보인다. 미국이 추구하는 그러나 동시에 전 지구적 경제위기에 의해서 강요

12 이 측면에 대한 더욱 자세한 정보를 위해서는 이 책에 실려 있는 마라치의 글을 볼 것.

된 면이 있는 협치 전략—혹은 적어도 현재 진행중인 시도—은 오늘날 전 지구적 경제의 특징인 지경학적이며 지정학적인 다자주의를 고려하고 있는 것처럼 보인다. 미국은 제국[13]을 인정하고 있는 듯하다. 쿠데타 시도는 지금으로서는 실패했다.

2. 현재의 협치 형태

주요 경제기관들(국제기구들, 중앙은행들 그리고 민족국가들)이 지금까지 내놓은, 현재 작동 중인 제도적 전략들은 다음과 같은 세 가지 주요한 선을 따라 진행되고 있는 것처럼 보인다.

a) 금융위기가 실물경제에까지 도미노 효과를 미치는 것을 완화시키기 위한, 경기변동에 대응한 단기적 개입 조치. 대부분의 경우 이러한 조치들은 유동성을 지탱하기 위한 중앙은행이나 그 상위의 대부자들의 개입에 의해서 행해지며, 공적 지출을 통해 구제 효과를 거두는 것을 목표로 한다. 이 조치들은 가치증식의 형태나 위기의 본성에 구조적으로 영향을 미치는 것을 목표로 하지 않는다. 이 조치들의 주요 목표는 위기의 요인들을 해소하는 것이 아니라 신뢰 환경이 개선될 것이라는 신호를 주는 것이다. 이는 어떠한 실제적 효과도 갖지 않는다.

b) 시장의 자기조절 능력의 실패를 인정함과 함께 시작되는 경제적 협치의 개입 조치들. 이것들의 의도는 공적 성격과 사적 성격이 혼합된 개입 조치들을 통해 새로운 브레턴우즈 체제의 형성을 목표로 하는, 국제적 수준에서의 금융시장의 통제 과정을 위한 전제조건을 마련하는 것이다.

13 [옮긴이] 여기서 "제국"은 제국적 국제질서 즉 제국주의를 대신해 나타난 새로운 전 지구적 질서 형태를 가리킨다. 이에 관해서는 앞선 1장 각주 37번을 참조할 것.

c) 지경학적 긴장을 완화하고 새로운 국제적·인지적 분업까지 고려하여 새로운 국제 지정학적 구조의 윤곽을 다시 그려 내는 것을 목표로 하는 국제정치적 협치의 개입 조치들. 이것들은 기본적으로 현 국제지정학적 구조에 상응하는 새로운 얄타협정과 같은 가설적 구상이다.

첫 번째 수준과 관련해서는 특별히 말할 만한 것이 없을 것이다. 현재의 논쟁에 핵심적으로 걸려 있는 논점은 다음과 같다.[14]

a) 소위 말하는 규제의 범위. 즉, 현 위기에 큰 책임이 있는 금융 및 신용 시스템 부분(그림자 은행shadow banking system[15])을 확정하는 것으로서 여기에는 (경제 시스템에 이익이 되는 혁신을 가져오리라는 환상 속에서) 그 동안 규제되지 않았던 모든 금융 종사자들이 포함된다.
b) 거시건정성 차원. 축적된 리스크에 대한 분석은 어느 한 분석가의 수준에서가 아니라 체계적 수준에서 불충분한 것으로 드러났으며, 그나마 (몇 되지 않는) 제대로 수행된 분석 역시 단지 출판된 것에 그쳤을 뿐 정치적 수정을 가져오지는 못했다.
c) 지렛대 효과 그리고 그것이 품고 있는 위험. 무엇보다 위험의 규모와 이것이 금융시장에 미치는 영향을 평가하는 능력이 개선되어야만 한다.
d) 금융도구들에 대한 가치 평가 및 리스크 산정에서의 투명성. 시장가격 시스템 및 시장 자체 내의 방식에 따른 가치 산정 시스템 그리고 신용평가사들에 의해 행해진 가치 산정들 모두가 적실하지 못한 것으로 드러났다.

14 다음을 참조할 것. F. Saccomanni, "Nuove regole e mercati finanziari," Speech at the Scuola Superiore della Pubblica Amministrazione, Rome, 19 January 2009, http://www.bancaditalia.it/interventi/intaltri_mdir/saccomanni_190109/saccomanni_190109.pdf 사코만니는 이탈리아 은행Bank of Italy 총국장이다.

15 [옮긴이] '그림자 은행'이란 은행과 유사한 신용 중개 기능을 제공하지만 시중 은행처럼 엄격한 규제 체계와 명확한 공적 보호장치가 적용되지 않는 유사 금융을 말한다.

e) 협치 및 인센티브 시스템. 이것들은 언제나 단기적인 목표를 위해 장기적인 목표를 희생시켰다.

f) 전 유럽 수준에서 감독 당국들의 협력 그리고 위기 상황에 대응하기 위한 공통된 도구들. 이번의 위기는 유럽의 통화적 공간이 단일하게 된 상황에서조차도 위기에 맞선 개입 조치들이 국가들 사이의 어떠한 상호 조정도 없이 주로 일국적 차원에 기초해 이루어졌음을 분명하게 보여주었다.

이상의 논점들은 많은 분석가들이 일반적으로 동의하는 것들이다. 그럼에도 불구하고 위기의 실제 원인을 이해하기에 이것들은 완전히 부적실한 것처럼 보인다. 유럽의 상황에 관해 말하자면 공적 서류들에서 제안되는 개입 조치들이라고는 전부 금융시장의 '유해한' 부분들이 초래한 손해의 파급을 제한해야 할 필요성에 나온 것들이다. 따라서 개입을 요구하는 목소리들은 다음과 같은 조치들을 제안하는 것에 국한되어 있다.

1. 각종 금융감독위원회들을 전 유럽 수준의 기관으로 변형하는 것. 그러나 이에 대해서는 즉각 이 조직들의 정치화가 지닌 위험이 강조되는데,[16] 이러한 변형이 단순히 유럽중앙은행뿐 아니라 신용평가사 및 금융시장을 통제하는 기관들의 완전한 자율성이라는 원리를 침해한다는 것 때문이다. 그럼으로써 원인과 결과는 혼동된다. 단기적 방식으로 움직이면서 금융시장의 조절 필요성과 충돌하고 있는 것은 동일한 바로 그 금융시장의 자율성이다. 사실상 자율성과 조절은 양립 불가능하다.
2. 총감독자의 역할을 신설하고 이를 통해 감독의 책임을 그 은행의 '모

16 앞의 사코만니의 글을 참조할 것.

국'에 부여하는 것. 그러나 이는 타국에 개입할 수 있는 능력 그리고 '자신의' 나라뿐만 아니라 모든 관련국들의 이해관계까지 돌보는 정치적 의지라는 문제에 직면한다. 따라서 일국의 책임하에 자율적인 금융시장을 유지하려는 '정치적' 의지와 유럽의 국민국가들 사이의 상호조정을 시작할 필요성은 양립 가능하지 않다.

3. 전 유럽 수준에서 감독 당국의 창설. 관련하여 이러한 기관을 창설하려면 유럽연합 조약의 수정이나 혹은 적어도 유럽평의회Council of European Union의 만장일치 결정이 필요하다는 점을 지적해 둘 필요가 있다. 따라서 이러한 구상은 마스트리히트 조약 이후 유럽의 통화 통합 과정의 기초로 기능한, 통화주의적이며 신자유주의적인 종류의 이데올로기적 기반과 모순된다.

금융시장의 규제를 위한 개입은, 그것이 한층 더 높은 수준의 국제적 상호 조정의 노력 없이 중앙은행들의 자율성을 보장하는 방향으로 움직이는 한, 피상적인 선언 이상의 어떠한 실효성도 가지지 못할 것이다. 이것은 우리가 '소규모'라고 부를 수 있을 종류의 협치로서의 문제의 핵심에 접근할 수 없다. 혹은 핵심에 접근하더라도, 인지자본주의의 새로운 패러다임이 발딛고 있는 토대를 손상시키지 않고서는 불가능하다. 그 어느 때보다 '테크노크라시'적 개혁의 여지가 존재하지 않는 것이다.

적어도 지금 국면에서는 확실히 규제와 무관한 성격의 개입이 더욱 중요하고 기민해 보인다. 이러한 개입은 확장적 통화정책(금리 인하와 신규 여신의 공급) 및 케인스주의적 적자지출 정책 등을 모두 사용하여 유동성을 공급하는 것과 결부되어 있다. 흥미로운 것은 (국제통화기금과 세계은행과 같은) 국제 통화기구들이 이러한 관점을 강하게 촉구하고 있다는 점인데, 이들은 불과 얼마 전만 해도 정반대의 경제정책, 즉 시장의 완전한 탈규제화와 국가의 경제적 역할의 해체를 목표로 하는 경제정책을 변호했었다.

여기서 다음과 같은 점을 강조할 필요가 있다.

1. 금리 인하는 전 지구적 금융화라는 맥락과 디플레이션의 위험 아래에서는 그다지 큰 실효성을 거두지 못한다. 그것이 투자를 촉진할 가능성은 수요자들 사이에 팽배한 부정적 미래 전망에 부딪힌다. 다른 한편 낮은 금리가 어떻게든 채권 수요를 자극하고 금융시장에 대한 신뢰 수준을 진작시킬 가능성은 국제 유동성의 희소성이라는 문제에 부딪힌다. 사실 통화정책의 방향을 좌우하는 것은 금융시장의 자기준거적 논리로, 통화정책은 점점 더 금융적 삶권력biopower이 부과한 조건들에 의해 지배된다.
2. 적자지출 정책이 어떤 식으로든 금융체제에 충분한 양의 유동성을 공급하는 것은 구조적으로 불가능하다.[17] 폴 크루그먼은 9억 달러에 가까운 미국의 경기부양책으로도 GDP의 후퇴와 잠재적 회복 사이의 간극을 메우기에 충분하지 않다고 주장한다.[18]
3. 금융시장에 의해 견인되며 일국의 정치 경제적 통제에서 벗어나 있

17 이 사실과 관련하여 무기 및 마약 밀매와 연결된 '범죄' 경제에 출처를 둔 유동성 공급을 떠올릴 필요가 있다. 2009년 1월 26일, 비엔나에 본부를 두고 있는 유엔 마약통제 및 범죄예방센터United Nations Office for Drug Control and Crime Prevention의 책임자인 이탈리아 출신 안토니오 마리아 코스타Antonio Maria Costa는 다음과 같이 말했다. 마약 거래로부터 나온 자금이 합법적인 경제적 흐름에 유입되고 있는데 그 규모는 "몇몇 은행의 경우 바로 이러한 자금 덕분에 전 지구적 경제위기로부터 살아남을 수 있었음을 암시하는 징후가 있"을 정도이다. 약 9천만 달러에 달하는 마약 밀매로부터의 수익은 (예컨대) 부동산 등을 구매할 여력이 있는 유일한 유동자본이다. 오늘날 이러한 종류의 유동성 공급은 비록 종종 몇몇 국가기구가 여기에 강하게 결탁되어 있더라도 엄밀한 의미에서의 공공지출에는 포함될 수 없다. 한 가지 중요하게 지적할 점은 외국에서는 이러한 유엔의 고발이 꽤나 큰 관심을 끌었지만 이탈리아에서는 어떤 신문도 이를 전하지 않았다는 것이다. 다음을 참조할 것. http://www.wikio.it/webinfo?id=88781387

18 2009년 1월 9일 자 《뉴욕 타임스》에 실린 폴 크루그먼의 기고문을 참조할 것.

는 인지적 축적의 맥락에서는 더 이상 케인스주의적 정책에 의지하는 것(그리고 그것을 복귀시키는 것)으로 충분하지 않다. 더 높은 목표가 설정되어야 한다. 즉 초국가적인, 전 지구적 정치 경제 시스템을 제안할 수 있는 국제적 협치가 요구된다.

최근 몇몇 언론에서 바로 이 목표에 대한 언급이 종종 등장한다. 제2의 브레턴우즈 체제의 설립 말이다. 브레턴우즈가 언급되는 것은 분명 오늘날 이 경험을 반복할 조건이 있다고 믿기 때문일 것이다. 이 측면을 보다 면밀히 분석해 보자. 1944년 이뤄진 이 협정은 본질적으로 다음과 같은 두 조건에 기초했다. 하나는 고정환율제의 준수를 통해 자국의 통화를 조절할 능력이 있는 국민국가의 존재,[19] 다른 하나는 화폐 가치의 물질적이며 양적인 척도를 보증하는 최후의 연결고리로서 달러와 금의 태환 관계.[20]

오늘날에는 이 두 조건 가운데 어느 것도 존재하지 않는다. 경제의 금융화는 국민국가의 정치·경제적 자율성을 없애 버렸고, 날이 갈수록 화폐 가치는 제국적 수준에서 그때그때의 국제관계에 따라 결정되는 위계적 협약의 동학에 의존한다. 돈은 마침내 완전히 탈물질적이게 되었다. 그것은 순전한 기호로서의 돈이 되었다. 돈의 가치 측정은 협약에 기초하는 것인데, 이는 사회적 관계 및 국제관계의 결과이자 자본주의적 지대와 사회적 협력의 지대 사이, 사용가치 생산과 교환가치 생산 사이의 충돌의 산물이다. 현재의 금융위기에 내재한 변동성은 또한 몇몇 국가에서 일국 통화의 근간이 되는 협약 구조를 침식하는 것과 같은 효과를 미쳤다. 비록 서로 다르더라도, 아이슬

19 이는 모든 나라가 가능한 투기적 공격을 막아내기에 충분한 준비 통화와 금을 보유할 수 있었음을 의미한다.

20 달러와 금의 교환 비율은 금 1온스당 35달러로 고정되었다.

란드와 짐바브웨의 사례는 이 점에서 상징적이다. 전자(아이슬란드)의 경우, 파생상품의 증권화 과정에서 시작된 각종 금융지표의 폭락과 다양한 신용기관들의 파산이 5개월 만에 거의 30%에 가까운 통화(아이슬란드 코로나화) 가치절하를 낳았으며, 그 사이 신용등급이 깎이고 정치적 위기가 발생하여 결국 국가주권을 포기하면서 유럽연합 체제로 들어가도록 요구받았다. 후자(짐바브웨)의 경우, 정치 불안의 결과로 발생한 경제적·인도주의적 위기에 직면하자 짐바브웨 중앙은행은 화폐발행을 차단함으로써 화폐주조권(화폐발행에 대한 국가의 독점권) 행사를 포기했다. 분명 이 두 사례는 매우 상이하지만 그럼에도 불구하고 공히 화폐 주권의 상실을 포함한다. 그간의 역사에서 보면 이와 유사한 상황은 오직 국민국가가 독립을 상실한 결과로서만 발생할 수 있었다. 오늘날 역사상 처음으로 화폐 주권과 영토 주권이 더 이상 동전의 양면이 아니게 되었다.

새로운 브레턴우즈 체제를 위한 조건은 안정적이며 위계적이고 일방주의적인 구조의 존재다. 즉 무력에 의해서든 설득에 의해서든 전 지구적으로 받아들여지는 축적과 착취의 단일한 협약의 인정에 의해서든 규정된 구조가 존재해야 한다. 달리 말해 여기서 제기되는 문제는—그 정의상 다극적이며 다자주의적인—제국에서 일방주의적인 협치가 가능한가이다. 이러한 역설에 대한 한 가지 가능한 해결책은 새로운 얄타 체제를 창설하는 것이다. 따라서 금융시장을 통한 인지자본주의의 가치증식을 보장할 수 있는, 새로운 가능한 전 지구적 배치 형태는 무엇보다도 새로운 인지적 분업의 미래 경로를 국제적 수준에서 균등하며 분명하게 통제하고 규정할 수 있을 가능성의 문제로 옮겨진다.

1945년의 얄타협정은 열강들의 전 지구적 충돌의 결과였다. 협정은 제2차 세계대전의 승자들 사이의 약속의 표시였고 그 목표는 국민국가에 기초해 각각의 축적과정의 경계선을 그리는 것이었다. 거기로 돌아가기 위해 우리가 새로운 전쟁의 파국을 기다려야만 할까?

지금으로서는 새로운 전쟁의 파국이 시야에 들어오지 않는데, 새로운 미국 행정부의 외교정책이 대화 과정의 전개 쪽으로 방향을 잡고 있는 것처럼 보이기 때문이기도 하다. 그러나 그렇다고 해서 다음과 같은 사실, 즉 인지자본주의의 국면에서는 소리없는 상업적 전쟁이 총성이 난무하는 전쟁보다 더욱 중요하다는 점을 간과해서는 안 된다. 사실 새로운 얄타협정의 가능성이 가늠되고 있는 것은 바로 이러한 점에 근거한다. 1945년과 달리 오늘날의 국제관계는 단순한 지정학적 변수에 의해서가 아니라 지경학적 변수들의 동학에 의해서 결정된다. 오늘날 얄타협정과 브레턴우즈협정은 서로를 배제할 수 없다. 하나가 다른 하나 없이는 존재할 수 없다. 바로 일국적 수준의 경제적 자율성과 같은 것은 이제 사라졌기 때문이다. 이는 '제국'이 도래한 결과 가운데 하나이다.

미국의 새로운 재무장관 티머시 가이트너Timothy Geithner는 새 정부 출범에 맞춰 의회에 제출한 문서에서 중국의 통화가 "조작되었다"고 주장했다.[21] 미국 시장을 상업적으로 뚫고 들어오기 위해서 중국 통화 당국이 인위적으로 위안화를 낮은 수준으로 유지하고 있다는 것이다. 실제로는 중국의 위안화는 2005년 7월 달러에 대한 고정환율제를 폐기한 이후로 약 20%가량 평가절상되었다. 하지만 그러한 평가절상은 미국 무역수지 적자에 매우 미미한 효과만을 미쳤을 뿐이었고 이로써 무역적자는 구조적으로 미국의 축적체제에 내재해 있는 것이지 단순한 환율의 동학에 따른 것이 아니라는 점이 확인되었다. 그럼에도 불구하고 며칠 뒤 미국의 의회 의원 53인이 연방정부에 대해서 다음과 같은 요구를 담은 편지에 서명했는데, 그 요구는 모든

21 다음을 참조할 것. V. Comito, "Sindrome cinese per il piano Obama," 3 February 2009, http://www.sbilanciamoci.info/Sezioni/globi/Sindrome-cinese-per-il-piano-Obama

공적 지원금이 "중국에서 중국인의 일자리가 아니라 미국에서 미국인의 일자리를 창출한다는 조건으로" 교부되어야 한다는 것이었다. 2009년 1월 말 미국 하원은 논의 중인 오바마의 계획안에 철강과 섬유 영역에서 '미국산 우선 매입Buy American' 조항을 삽입했다.[22]

따라서 우리는 이미 보호주의적이며 민족국가 중심의 통합주의적인 경향이 등장한 것을 볼 수 있다. 이는 상품의 자유로운 유통에 관해서만 아니라 노동시장에 관해서도 그러하다.[23] 새로운 얄타협정과 새로운 브레턴우즈협정의 구성과 관련된 일련의 다극적 협정들을 구상할 가능성이 중국-미국의 축에 놓여 있음은 분명하다.

3. 경제적 협치와 사회적 협치 간의 잠재적 충돌

우리는 인지자본주의에서 경제적 협치가 금융시장의 이중의 역할, 즉 일반지성의 착취를 금융적으로 뒷받침하는 동시에 잉여가치를 통해 분배 및 사회보장 기능을 조율하는 역할에 기초한다고 말한 바 있다.

이와 달리 사회적 협치는 협박과 합의consensus라는 이중의 접근법에 기초해 보장된다. 협박은 노동관계의 개인화의 결과인 삶과 소득의 불안정화에 기초한다. 합의는 이와 달리 '소유자 개인주의'라는 환상에 기초한다.

2008년 전까지만 해도 사회적 협치는 경제적 협치와 조응했다. 이는 노동조합적·사회적 조정의 정치가 가져온 매개의 결과로 다음

22 앞의 글을 참조하라. 이 글을 작성하고 있는 현 시점에서는 그러한 보호주의적 조치가 부분적으로 상황을 완화해 줄 수 있을 것으로 보인다.

23 이와 관련된 떠들썩했던 사례로 영국의 조선소에서 이탈리아 노동자들의 고용을 두고 벌어진 사건을 들 수 있다.

의 두 주요 조건에 기초했다. 첫 번째 조건은 필연적으로 시간적 제약을 가진 것으로서 (비록 왜곡되어 있지만) 재분배 능력과 경제를 증식시키는 금융시장의 역할에 의해 결정된다. 두 번째 조건은 (지식의 새로운 소유 형태를 통해) 일반지성을 통제하는 동시에 그것을 가치화하여 교환가치로서뿐만 아니라 창조성과 사회적 협력의 성장 계기로 이용할 수 있는 가능성—이미 그 자체로 모순적인 가능성—에 기초한다.

따라서 인지자본주의의 사회적 협치는 한편으로 금융시장이 부채를 통한 부의 대규모 확산에 기초한 **소유자 개인주의**의 환상을 보장할 수 있을 정도로, 어떠한 한계도 없이 팽창할 (즉 성장할) 수 있는 가능성과 결부되어 있다. 다른 한편으로 그것은 어떤 대가도 거의 혹은 전혀 요구하지 않으며 사회적 협력에 참여하려는 의향 그리고 무엇보다 자본주의적 가치화 메커니즘에 도움이 되지 않는 창조적 초과에 대해서는 알아서 통제하는 식으로 사회적 협력에 기꺼이 참여하려는 의향의 존재와 결부되어 있다.

지금까지 이러한 조건들은 폭력을 통해 부과되어 왔다.[24] 즉 합의보다는 협박을 통해, 비상사태의 부과와 공안정치를 통해, 노동력의 분할을 통해, 상징적인 것과 상상적인 것의 통제를 통해 그리고 항구적인 전쟁에 대한 공포를 통해서 말이다.

그러나 이 모든 것들은 충분치 않으며 그리하여 금융위기와 함께 소유자 개인주의의 환상이 **채무자 개인주의**의 비극적 현실 속에서 깨어질 때[25] 잠재적으로 충돌하는 세력들의 사회적 협치 또한 커다

24 이 책에 실린 마라치의 글 '금융자본주의의 폭력'(1장)을 참조할 것.

25 이탈리아의 상황을 보면 2008년 동안 주요 퇴직연금펀드와 보험펀드가 평균 6% 정도 실제 손실을 입었고(다음을 참조할 것. F. M. Pizzuti, "Se la bolla scoppia sulle pensioni", 27 January 2009, http://www.sbilanciamoci.info/Sezioni/italie/Se-la-bolla-scoppia-sulle-pensioni) 이로 인해 (이탈리아 은행에 따르면) 가계부채가 30% 이상 증가했다.

란 압력 아래 놓이게 된다.

다른 곳에서[26] 인지자본주의의 가치증식과정에 맞게 조정된 새로운 뉴딜과 같은 제도가 사회적 협치의 새로운 요소로서 실현 가능할 것인지 논의된 바 있다. 대답은 부정적인데, 이는 이론적 차원에서보다 정치적 차원에서 그러하다.

사실 이론적 관점에서 보면 현재 체제의 위기로부터 빠져나오기 위한 조건이 존재하지 않는 것은 아니다. 이 조건은 금융시장이 이끄는 가치증식 메커니즘의 구조 자체와 관련되어 있다. 특히 축적 차원에서 보면 인지자본주의에서 (잉여)가치의 원천이 교육 및 네트워크 경제의 착취로부터 나온다는 점을 인식할 필요가 있다. 인지적-관계적 노동 혹은 삶노동biolabor(이제 법에 의해 공식적으로 인정되는 시간 밖에서 삶 자체가 노동에 투입된다)은 축적과 분배 모두의 중심에 있는 마디이다. 금융시장의 동학은 이러한 현재 형성 중인 삶경제적 가치증식과정을 보여준다.

결국 삶노동의 가치를 인식하지 못한 것이 인지자본주의에서 협치의 위기를 불러일으킨 중심 요인이다. 이를 막기 위해서는 다음과 같은 세 가지 차원의 노력으로 충분할 것이다.

a) 축적과 관련해 지식의 사적 수탈을 제한하는 '공통적인 것의 법'의 정식화에 기초하여 교육과 사회적 관계들에 내재하는 생산적인 사회적 협력을 공통적인 것의 기관으로서 정립하는 것이 필요하다.
b) 분배와 관련해 (원조 수단이 아니라) 사회적으로 확산되어 있는 일반지성에 대한 보수로서 기본소득의 제도화가 필요하다.
c) 복지정책과 관련해 일반지성이 발전하는 동안 기본소득의 분배를 지원하고 공통적인 것의 기관들을 보장하는 것으로서 공통적인 것에

26 이 책의 마지막 글 '무엇도 전과 같지 않으리' 가운데 특히 테제 8과 9를 참조할 것.

기반을 둔 복지를 정립하는 것이 필요하다. 사실 공통복지commonfare[27]의 기초를 정립할 수 있는 새로운 종류의 사회적 논의의 가능성이 열리는 것은 바로 새로운 축적양식에 적합한 복지 체제의 개혁이라는 평면 위에서이다.

여기서 관건은 사회적 협력에 기원을 둔, 부를 전유하려는 자본주의적 시도와 공통적인 것의 가치를 재전유하려는 다중 사이의 변증법이다. 그리고 정치적 수준에서 이에 관해 협상이 가능한 어떠한 지점도 없어 보인다. 경제적 협치는 사회적 협치를 포기함으로써만 이론적으로 가능한 것이다.

일반지성의 생산성에 대한 직접적인 보상으로서 기본소득의 도입은 노동과정의 통제를 실현하는 자본주의의 경제적 명령 가능성에 영향을 미친다. 현재 인정되는 전통적 노동 형태에서 벗어난 사회적 협력에 대한 보수로서 무조건적 소득을 모든 시민에게 보장하게 되면 생존을 위한 소득의 필요성을 인질로 한 노동하라는 협박은 사라진다. 이미 마르크스가 발견했듯이,[28] 그러한 협박은 한 계급이 다른 계급을 지배하기 위한 도구 가운데 하나다. 따라서 노동에 대한 이러한 사회적 협치, 즉 우리가 협박과 합의의 이중의 경로로 정의한 상황에

27 다음을 참조할 것. A. Fumagalli, *Bioeconomia e capitalismo cognitivo. Verso un nuovo para-digma di accumulazione*, Carocci, Rome 2007. 특히 ch .9, pp. 201-228. 또한 Fumagalli, "Trasformazione del lavoro e trasformazioni del welfare: precarietà e welfare del comune (commonfare) in Europa" in P. Leon, R. Realfonso, (eds.), *L'Economia della precarietà*, Manifestolibri, Rome 2008, pp. 159-174.

28 《자본론》에서 마르크스는 노동자가 자신의 노동을 팔 수 있는 자유에 관해 다음과 같이 비꼰다. "그것[노동력_옮긴이]의 소유자는 그것을 자유롭게 팔 수 있을 뿐 아니라 또 그래야만 한다는 것 또한 발견한다. 무엇 때문에? 살기 위해서." 카를로 베르첼로네의 글 "Il prezzo giusto della vita", *Il Manifesto*, 24 November 2006, http://multitudes.samizdat.net/Il-giusto-prezzo-di-una-vita에서 인용.

서 불안정화와 프롤레타리아화라는 조건에 의해 가능하게 되는 사회적 협치는 더 이상 유지될 수 없다.

마찬가지로 축적의 경우도 축적 메커니즘을 회복하기 위한 조건인 지식의 자유롭고 생산적인 유통에 기초한 노동 능력의 필요성은 자본주의 체제의 기초 가운데 하나인 생산수단(과거에는 기계였다면 오늘날에는 지식 **또한** 포함된다)의 사적 소유라는 원리를 침범한다.

따라서 경제적 협치는 자본주의적 축적 구조를 극복할 가능성으로 이어진다. 즉 그것은 탈자본주의적인 사회적 생산 형태가 발전할 수 있는 길을 열어젖힌다. 달리 말해 축적과정의 개혁—이 개혁은 현재 위기의 기초에 있는 여러 요인들로 인해 필연적이게 되었다—은 사회적 협치의 실행을 포기하는 것을 함축한다. 더 이상 개혁주의 정치가 들어설 여지란 없다.

다중의 사회적 운동은 이러한 돌이킬 수 없는 모순 속에 하나의 쐐기로서 삽입될 수 있으며 또 그래야만 한다.

이것이 "너희들이 초래한 위기의 대가를 우리가 지불하지는 않을 것이다!"라는 슬로건의 진정한 의미이다.

3 가치법칙의 위기와 이윤의 지대화: 인지자본주의의 체계적 위기에 관하여[1]

카를로 베르첼로네

서론

이 글은 '가치법칙의 위기와 이윤의 지대화'라는 명제를 출발점으로 삼아 현재의 위기에 대한 몇몇 이론적 해석의 요소들을 제공하는 것을 목표로 한다. 포드주의 모델의 위기에 뒤이어 나타난 현 자본주의의 변형은 지대 형태의 강력한 회귀와 그것의 증식으로 특징지어지는데 이는 임금, 지대, 이윤 관계의 총체적인 변화와 나란히 일어나고 있다. 이러한 변화는 이론적으로나 정치적으로나 다양한 방식들로 해석되어 왔다.

특히 데이비드 리카도의 정치경제학에서 연원하여 마르크스주의 이론에 널리 퍼져 있는 생각에 따르면, 지대는 전-자본주의 시대의 유물이며 자본의 진보적인 축적 운동에게는 장애물일 뿐이다. 이러한 가정에 따르면 순수하고 효율적인 진짜배기 자본주의는 지대 없는 자본주의이다.

1 이 글의 많은 부분은 2009년 1월 30일, 2월 1일 로마에서 개최된 우니노마데 세미나에서 했던 연설을 옮겨 적은 것이다. 그러므로 이 글의 가설들이 잠정적인 성격을 지녔음은 예상 가능할 것이다. 나는 가까운 시일에 이것들을 더욱 심화할 것을 약속한다. 이 글에 인용된 다양한 저자들의 이탈리아어본 서지사항을 조사하여 이 글이 더욱 개선되는 데 도움을 준 에르베 바롱Hervé Baron에게 감사를 표한다.

이제 금융지대가 토지지대의 핵심 역할을 완전히 대체한다고 보는, 이와 유사한 관점이 있다. 이 관점은 오늘날 서브프라임 대출에 의해 발생한 혹은 더 일반적으로 신용이 **가공자본**의 형태로 증권화되는 것에 기초한 투기거품이 일거에 폭발하면서 자본주의를 강타한 체제 수준의 위기를 해석하는 과정에서 등장한다. 이 분석에 따르면 현 위기의 의미는 지대를 향한 금융자본의 경향과 생산과 고용의 성장을 돕는 축적 논리의 담지자인 '좋은' 생산적 자본주의 사이의 충돌에서 발견된다.

위와 같은 해석은 프랑스와 이탈리아의 노동 좌파에 속하는 여러 경제학자들이 제안하듯이 금융의 힘에 맞서서 임금노동과 생산적 자본 사이의 일종의 신리카도주의적 타협을 제안하는 것으로 이어진다. 그러한 타협을 통해 포드주의에서 경영 중심 자본주의managerial capitalism가 갖고 있던 헤게모니를 재건하고 결과적으로 완전고용에 근접하는 성장을 재건할 수 있으리라는 것이다. 이 모든 것들은 포드주의식 노동의 조직화 및 임금관계 조절과 깊은 연속성을 갖는 맥락 속에 있다. 동시에 그것은 또한 투기적 수단을 통해 비물질적·물질적 자산(예컨대 주택)의 가격 상승을 불러일으키며 실물경제가 만들어 낸 이윤 가운데 자신의 몫 이상을 전유하는 식의, 금융이 끼치는 여러 왜곡된 효과들에 맞서 가치 분배와 측정을 위한 규범으로서 노동시간에 기반을 둔 가치법칙의 순기능을 회복시켜 줄 것이라 기대된다.

우리의 견해에 따르면 위와 같은 이해 방식들은 다음과 같은 네 가지 점에서 잘못된 것이다.

a) 이러한 이해 방식은 자본주의에서 지대가 수행하는 역할에 대해 잘못 생각하고 있다. 왜냐하면 지대를 자본의 운동에 외부적인 범주로, 이윤이라는 범주에 대립하는 범주로 간주하기 때문이다.

b) 이러한 이해 방식이 지대의 회귀와 그 왜곡된 효과들에 대해 가하는 비난은 그 근저에 놓여 있는 변형, 즉 포드주의의 위기 이후 새로운 형태의 분업 및 노동-자본 관계를 형성하기 위해 개입된 변형에 대한 어떠한 분석과도 연결되어 있지 않다. 앞으로 보겠지만 이 변형은 대부분의 경우 노동의 인지적이고 비물질적인 차원이 지닌 힘의 성장과 관련되어 있는데, 다양한 금융 서비스의 발전은 비록 모호하지만 어쨌든 이 차원의 일면을 보여준다.

c) 이러한 이해 방식은 자본축적의 산업적 논리가 갖고 있던 헤게모니적 역할을 종식하고 생산적 자본 자체가 점점 더 눈에 띄게 지대와 투기로 향하는 경향을 초래했던 변화들의 중요성을 간과한다.

d) 이러한 이해 방식은 마라치가 이 책에 실린 글에서 크게 강조한 바 있는 금융의 편재적 성격을 포착하지 못한다. 금융은 가치의 생산-분배-실현이라는 "경제의 순환과정 전체에 퍼져 있"으며, 따라서 수많은 사회적 주체들과 경제적 행위자들을 포함하고, 이로 인해 실물경제로부터 금융경제를 명확히 분간해내는 것은 점점 더 어려워진다.

물론 이것이 금융이 누리고 있는 상대적 자율성이나 그것이 갖고 있는 체계적 힘을 부정하자는 것은 아니다. 금융의 힘은 성장국면, 즉 금융이 자신의 몫 이상의 이윤을 전유하는 국면[2]이나 투기거품의 붕괴 이후의 국면, 즉 국지적 위기가 전 지구적 위기로 변형될 위험이 존재할 때에 분명히 드러났다. 이 위험의 존재를 통해 금융은 수많은

2 이는 다음과 같은 사항을 떠올리는 것만으로도 충분할 것이다. 위기가 일어나기 전 CAC 40(프랑스의 주가지수)에 상장된 기업 가운데 비금융권 기업의 수익률이 15~20%에 머물렀던 반면에 금융 기업 그 가운데에서도 종합금융회사merchant bank의 수익률은 50%를 상회했다. 또 다른 의미 있는 사례는 미국의 경우이다. 1970년대 금융 영역의 이윤은 미국 기업들이 취한 이윤 가운데 약 10%를 차지했다. 2006년 이 비율은 40%(!)에 달했으며 비금융권 기업이 취득한 금융 이윤을 포함하면 이 비율은 훨씬 더 높아질 것이다.

기관들을 인질로 삼으며 각국의 중앙은행과 정부로부터 예외적이며 무조건적인 양보를 얻어 낼 수 있었다.

그러나 금융을 소위 실물경제라는 것을 삼켜 버릴 수도 있을 정도의, 거의 절대적인 자율성을 지닌 힘인 양 강조하는 것은 자본의 가치증식의 위기 및 모순의 기원에 놓여 있는 여러 사회·경제적 원인들, 특히 금융자본과 생산적 자본의 상호 침투를 간과하게 만든다.

예를 들어 이러한 관점은 인터넷 시장 컨벤션의 위기에서 부동산 시장 컨벤션의 위기로의 이행이 금융 논리의 주기적 반복이라는 맥락 속에 놓여 있다는 점뿐 아니라 인지자본주의의 동학에서 하나의 근본적인 전환점을 표시한다는 점을 깨닫지 못한다. 사실 지난 2000년 3월에 있었던 나스닥 폭락과 관련된 위기는 신경제New Economy 신화에 종지부를 찍었다. 이는 자본이 인터넷 및 비물질 영역을 상업화의 논리에 복속시키려 시도했을 때 부딪혔던 구조적 한계를 보여주는데 이 영역에서는 자유로운 접근을 제한하는 경제적 장벽을 설치하고 지적재산권을 강화하더라도 계속해서 무상의 원리가 다른 원리들을 지배하기 때문이다.[3] 포드주의적 성장을 추동했던 이전 영역들이 쇠락의 길로 접어들고 시장의 포화와 개발도상국들의 경쟁이라는 문제에 부딪힐 때, 인지자본주의의 유례없이 심화된 주체적·구조적 모순이 우리의 시야에 들어온다. 이 모순은 실상 자본이 판로를 새롭게 확장하고 사회적 생산을 조직화할 때, 자신의 정당성을 확보하기 위한 기초로서 비물질적 경제 및 지식 경제를 진보적 생산 역학 속에 통합시킬 수 없다는 사정과 관련이 있다. 그 증거로 우리는 부시 시대가 남긴, 거의 재난에 가까운 거시경제지표를 들 수 있다. 나스닥 위기 이후 거의 유일하게 경제가 역동성을 띠었던 몇 년(2004~2007년)은 거

3 나스닥의 투기거품과 넷 경제Net Economy의 위기에 관한 분석으로는 다음을 참조할 것. Robert Boyer, *La croissance, début du siècle. De l'octet au gène*. Albin Michel, 2002.

의 전적으로 투기자본 덕택이었는데, 이 동안 부동산 영역과 금융 영역은 민간 소비 영역 성장의 40%를 떠받치며 서로를 먹여 살렸다. 이와 동시에 소비자신용의 비정상적 성장을 가져온 임금 축소와 소득분배 불평등의 폭발적 증가를 단순히 금융의 탐욕에서 기인하는 것으로 생각해서는 안 된다. 우리는 무엇보다 점점 더 자율적이 되는 노동력을 생산조직 수준에서 통제하기 위해 자본이 취하는 노동의 불안정화 전략에서 또한 그 구조적 원인을 발견할 수 있다.

요컨대 금융화 그리고 더욱 일반적으로 지대의 역할 증대는 많은 부분 인지자본주의에 내재하는 이러한 총체적인 모순들의 결과이며 단지 그것의 원인이기만 한 것이 아니다. 이와 동일한 방식의 생각은 현재 개시된 위기의 성격과 원인에 대한 이해를 위해서도 유효하다. 많은 경제학자들이 그렇듯이 현재의 위기를 금융에 기원을 두고 있는 위기로, 금융에서 시작되어 그 체계적 결과로서 실물경제를 이차적 계기로 포함하는 식의 위기로 이해하는 것은 잘못된 생각일 것이다. 보다 면밀히 살펴보면 이 구도는 뒤집어진다. 금융위기가 폭발하기 전에도 전 지구적 위기를 가리키는 수많은 경제적, 사회적, 생태학적 지표들을 또렷이 볼 수 있었다. 이에 대해서는 신경제에 내재하는 상업 발전의 난관들, 자동차 산업이 잠재적으로 갖고 있는 위기, 더 이상 지탱되기 힘든 가계부채 그리고 국제 규모의 경제적·금융적 불균형과 투기로 인해 일어나는 곡물 같은 기초재 가격이 상승하는 것만 떠올려 보더라도 충분할 것이다.

프랑스 조절학파의 범주를 사용하자면, 실질적으로 작동 가능한 축적체제의 토대의 관점에서 볼 때 현재 인지자본주의의 위기는 1929년의 위기와 같이 단순히 조절양식의 '대위기'에 그치지 않는다. 따라서 현재의 위기로부터 빠져나올 수단과 가능성은 자본과 노동 사이의 새로운 타협을 모색하는 것으로, 즉 금융의 힘을 제한하고 임금과 생산성 사이에 포드주의적 관계를 다시 설립함으로써 지식과 비물질적인 것에 기초를 둔 새로운 자본주의 고유의 생산-소비 법칙을 조화롭게 발전시킬 새로운 타협을 모색하는 것으로 환원될 수 없다.

오히려 이 글에서 탐구하고자 하는 가설은 다음과 같다. 현재의 위기 그리고 그것의 깊이가 지식기반경제 발전의 뿌리를 이루며 지구의 생태학적 평형의 보존을 위해 필요한 여러 사회적 조건들이 인지자본주의와 양립할 수 없는 성격을 지니고 있다는 점을 보여준다는 것이다.

우리는 지금 생산력의 발전과 사회적 생산관계 사이의 모순을 가장 근본적인 방식으로 표현하고 있는 구조적 위기를 다루고 있다. 앙드레 고르스가 정식화한 훌륭한 표현을 사용하면, 현재의 위기는 어떻게 "자본주의가 생산력의 발전에서 하나의 장벽, 즉 자기 자신을 새로운 경제로 대체하지 않고서는 그것을 뛰어넘어 자신을 재생산할 수 없을 그런 장벽에 도달했"는지를 보여준다.[4]

이 모순은 가치법칙의 위기 그리고 우리가 이윤의 지대화라는 명제로 정의한 경향과 긴밀히 관련되어 있다.

그렇다면 우리가 가치법칙의 위기를 어떻게 이해해야 할까?

우선 이 위기는 측정의 위기로 나타난다. 이 위기는 노동과 자본 그리고 무엇보다 가치와 같은 정치경제학의 근본 범주들의 의미 자체를 불안정하게 만든다. 그러나 훨씬 더 근본적인 차원에서 **노동시간-가치법칙**의 위기는 단순히 측정의 위기에 국한되는 것이 아니다. 이 위기는 특히 선진 자본주의 국가에서 나타나듯이 자본의 진보적 힘의 소진과 더욱더 기생적으로 되어 가는 자본의 성격을 보여주는 다음과 같은 두 요소와 조응한다.[5]

4 André Gorz, *L'immatériel,* Galilée, Paris 2003, p. 84.

5 가치법칙 및 그것의 위기의 이론적·역사적 의미에 관한 더욱 자세한 분석으로는 다음을 참조할 것. Antonio Negri, "Valeur-travail: crise et problèmes de reconstruction dans le postmoderne," *Futur Antérieur* 10, 1992, pp 30-36; Carlo Vercellone, "Lavoro, distribuzione del reddito e valore

첫 번째 요소는 자본주의적 생산 합리화의 규준으로서 가치법칙의 효력이 소진되었다는 점에 조응한다. 산업자본주의에서는 가치법칙이 이러한 규준으로 기능함에 따라, 단순하고 어떠한 질적 차이도 없는 노동시간을 단위로 삼아 측정된 추상노동이 노동에 대한 통제력을 확보하는 동시에 사회적 생산성의 증대를 돕는 도구로 기능할 수 있었다. 이것의 위기는 노동의 인지적 차원이 지닌 힘의 복귀 및 성장과 관계가 있다. 이는 노동으로 체현되는 지식이 고정자본과 관리자 조직에 병합되는 지식과의 관계에서 새로운 헤게모니를 갖게 되는 점과도 조응한다. 이런 틀에서 보면 이윤은 지대와 같이 점점 더 생산조직의 **외부**에서 진행되는 착취 메커니즘에 의존한다.

두 번째 요소는 사회적 관계로서 이해된 가치법칙의 효력, 즉 상품화 논리가 사용가치의 생산 및 욕구 충족의 발전을 위한 핵심적이고 진보적인 규준이 되도록 하는 가치법칙의 효력이 소진된 점이다. 이러한 주장을 더 잘 이해하기 위해서 우리는 마르크스 심지어 리카도에게서도 어떻게 (상품의) **가치**가 상품 생산의 어려움에, 따라서 노동시간에 기초하는지를 기억할 필요가 있다. 이 점에서 가치 개념은 풍부함과 사용가치에 기초한 부wealth라는 개념과는 근본적으로 다르다. 산업자본주의 시대에 자본주의적 생산 논리는 점점 더 많은 양의 상품을 일정한 가치로 따라서 상대적으로 더욱 낮은 가격으로 생산하고 점점 더 증가하는 (실제의 혹은 과잉의) 욕구들을 만족하는 것을 통해 **부**의 발전을 도울 수 있는 능력에서 자신의 역사적 정당성을 찾았다. 이런 의미에서 생산력의 자본주의적 발전과 이윤은 희소성에 맞선 싸움의 도구로서 제시될 수 있었다. 인지자본주의에서는 **가치**

nel capitalismo cognitivo, una prospettiva storica e teorica," 2008, http://www.posseweb.net/spip.php?article242; Carlo Vercellone, *L'analyse "gorzienne" de l'évolution du capitalisme*, in Christophe Fourel (ed.), *André Gorz, un penseur pour le XXIème siècle*, La Découverte, Paris 2009, pp. 77-98.

와 **부** 사이의 이러한 '긍정적인' 관계는 깨어지고 진정한 단절로 향한다. 사실상 교환가치 논리는 자본주의적 소유 논리와 마찬가지로 재생 불가능한 희소자원의 파괴 그리고/혹은 자원의 인위적인 희소성의 창조에 기초해서만 자신의 지배력을 유지할 수 있다. 이 과정은 이윤과 지대가 뒤섞이는 메커니즘을 통해서 작동한다.

여기서 우리는 즉각, 어떤 모호함도 없이, 이러한 주장이 노동이 더 이상 가치 및 잉여가치 창조의 바탕이나 원천이 아니라고 말하는 것이 아님을 명확히 해야만 한다. 이러한 주장은 옳건 그르건, 마르크스가 자본의 진보적 기능이라고 간주했던 자본의 역할, 즉 희소성에 맞선 싸움과 **필연의 왕국에서 자유의 왕국으로**의 이행을 위한 수단으로서 자본이 노동 조직화와 생산력 발전에서 갖는 능동적이며 구성적인 역할과 비교해 볼 때 가치, 잉여가치 그리고 착취 법칙이 이제는 빈껍데기임을 말할 뿐이다.

이는 또한 점점 더 자본과 노동 사이의 적대가 지식기반경제의 토대를 이루는 공통적인 것의 제도들과 지대 형태로 발전하는 인지자본주의의 수탈 논리 사이의 적대의 형태를 취하게 됨을 의미한다. 여기서 금융은 지대의 많은 표현 형식 가운데 하나일 뿐인데, 비록 금융이 종종 가공의 상품을 가공자본으로 변형하면서 이 표현 형식들 모두를 종합한다 해도 그렇다.

이러한 명제를 증명하기 위해서 이어지는 글을 다음과 같이 두 부분으로 나눌 수 있다.

첫 번째 부분에서는 임금, 지대 그리고 이윤이라는 범주들의 정의로 돌아갈 것이다. 우리는 이윤과 지대의 범주들을 구별하는 경계선이 사실 유연하고 유동적임을 강조할 것이다. 이를 위해 《자본론》 3권에서 마르크스가 자본의 지대화 이론—이는 **일반지성** 가설의 현실화와 관련이 있을 수 있다—을 개괄하면서 전개하고 있는 몇몇 논점들에 기초할 것이다.

두 번째 부분에서는 지대의 지배력 증가와 동시에 지대와 이윤의 뒤섞임이라는 현상을 가져온 노동-자본 관계의 역사적 변형에 대한 종합적 독해를 제시할 것이다.

1. 임금, 지대 그리고 이윤: 몇몇 정의들

마르크스에 따르면 소득분배의 세 가지 주요 범주인 임금, 지대, 이윤은 자본주의적 관계와 함께 출현하며 자본주의적 관계가 역사적이듯이 이 범주들 역시 역사적이다. 이런 관점에서 현 자본주의에서 임금, 이윤 그리고 지대의 변형을 이해하기 위해 특히 마지막 범주에 집중하여 몇몇 개념적 도구를 만들어 보고자 한다.

논리적 관점에서 볼 때 우리는 임금에서부터 시작해야 한다. 왜 그런가? 이는 자본주의에서 임금이 생산적 노동 즉 이윤과 지대 모두의 기원이 되는 잉여가치를 생산하는 노동에 대한 보수를 가리킨다는 단순한 이유 때문이다. 이미 마르크스가 공장에 관해 지적한 바 있듯, 이 잉여가치를 임금노동자 각각의 개별 잉여노동의 단순한 총합으로 간주해서는 안 된다. 반대로 그것은 노동의 사회적 협력이 만들어 낸 잉여에 대한 무상의 전유로 여겨져야 한다. 이는 이어지는 분석에서 핵심적인 요소이다. 이는 노동의 사회적 협력이 더 이상 공장 내부에 갇히지 않고 사회 전체로 확장되며 점점 더 자본으로부터 자율적으로 조직되는 현재의 맥락에서 임금, 생산적 노동 그리고 착취라는 개념을 다시 고찰하는 데 결정적인 도움을 준다.

임금 다음으로 우리는 이 잉여가치 생산물을 전유하는 수입의 범주, 즉 지대와 이윤으로 넘어갈 것이다. 지대는 이론적 차원에서 매우 복잡한 개념이다.

지대가 생산관계의 재생산에서 수행하는 역할뿐만 아니라 그것의 반대편에 있는 분배관계에서 지대가 수행하는 역할에 대해서도 설명할 수 있는, 서로 긴밀히 연결된 **세 측면**으로부터 시작해서 하나의 정의를 제시해 보자.

첫 번째 측면은 생산관계의 관점에서 자본주의적 지대의 탄생과 본질이 생산 및 재생산을 위한 사회적 조건들을 수탈한 과정의 결과임을 이해할 수 있게 해 준다. 근대 토지지대의 형성은 종획의 과정, 즉 토지와 노동력을 가공의 상품으로 변형하기 위한 선결조건이자 필수조건이었던, 첫 번째 공통적인 것의 수탈과 일치한다.[6]

우리는 이로부터 즉시 중요한 이론적 교훈을 끌어낼 수 있다. 지대가 자본주의 역사에서 차지하는 역할의 다양한 의미가, 폴라니를 따라 탈사회화, 재사회화 그리고 새로운 탈사회화로 이어지는 경제의 역사적인 주기적 변동이라 정의될 수 있는 것과 긴밀히 연결되어 있다는 것이다.

따라서 시초축적 시대의 토지지대와 마찬가지로 자본주의 역사 전체에 걸쳐 지대가 취하는 다양한 형태들은 모두 생산의 사회적 조건을 사유화하는 것 그리고 공통적인 것을 가공의 상품으로 변형시키는 것과 불가분의 관계를 맺고 있다. 여기서 우리는 첫 번째 종획인 토지 종획과 지식 및 삶에 기초한 새로운 종획 양자 모두를 하나의 논리 아래로 포섭시켜 주는 공통적 특성을 확인할 수 있다. 이와 유사한 관계가 상업자본주의 시기 즉 자본의 시초축적의 첫 국면에서 공공부채가 했던 역할과 금융지대의 발전 및 복지국가 제도의 해체라는 오늘날의 역사적 국면에서 통화 관리 및 공공부채의 민간화가 수행하는 역할 사이에서도 성립한다.

그러나 이러한 연속성의 요소들에도 불구하고 오늘날 진행중인

6 이에 관해서는 Karl Polanyi, *La grande trasformazione*, Einaudi, Torino 1974. [한글본] 《거대한 전환》, 홍기빈 옮김, 도서출판 길, 2009. 특히 2부 6장을 참조할 것.

경제의 신자유주의적 탈사회화 과정의 결정적인 역사적 특이성을 강조하는 것이 중요하다. 오늘날 공통적인 것의 수탈은 땅과 같은 전前자본주의적 조건들, 로자 룩셈부르크가 제시한 전통적인 의미에서 (자본주의의) **외부**에 속하는 조건들에만 의존하지 않는다. 현재 경제의 탈사회화 과정은 무엇보다도 생산력의 가장 발달한 영역에서 투쟁이 자본의 논리를 넘어 지식기반경제의 제도적·구조적 기초를 마련하며 구성해 나가는 공통적인 것의 요소에 대한 수탈에 의존한다. 우리는 이런 요소들을 적어도 잠재적으로는 탈자본주의적post-capitalist인 **외부** 요소라고 정의할 수 있을 것이다. 예를 들어 우리는 의료, 교육 그리고 연구 시스템과 같이 역사적으로 복지국가 제도들에 의해 보장되었던 여러 사회보장책들, **인간에 의한 인간의 집단적 생산**을 들 수 있을 것이다. 우리는 나중에 이 문제로 돌아올 것인데, 이 문제는 지대의 회귀와 현재 위기의 특징에 대한 분석에서 중요한 역할을 한다.

두 번째 측면은 다음과 같은 지대의 특징, 즉 지대 수취자의 전유의 기초가 되는 자원들이 일반적으로 지대와 비례해서 증가하는 경향이 있는 것은 아니라는 점을 알 수 있게 해 준다. 사실 실제로는 정확히 이와 반대다. 달리 말해 클라우디오 나폴레오니의 정의를 빌자면 지대란 "어떤 재화의 소유자가 그 재화가 양적으로 희소하면서 유용하다는 혹은 그렇게 되었다는 사실을 이유로 해서 받는 수입"이다.[7] 따라서 지대는 자원 희소성의 논리, 즉 자연적인 희소성 혹은 (이보다 빈번한) 독점에서 드러나는 바와 같은 인공적인 희소성과 연결되어 있다. 그러므로 지대의 존재 자체는 생산비용의 논리로 정당화되는 높은 가격 부과와 희소성의 창조를 가능하게 하는 독점적 소유 형태 및 권력의 지위에 기초한다. 그리고 이는 대부분의 경우 지적재산권 강화 정책과 같은 제도 형태의 인공적인 것들의 도움을 받고 있다.

7 Claudio Napoleoni, *Dizionario di economia politica*, Edizioni di Comunità, 1956.

마지막 **세 번째 측면**에서 자본주의적 지대는 (봉건적 지대와 달리) **순수한 분배관계**로 여겨질 수 있다. 왜냐하면 그것은 더 이상 "생산 과정에서 어떠한 기능도 혹은 적어도 어떠한 정상적인 기능도"[8] 하지 않기 때문이다. 따라서 지대는 **생산 외부의 위치에서** 가치를 전유할 권리를 부여하는 채권으로 혹은 물질적·비물질적 자원들에 대한 소유권으로 나타난다.

이에 기초하여 이제 우리는 이윤 그리고 그것을 지대와 구별해 주는 기준—이 기준은 우리가 보통 생각하는 것보다 훨씬 덜 분명하다—의 문제로 나아갈 수 있게 되었다. 이를 위해 토지지대의 예로 돌아가보는 것이 유용할 듯싶다. 토지지대는 토지 소유자가 자신이 소유한 땅의 유용성에 대해 얻는 보수로 이루어진다. 그런 의미에서 오래 전부터 내려온 생각에 따르면, 지대는 **일단 생산에 기여한 모든 사람에게 보수가 돌아간 후에 남은 것**으로 간주될 수 있다.

이런 생각 틀에서, 모든 문제가 결국 **생산에의 기여가 어떤 것인지** 및 **누가 생산에 기여했는지** 등의 이해에 달려 있음을 알 수 있다. 만약 우리가 고전적인 그리고 여전히 유효한 이윤에 대한 정의를 받아들인다면, 이윤은 자본의 보수이며 그 본질은 생산에 투하된 자본의 양에 비례하는 수입의 획득에 있다. 이미 애덤 스미스가 지적했듯이 이윤 그 자체는 기업가나 회사의 간부들이 수행하는 생산의 조정이나 감독과 같은 기능에 대한 보수와는 아무런 관련이 없다. 이를 바탕으로 우리는 토지에 대한 보수와 마찬가지로 자본의 보수 역시 지대로 간주할 수 있을 것인데, 왜냐하면 자본 소유자는 직접 생산에 참여하지 않고 자신을 생산수단의 제공만으로 한정지을 수 있기 때문

8 Karl Marx, *Capital*, Progress Publishers, Moscow 1887 vol. III, Ch.51 [한글본] 《자본론 III (하)》, 김수행 옮김, 비봉출판사, 2004. 1071쪽.

이다.[9]

경제학적 사유의 역사가 그 시작부터 지대와 이윤을 명확히 구별하는 것을 목표로 하는 이론적 **고투**를 겪게 된 이유가 여기에 있다. 이러한 논쟁에 단지 한마디 보태는 것을 넘어 이윤과 지대의 실질적 구별을 가장 진전시킨 주장으로는 다음과 같은 두 가지 것이 있다.

1) 첫 번째 주장은 지대와 달리 이윤은 본질적으로 생산에 재투자되기 위해 기업 안에 보존된다는 것이다. 이런 식으로 이윤은 생산력의 발전과 희소성에 맞선 싸움에서 긍정적인 역할을 수행할 수 있다.
2) 두 번째 주장은 (마찬가지로 지대와 달리) 자본이 지닌, 생산과정 내부에 자리하고 있는 성격에 관심을 기울인다. 여기서 자본은 노동의 관리와 조직화를 위한 필요조건으로 간주된다. 이 내부성은 자본가라는 인물과 사업가라는 인물 사이의 일치에 기초한다. 혹은 생산적 자본의 체현물이자 생산관리 및 생산 능력의 혁신과 확장에서 핵심적 역할을 수행하는 경영 중심 논리에 기초한다. 두 경우 모두 자본의 내부성은 구상노동conceptual labor(자본과 그것의 직무자의 역할)과 진부한 실행노동(노동력의 역할) 사이의 명확한 대립을 전제한다.

두 번째 주장을 더욱 잘 이해하기 위해서 우리는 마르크스에 따르자면 자본주의적 생산과정이 어떻게 두 모순적 차원의 통일인지를 기억해야만 한다.[10] 첫 번째 차원은 사용가치의 생산을 목표로 하는

9 사실 케인스 또한 이후에 《일반이론》 16장에서 자본의 성격에 대해 관찰하면서 이 문제에 대해 강력하고 독창적인 답변을 내놓았다. 그는 자본의 보수는 자본의 희소성에 기초한다고 주장한다. 이런 점에서 이를 지대와 관련된다고 할 수 있는데, 케인스는 고전적인 노동가치론을 고수하는 가운데 자본의 보수가 지대적 성격을 갖고 있음을 분명히 밝힌다.

10 이에 관해서는 Karl Marx, *Capital*, op. cit., vol I, [한글본] 《자본론 I (상)》, 4편 참조.

노동과정이다. 이 관점에서 보면 필요에 따라 자본에 의해 수행되는 지도指導 기능은 생산조직화의 객관적인 기능이다. 두 번째 차원은 임금노동의 착취를 통한 상품 생산을 목표로 하는 **가치증식과정**이다. 이 관점에서 보면 자본의 지도 형태는 전제적이며, 자본으로 하여금 **노동과정**을 **가치증식과정**에 따라 재구조화하도록 이끄는 적대로 얼룩져 있다. 마르크스의 생각에 따르면 자본가는 산업자본주의와 실질적 포섭의 시기에, 바로 이 두 기능을 동시에 보증할 수 있는 능력을 통해 **생산의 행위자**로 된다. 따라서 이 능력은 노동에 대한 자본의 지배에 노동과정 관리를 위한 필수적이며 객관적인 조건이라는 외관을 부여한다. 이러한 이유로 인해 **순수한 분배관계**로 간주되는 지대와 달리 이윤은 생산과정에 내적인 분배의 범주로 나타난다.

그러나 앞으로 보게 되겠지만, 지대와 이윤의 구별 혹은 나아가 그것들의 대립에 필수적인 이 두 조건의 실현은 자본주의, 그것도 산업자본주의 시기의 일시적 산물일 뿐이다. 좀 더 정확히 말하자면 이 조건들은 포드주의적 성장의 황금기, 즉 노동의 자본에의 실질적 포섭의 논리와 대량생산 논리 모두가 나름의 성과를 낼 수 있었던 시기가 아니라면 완전히 실현될 수 없다. 이러한 경계들은 인지자본주의에서 점점 더 흐려진다. 그러나 분석의 첫 번째 요소를 발전시키기 전에 잠시 갓길로 빠져 자본-지대capital-rent 가설의 윤곽을 그리는 마르크스의 《자본론》 3권을 살펴보는 것이 유용할 것이다.

보론: 《자본론》 3권에서 일반지성으로: 마르크스의 자본-지대 가설

몇몇 저작에서 마르크스는 지대와 이윤을 다음과 같은 두 기준에 따라 구별하는 것처럼 보인다.

1) 고전파 경제학자들과 마찬가지로 (《자본론》 1, 2권에서 행하는) 자본 분석 일반에서 마르크스는 산업자본가가 자신의 자본을 소유하고 자신의 기업을 경영한다고 가정하는데, 이는 《자본론》 집필되었던 당시만 해도 빈번한 사실이었다. 따라서 산업자본가는 생산관계에 직접 참여하며 생산력의 발전(과 자본의 희소성 감소)을 위해 투자하는 한에서 지대 수취자라는 인물과는 대립하는 것처럼 보인다.
2) 마르크스는 실질적 포섭을 향한 경향이라는 틀로 더욱 중요한 두 번째 기준을 포착한다. 마르크스가 말하듯이 바로 이 경향 안에서 생산의 순전히 전제적despotic 기능과 생산의 자본주의적 조직화의 객관적 기능이 하나로 합쳐지는 것처럼 보인다. 이러한 합류는 과학의 고정자본으로의 병합과 구상노동과 실행노동의 분리가 자본의 지도에 객관적인 토대를, 그리하여 생산력의 물질성 자체에 기입되어 있는 토대를 얼마나 제공할 수 있는지에 달려 있다.

이러한 이유로 마르크스는 다음과 같이 단언한다. "자본가와 임금노동자만이 생산의 유일한 두 행위자이다. 반면 고대와 중세 세계에서 생산의 필수적 행위자였던 토지 소유자는 산업의 세계에서는 무용한 방해물이다."[11]

그러나 《자본론》 3권에서 이자와 기업가이득Unternehmergewinn의 담지체로서 자본에 대한 분석을 발전시키는 가운데, 마르크스는 이윤과 지대 사이의 대립이라는 관점에 대해 그리고 단지 토지지대로만 환원되는 지대의 정의가 갖는 한계에 대해 의문을 제기한다. 그는 탐구를 진행하여 마침내 이윤 및 자본 소유의 지대화라는 생각에 이른다. 이를 위해서 그는 자본의 두 규정, 즉 소유와 기능 사이에 개념

11 Karl Marx, *Storia dell'economia politica. Teorie sul plusvalore*, Editori Riuniti, Rome 1993, vol. II, p 35.

적 구별을 도입하고, 이 구별을 다시 자본을 소유함으로부터 나오는 수입인 이자와 생산을 지도하는 기업가의 능동적 이윤 사이의 구별과 연결한다. 이러한 전제 위에서 그는 계속해서 다음과 같은 두 상호 보완적인 명제를 발전시킨다.

첫 번째는 신용의 발전 및 주식회사의 발전 경향이 자본의 소유와 경영 사이에 깊은 분리를 낳는 방식에 관련된다. 마르크스에 따르면 자본 소유는 중세에서 자본주의로 이행하는 동안 토지지대가 겪었던 과정과 유사한 과정을 따른다. 즉, 그것은 점점 더 생산 영역에 외부적이게 되며 토지 소유와 마찬가지로 자본 소유는 노동 조직화에서 더 이상 어떤 기능도 수행하지 않으면서 잉여가치를 전유한다.

이런 식으로 "오직 직무자만이 남게 되고 자본가는 불필요한 인물로서 생산과정으로부터 사라진다."[12] 마르크스는 자본 소유의 수동성과 수행 자본performing capital의 능동성을 구별한다. 소유와 경영이 분리된 결과 수행 자본은 점점 더 경영자라는 형상으로 구체화되는데, 바로 이 형상 속에서 지도 및 노동 착취 기능은 생산에서 구상적이며 조직화의 임무를 수행한 대가로 지불되는 임금이라는 거짓된 외관을 취한다.

여기서 우리는 이러한 마르크스의 분석이 많은 면에서 《일반이론》에서의 케인스의 분석을 예비하고 있음을 알 수 있다. 이 저작에서 케인스는 기업가라는 인물과 투기자라는 인물을 대립시키면서 명시적으로 지대 개념을 자본의 소유에까지 확장시킨다. 이에 기초해서 케인스는 "지대 수취자의 안락사를, 그 결과 자본의 희소가치를 착취하는 억압적 힘의 안락사를" 내다보았다.[13] 사실 케인스는 "오늘날 이자는 지대 못지않게 어떠한 진정한 희생에 대한 보수가 아니"라

12 Karl Marx, *Capital*, op. cit., vol III, [한글본] 《자본론 III(상)》, 475쪽.
13 John Maynard Keynes, op. cit., ch. 24, [한글본] 《일반이론》, 24장.

고 주장했다.[14]

그러나 마르크스는 《자본론》 3권에서 케인스보다 더 나아가 자본의 지대 수취자로서의 성격과 기생적 성격이 생산적 자본 그 자체와 연결되는 상황을 끄집어낸다.

사실 두 번째 전제는 한편에서 노동자들이 지식을 재전유함에 따라 실질적 포섭이 위기를 맞게 되고 동시에 다른 한편에서 자본 소유가 생산관계 외부에 놓이게 되는, 노동-자본 관계의 변화와 관계된다.

이런 틀에서 마르크스는 [자본가의 자본 소유자로서 역할은 물론이고] 경영자, 자본의 직무자의 생산 조정 기능마저 이제 **불필요한 과잉**이 되고, 자본으로부터 독립하여 자율적으로 자신을 조직할 수 있는 생산적 협력 앞에서 순전히 전제적인 것으로 나타난다고 말한다. 이 문제에 관해서 마르크스는 (그의 일반지성 이론의 발전에 커다란 영향을 끼쳤을) 호지스킨으로부터 한 대목을 인용하는데, 거기서 마르크스는 "이 나라의 직인 기계공 사이에 교육이 광범위하게 보급됨에 따라 자신만의 지식을 가진 사람들의 숫자가 증가하여 거의 모든 장인들과 고용주들의 노동 및 기술의 가치는 날마다 감소하고" 있으며,[15] 따라서 자본에 의해 행사되는 경영 및 지성적 기능은 갈수록 불필요한 것이 되고 있다고 주장한다.

이 보론을 마무리하면서 이러한 자본-지대 이론이 《자본론》 3권에서 단지 그 윤곽만 드러날 뿐이지만 그것이 일반지성에 관한 명제와 결합될 때 고유의 힘과 이론적·역사적 의미를 얻게 됨을 지적하고자 한다. 이는 다음과 같은 두 가지 주요한 이유 때문이다.

1) 먼저 확산된 지성의 출현에 직면하여 (호지스킨이 말한) 자본의 비생

14 Ibid.

15 Karl Marx, *Capital*, op. cit., vol III, [한글본] 《자본론 III(상)》, 476쪽, 각주 78. 번역 일부 수정.

산성은 자본의 모든 기능(소유와 경영)의 속성이 된다. 이러한 사고틀에서 마르크스는 "기업가이득과 경영 임금을 혼동시키는 최후의 구실마저 제거되었고 이를 이론적으로 부정할 수 없었던 바, 즉 이윤은 순전한 잉여가치—아무런 등가도 지불되지 않은 가치, 실현된 부불노동—라는 사실이 실제로도 나타나게 되었다"[16]고 주장한다. 따라서 이윤은 지대와 꼭 마찬가지로 생산과정에서 어떠한 실질적인 기능도 하지 않은 채 단순히 무상노동의 전유로부터 얻어진다.

2) 다음으로 경제가 지식의 주도적 역할에 기초할 때, 노동시간에 바탕을 둔 가치법칙은 위기에 처한다. 이 위기가 지닌 함의 가운데 하나는 생산에 필요한 직접적 노동시간이 최소로 줄어듦에 따라 생산 및 이와 관련된 이윤의 화폐적 가치가 급격히 감소할 위험이 있다는 것이다. 그 결과 강제로 교환가치의 지배력을 전과 같은 수준으로 유지하고 이윤을 보장하기 위한 노력으로 자본은 공급 희소화에 기초를 둔 지대 수취 논리를 발전시키게 된다.

요컨대 《자본론》 3권에서의 분석을 《정치경제학 비판 요강》의 분석과 결합시킬 때, 그것은 비상한 예측력을 발휘하면서 생산의 객관적 조건뿐만 아니라 주관적 조건의 관점에서도 자본의 지대화가 피할 수 없는 것임을 보여준다.

그러나 마르크스 자신은 이러한 작업을 행하지 않았다. 왜냐하면 당시 자본의 지대화라는 이 가설은 단지 나중에나 실현될 잠재적이며 장기적인 경향이었기 때문이다. 그리고 이는 옳았다. 그가 죽은 후 19세기 말 대공황에서 1930년대의 위기 사이의 역사적 기간을 특징짓는 금융지대의 혼란과 확대에도 불구하고, 산업자본주의의 발전은 여전히 주로 실질적 포섭의 심화로 특징지어졌기 때문이다.

16 Ibid. [같은 책, 477쪽, 번역 일부 수정]

2. 산업자본주의에서 인지자본주의로

이제 임금, 지대 및 이윤 사이의 관계 변화를 산업자본주의에서 인지자본주의로의 역사적 이행 속에서 분석할 차례다.

1) 포드주의: 지대의 주변화

1929년의 위기 이후 그리고 전후戰後 기간 동안 (잉여가치 생산에 직접 참여하는) 산업자본주의가 헤게모니적으로 됨에 따라 지대는 점점 더 주변화되었다. 다음과 같은 네 가지 주요 요인이 포드주의적 성장의 황금기에 일어난 이러한 지대의 주변화를 설명해 준다.

1) 금융시장에 대한 규제, 수입에 대한 누진세 부과 그리고 통화 공급에 대한 케인스적인 조절과 관련된 일련의 제도적 도구들이 자산 소유의 힘을 제한하는 데 기여한 동시에 매우 낮은 수준의, 때로는 마이너스 수준의 실질금리와 연결된 인플레이션을 촉진했다.
2) 복지제도의 발전을 통해 노동력 재생산을 위한 조건이 사회화되는 한편으로 점점 더 많은 양의 소득이 자본의 가치증식 논리와 금융의 힘으로부터 빠져나올 수 있었다.
3) 대량생산을 주도한 기업들에서 일어난 테일러주의 및 포드주의적 노동 조직화 원리들의 발전은 구상노동과 실행노동이 분리되는 경향의 실현을 용이하게 했다. 그 결과 갤브레이스John Kenneth Galbraith가 말한 의미에서 경영 중심 자본주의의 헤게모니가 성립될 수 있었다. 여기서 우리가 강조하고자 하는 것은 테크노스트럭쳐technostructure[17]의 힘인데,

17 [옮긴이] 경제학자 갤브레이스가 저서 《신산업국가》에서 사용한 용어로 기업의 소유와 경영의 분리가 크게 진전된 결과, 기업의 의사결정이 개인인 기업가로부터 경영진 집단으로 옮겨진 상황에서 집단적으로 의사결정을 내리는 기관을 말한다. 여기에는 회사의 임직원, 간부는 물론 전문화된 지식·경험·재능을 제공하는 사람들이 모두 포함된다.

이것의 정당성은 (화이트칼라 사무실과 연구·개발 실험실을 중심으로) 생산의 조직화와 혁신의 기획에서 그것이 수행하는 역할에 기초를 둔다. 이로부터 주주의 이해관계나 여타 '비생산적'인 자본의 가치증식 방식을 후순위로 강등시킨 경영 중심 논리가 나왔다. 나아가 거대 기업의 경영 중심적 조직화는 생산적 투자에, 그러므로 희소성에 맞선 싸움인 생산의 발전에 우선순위를 부여하는 것처럼 보인다.

4) 마지막으로 고정자본에 집중된 축적 논리에 적합하게 지적재산권의 역할은 매우 한정적이었다.

이러한 틀에서 소득의 분배는 임금과 이윤 사이의 충돌, 더욱 정확히는 기업이윤과 (점점 더 사회적으로 보편화되었지만 주로 포드주의적 거대 기업에 의해 추동되었으며 임금 상승이 생산성 증가와 밀접한 연관을 지닐 수 있게 했던) 임금 동학 사이의 충돌에 집중되었다.

여기서 지대는 이차적 역할로 전락하여 주로 (이윤과 거의 정반대의 논리를 따르는) 도시화에 따른 부동산 지대의 증대에만 관심을 쏟고 있는 것처럼 보였다. 그 증거로 우리는 1970년대 첫머리에 아넬리Agnelli가 내놓은 제안, 즉 도시지대urban rent—그에 따르면 이탈리아의 '뜨거운 가을'[18] 시기에 있었던 인플레이션과 임금 상승 요구의 원인은 여기에 있었다—에 맞서서 고용주와 노동조합 사이에 신리카도적 동맹을 맺자는 제안을 떠올려 볼 수 있다.

2) 인지자본주의: 지대의 회귀

이러한 사회적 배치 형태는 포드주의가 위기에 처하고 인지자본

18 [영어판 옮긴이] '뜨거운 가을'(이탈리아어로는 autunno caldo)은 1969년에서 1970년까지 북부 이탈리아의 공장과 산업 중심지에서 벌어졌던 일련의 대규모 파업을 일컫는다. 파업에서 노동자들은 더 나은 임금과 노동조건을 요구했다.

주의가 발전함에 따라 위태로운 상황에 놓인다. 우리 시대는 지대 형태의 증가로 특징지어지는 한편 지대와 이윤의 경계선이 흐려지는 것에 의해서도 특징지어진다. 새로운 자본주의에서 이윤은 슈발리에를 따라 "자본의 비생산적 가치증식"[19]이라 부를 수 있는 것과 관련된 다음 두 메커니즘에 더욱더 의존한다.

1) 첫 번째 메커니즘은 각종 채권뿐 아니라 (주식 소유에서 특허권에 이르는) 다양한 형태의 재산권이 담당하는 핵심적인 역할과 관련된 것으로, 이것들은 발생된 가치의 일정 부분을 생산의 외부에서 전유할 형식적 권리를 구성한다.
2) 두 번째 메커니즘의 핵심은 생산과정의 직접적 지배가 점차 시장의 지배로 대체되는 것이다. 이는 독점적 지위의 구축을 통해서 이루어지는데, 이 독점적 지위는 기업의 경계 외부에서 창조된 가치를 전유할 기초를 만드는 자본의 능력을 통해서 (선대제[20]를 떠올리게 하는 논리에 따라) 자신을 노동과 시장 사이의 매개자로서 부과한다.

더욱 중요한 것은 이러한 생산으로부터의 자본의 외부화는 기업 내부의 노동 조직화뿐만 아니라 기업이 외부와 맺고 있는 관계 둘 다와 관련된다는 것이다.

이상으로부터 두 가지 경향이 나온다. 한편으로 인지노동의 부상에 따라 기업의 경쟁력은 점점 더 외적 조건에, 즉 인지적 자원의

19 Jean-Marie Chevalier, *L'économie industrielle en question*, Calmann-Levy, 1977.

20 [영어판 옮긴이] 선대제putting-out system는 가내공업제workshop system라고도 알려진 것으로 하도급 작업 방식 중 하나이다. 먼저 상인 고용주가 시골 생산자들에게 원료를 '선대先貸'한다. 그러면 생산자들은 대부분 자기 집에서 작업하는데, 작업장에서 노동하거나 또는 다른 사람에게 일을 맡기는 경우도 있다. 고용주는 생산자들에게 성과급 또는 기본급으로 임금을 지불하고 완제품을 돌려받는다. 가내수공업과 다른 점은 원료 구매나 생산물 판매에 생산자가 직접 참여하지 않는다는 점이다.

기능을 하는 영역에서 발생하는 다양하게 분화된 생산성과 관련된 지대를 포획할 수 있는 능력에 그리고 교육제도와 공공 연구의 질적 수준에 의존한다. 다르게 말하자면 공장 내 기술적 분업의 핵심적 역할에 기초했던 스미스식 산업 모델과는 반대로 '국부'의 원천이 기업 울타리 바깥의 생산적 협력에 의존한다는 것이다. 다른 한편 이제 가치의 주요 원천은 고정자본과 반복적인 실행 노동이 아니라 산 노동에 의해 가동되는 창조성과 지식에 자리하게 된다. 노동 조직화가 점점 더 자율적이 되는 한에서 테일러주의적 기술자들은 사라지게 되거나 아니면 지난 시대의 유물이 되어 버린다. 이런 맥락에서 노동의 통제는 더 이상 직접적인 작업의 할당과 같은 테일러주의적 방식을 취할 수 없다. 그것은 많은 경우 결과물을 내놓으라는 요구, 주체성에 가해지는 규율 혹은 불안정한 임금관계를 통한 순전한 강제 등을 중심으로 한 간접적인 메커니즘으로 대체된다. 자본은 노동이 생산의 조직화에서 점증하는 자율성—비록 이 자율성이 타율적으로 결정된 목표를 달성하기 위한 수단의 선택에 국한될지라도—을 갖게 되었음을 인정할 수밖에 없다. 이러한 상황에서 노동의 통제와 관련된 오랜 딜레마가 새로운 형태로 재등장한다. 자본은 다시 한번 노동자의 지식에 의존하게 되었을 뿐만 아니라 노동자의 모든 지식 및 삶의 시간의 가동과 적극적인 참여를 이끌어내야만 한다. 기업의 목표를 내면화하도록 **주체성에 가해지는 규율**, 고객의 압력 그리고 무엇보다 노동의 불안정성과 관련된 순전한 강제 등이 이러한 새로운 형태의 딜레마에 맞서 자본이 응답하는 주요한 방식을 이룬다.

따라서 노동력의 불안정성은 지식경제의 효율적 경영이라는 면에서는 반생산적인 효과를 낳음에도 불구하고 인지노동을 신자유주의적으로 통제하기 위한 요소로, 그것도 많은 부분 구조적인 요소로서 나타난다. 이러한 사실은 임금 정체와 소위 중산층의 구매력 동결

과 같은 현상을 설명하는 데 큰 도움을 준다.[21]

같은 논리를 통해서 우리는 소득분배 및 재분배 메커니즘의 개혁이라는 전제를 폐기하고 대신 의도적으로 소비자신용과 가계부채의 팽창을 조장했던 미국의 통화 및 소득 정책을 설명할 수 있다. 이 선택은 특히 2002년 이후 다음과 같은 세 가지 기능을 수행해야만 했다. 1) 프랑스와 마찬가지로 GDP 대비 70%에 달하는 민간 소비 영역의 침체가 가져올 위험을 신용을 통해 메울 것, 2) 가계에 부과된 이자의 축적을 통해 새로운 간접적인 잉여가치 추출 원천을 자본에게 확보해 줄 것, 3) 부채의 일반화를 통해 의존적 주체성, 자본에 순응하는 주체성, 그리하여 사회적 권리와 공통재의 이념 대신 **경제인***homo oeconomicus*, **인적자본***human capital*의 합리성이 자리하게 된 주체성을 만들어 낼 것.

이러한 분석으로부터 우리는 다음과 같은 두 가지 결론을 끌어낼 수 있다. 첫 번째로 단체교섭의 영역뿐만 아니라 (잉여가치를 생산하는) 생산적 노동이라는 개념 그리고 따라서 임금이라는 개념 자체가 회사 내의 공식적 노동시간을 초과하는 시간과 활동 전체를 통합할 수 있도록 다시 사고되어야 한다는 것이다. 두 번째로 풀레가 강조하듯이 오늘날 거대 기업들의 관심은 본질적으로 자신들의 금융 구조로 향해 있으며, 따라서 궁극적으로 직접 생산을 조직하는 것 외의 모든 일에 관여하고 있는 것처럼 보인다는 점이다. 베블런의 예지적 표현을 빌자면 "거대 기업은 오늘날 산업적 창조의 장소가 아니라 상업적 거래의 장소가 되어 버렸"고,[22] 이런 측면에서 기업가이윤은 점점 더

21 오늘날 미국인들의 평균임금은 1979년보다 감소했으며 최하위 20% 노동자들의 임금은 훨씬 더 적어졌다. 이러한 경향은 유럽에서도 마찬가지이다. 예를 들어 프랑스에서 주가지수상 구매력은 20년간 120%가량 증가했다(이 점이 현실의 위기가 지닌 중요성을 감소시켜 버린 결과를 낳았음은 분명하다). 반면에 전일제 노동자의 구매력은 15% 증가에 머물렀다. 게다가 오늘날 노동력의 약 20%에 해당하는 다양한 형태의 불안정 노동까지 계산에 넣는다면 임금상승률은 훨씬 더 줄어들 것이다.

22 D. Boutillier and S. Uzundis, *L'entrepreneur. Une analyse socioéconomique*, Economica, 1995, p. 41에서 재인용.

지대에 동화된다. 그렇지만 이런 관점에서 보더라도 금융화가 단지 경영자들과 주주들의 힘 싸움에서 일어난 변동의 결과물만은 아니라는 점을 지적해야만 한다. 무엇보다 그것은 또한 거대 산업 그룹들의 자본가치 증식 전략의 내적 변동에 기인한다. 이 모든 변화들은 마치 노동 협력이 보여주는 자율화의 움직임에 맞추어 자본 또한 자율화의 움직임 즉 화폐자본이라는 추상적이며 현저하게 유연하고 유동적인 형태로 이동하는 듯이 일어난다. 나아가 이러한 경향은 **경제학**이 가정하는 금융시장의 전통적 기능—즉, 최선의 리스크 관리(!)와 최적의 자본 분배의 보증—의 왜곡과 나란히 진행된다. 특히 주식시장이 기업에 자금을 공급한다는 이론과는 정반대로 투기거품이 부풀어오른 최근 몇 년 내내 우리가 목격한 것은 기업이 종종 적자를 낳으면서까지 유동성(배당금, 이자 등등)과 주식 잉여가치의 형태로 주주의 배를 불려 주고 있는 모습이다.[23] 게다가 유럽 특히 프랑스에서 이러한 동학은 생산적 투자의 침체와 관련되어 있다. 이것이 몇몇 경제학자들이 **자본축적 없는 이윤 모델** 같은 이야기를 꺼내는 이유라고 할 수 있다.[24] 요컨대 생산력의 발전에서, 따라서 희소성에 맞선 싸움에서 이윤이 수행했던 주도적 역할은 이제 커다란 벽에 부딪힌 것으로 보인다. 이러한 변화는 이윤을 지대 메커니즘 즉 생산의 외부에서 작동하는 그리고/혹은 자원의 인공적인 희소화에 기초하는 잉여가치 포획 메커니즘으로 변형시키는 더 일반적인 자본의 경향 속에 있다.

그러나 지금 논의 단계에서, 즉 다양한 형태의 지대들의 세밀한 분석에 집중하기 전에, 다음과 같은 질문을 제기할 수 있다. 분배 수준에서뿐만 아니라 공통적인 것의 착취와 인지자본주의에서의 노동-자

23 Mouhoud El Mouhoib and Dominique Plihon, *Finance et économie de la connaissance: des relations équivoques, from the seminar hétérodoxies de Matisse*, Paris, Novembre 2005, http://matisse.univ-paris1.fr/

24 Laurent Cordonnier, *Le profit sans l'accumulation : la recette du capitalisme gouverné par la finance*, in *Innovations*, 2006/1, n° 23, pp. 79-108.

본 관계의 조절에서 지대의 새로운 역할은 무엇인가? 이 질문에 답하려면 정치적으로나 이론적으로나 결정적인 의미를 지닌 다음과 같은 사실을 강조할 필요가 있다. 즉, 지식의 역할과 그것의 보급에 기초하는 경제체제 발전의 기원에 있는 집단적 창조 및 해방의 동학과 인지자본주의의 논리 사이에 현실적인 적대까지는 아니라고 해도 하나의 모순이 놓여 있다는 것 말이다.

사실 우리가 보기에 현 자본주의 변형의 출발점 그리고 그것의 주요 특징은 금융화도, 정보통신기술ICT 혁명도 아니다. 그것은 포드주의적 임금관계의 위기의 핵심에 놓여 있는 다음의 두 가지 현상에서 발견된다.

1) 무엇보다도 우선 대중 교육의 발전과 평균적 훈련 수준의 상승을 통해 확산된 지성이 구축되었음을 들 수 있다. 노동력의 이러한 새로운 지성적 특질을 통해서 노동력에 의해 흡수되고 가동되는 산 지식이 지닌 고정자본 및 기업의 경영 조직에 병합된 지식에 대한 새로운 질적 우위가 확연히 긍정될 수 있었다.
2) 둘째로 사회적 임금과 복지 서비스를 포드주의적 조절양식이 수용할 수 없는 수준으로까지 확대했던 사회적 충돌들을 들 수 있다. 이 동학은 종종 노동력의 사회적 재생산비용의 증가와 연결된 포드주의의 위기의 단순한 요인으로 해석되어 왔다. 그러나 우리는 현실에서 후험적으로 그것이 지식기반경제의 발전에서 결정적인 조건을 마련했음을 확인할 수 있다.

이 동학의 중요성을 이해하기 위해서는 경제학 이론이 종종 지식기반경제의 출현을 특징짓기 위해 동원하는 '정형화된 사실'[25]에 주

25 [옮긴이] 사회과학, 특히 경제학에서 정형화된 사실stylized fact은 경험적인 관찰 결과를 단순화하여 표현한 것이다. 이것을 종종 복잡한 통계학적 계산들을 요약한 개괄적인 일반화로 볼 수 있는데, 핵심 부분에서는 참이지만 세부 사항에서는 부정확할 수도 있다.

목할 필요가 있다.

이는 본질적으로 인간에 구현된 소위 **비물질적** 자본 부분(연구·개발, 소프트웨어 그리고 무엇보다 교육, 훈련, 보건 등)이 자본의 실제 총액에서 물질적 부분을 능가하게 되고 또 성장의 주요 요인이 될 수 있게 된 역사적 동학을 지칭한다.

이러한 정형화된 사실에 대한 해석은 주요하게는 세 가지 상이한 의미를 지닌다. 이것들은 주류 경제학자들이 체계적으로 숨기고 있더라도 우리가 보기에 현 위기의 기원과 핵심을 이해하기 위해 필수적인 것들이다.

그 첫 번째 의미로 비물질적 자본이 증가하는 경향이 그 기초에 있는 확산된 지성의 형성 및 인지노동의 새로운 헤게모니라는 요인과 긴밀히 연결되어 있다는 것을 들 수 있다. 바로 이 요인이 그간 '무형자본intangible capital'으로 잘못 불려 온 이 부분의 성장이 어떻게 더욱 중요해진 역할을 차지하는가를 설명해 준다.

두 번째 의미는 대부분의 경우, 소위 무형자본이 실제로는 노동력에 의해서만 가동되고 구체화되는 지성적이며 창조적인 능력에 상응한다는 것이다. 따라서 그것은 고정자본에 병합된 과학과 지식에 비해 (마리오 트론티Mario Tronti의 표현을 빌자면) '비자본으로서의 노동력'이 헤게모니적 역할을 수행하게 된 방식에 상응한다. 이런 의미에서 비물질적 자본이라는 관념은 산업자본주의에서 그 위력을 떨쳤던—산업자본주의에서 고정자본은 기계에 결정結晶화되어 산 노동에 대해 지배력을 행사하는 죽은 노동으로 나타났다—고정자본이라는 범주 자체가 직면한 위기의 징후이다. '지적 자본', '무형자본' 혹은 '인적자본'과 같은 말들이 왜곡을 불러일으키고는 있지만, 이 자본들은 집단지성이나 다름없다. 따라서 이것들은 어떠한 객관적 척도로부터도 빠져나간다. 이것의 가치는 단지 장래 이윤에 대한 기대의 주관적 표현에 불과하며, 금융시장은 이 기대를 실현하고 이런 식으로 지대를 획득한다. 이를 통해 우리는 왜 이 자본의 '시장' 가치가 본질적으로 **가공적**인지 알 수 있다. 이것은 체계적 위기를 불러내 전 지구적 신용체계 및 경제 전체를 위협하면서 조만간 붕괴될 운명에 있는 금융의 자기준거적 논리에 기초하고 있다. 요컨대 앙드레 고르스가 강조한 대로, 날로 심각해지는 위기들의 연속으로 특징지어지는 새로운 자본주의의 동학은 단순히 금융에 대한 "잘못된" 조절에 의한 것만이 아니라 "비물질적 자본을 자본으로, 인지자본주의를 자본주의로 기능하도록 하는 것에 내재하는 어려움"[26]을 드러낸다.

그렇지만 이것이 전부는 아니다. 자본뿐만 아니라 노동 생산물 자체도 점점 더 비물질적으로 되고 있으며 가공 상품을 구성하는 혁신, 지식, 디지털 서비스에 통합되어 있다. 이것들이 왜 가공 상품일까? 이는 그것들이 재화를 규정하는 전통적 기준인 배타성, 경쟁성, 축적성과는 거리가 멀기 때문이다.

이처럼 우리가 앞서 설명했던, 신경제의 위기의 기원에 있던 현저하게 모순적인 상황이 계속해서 악화되고 있다. 한편으로 수요 관점에서 경제의 전통적 영역의 수요는 거의 포화상태에 이르렀고, 가격에 기초한 국제 경쟁에 점점 더 종속되어 가는 반면, 지적재산권의 강화에도 불구하고 비물질적 생산물은 이러한 전통적 경제 영역을 실제로 대체하기 충분한 정도의 상업적 판로를 찾지 못하고 있다. 다른 한편, 자본이 지식을 자본으로 그리고 가공 상품으로 변형시키려는 시도가 하나의 역설적인 상황을 낳고 있는데, 바로 지식의 교환가치가 인위적으로 상승하면 상승할수록 그것의 사회적 사용가치는 사유화와 희소화로 인해 더욱 감소하게 된다는 것이다.[27]

26 A. Gorz, *op. cit.*, p 55.

27 이는 수많은 주류 경제학자들이 특허권 수의 증가로 인해 비물질적 생산물의 질이 현저하게 떨어질 위험에 대해 경고하면서, 혁신의 원천이 점점 더 공통적인 것을 생산하는 비상업적 네트워크에서 발견된다는 점을 인정하게 되는 까닭을 설명해 준다.

요컨대 인지자본주의는 생산력의 발전과 지식기반경제의 토대인 주체들의 창조성을 가로막지 않고서는 스스로 연장해 나갈 수 없다.

세 번째 의미는 지식기반경제를 실제로 주도해 나가는 영역은 사적인 연구·개발 실험실에서 발견되지 않는다는 점이다. 오히려 그러한 주도적 역할을 수행하는 것은 **인간의/인간을 위한** 집단적 생산인데, 이것은 전통적으로는 비상업적 논리에 따라 복지국가의 공적 제도에 의해 보장되었다.

이 요소는 자본이 왜 그토록 강하게 집단적 복지 서비스를 사유화하려고 압박하는지를 설명해 준다. 이는 사회적 수요의 성장이나 인구에 대한 삶정치적 그리고 삶경제적 통제 모두에서 그러한 압박이 수행하는 전략적 역할 때문이다.[28]

이러한 경우 역시, 지식 상품의 경우와 마찬가지로 이 영역이 상업과 이윤의 논리에 종속되는 것은 지불 능력이 있는 수요에 의존하는 자원의 인위적인 희소화를 낳을 것이며, 지식과 그것의 확산이 차지하는 주도적 역할에 기초한 경제에서 그 발전의 토대를 이루는 창조적 힘들을 파괴하는 결과를 가져올 것이다.

사실 다음과 같은 세 요인으로 인해 사회·경제적 수준에서 가치법칙의 자본주의적 합리성이 인간의/인간을 위한 생산의 차원으로 확대되는 것은 완전히 반생산적이며, 그 합리성으로부터 (산업자본주의에서 규격화된 물질적 상품 생산으로 증명된 바 있는) 생산적 힘을 제거해 버리는 것이 된다. 그 첫 번째 요인은 인간의 그리고 인간을 위한 생산활동이 지닌 본질적으로 인지적이며 정동적인 성격과 결부되어 있다. 이 활동들에서 노동은 무생물 물질에 작용하는 것이 아니라 인간 자신에 의존해 서비스를 공동 생산하는 관계 속에서 이루어진다.

28 인지자본주의와 삶경제의 관계에 관해서는 다음을 참조할 것. Andrea Fumagalli, *Bioeconomia e capitalismo cognitivo*, Carocci, 2007.

두 번째 요인은 예컨대 의료나 지식의 전달과 같은 영역에서 양적 기준에 따라 측정된 생산성은 그 서비스 관계가 여러 효과를 낼 수 있도록 하는 여러 특질들에 손상을 입히지 않고서는 결코 증대될 수 없다는 사실과 관계된다. 세 번째 요인은 지불 능력을 갖춘 수요의 원리를 자원의 분배 및 공통재에 대한 접근권에 적용하는 것이 가져올 심대하게 왜곡된 결과들과 결부되어 있다. 정의상 공통재는 무상성과 자유로운 접근에 기초한다. 따라서 그것에 대한 재정적 뒷받침은 세금, 사회보험 혹은 기타 여러 형태의 자원에 대한 상호부조로 나타나는 집단적이며 정치적인 비용을 통해서만 가능하다.

바로 이것이 최근 몇 달 동안 이탈리아, 프랑스 그리고 그리스에서 있었던 사회적 충돌이 보여준 것과 같은, **지대 수취**를 통해 공통적인 것을 수탈하려는 신자유주의적 전략과 복지제도의 민주주의적 재전유에 기초해 경제를 재사회화하면서 **인간의/인간을 위한 생산의 중심성에 기초한 대안적인 발전 모델**을 구축하려는 시도 간의 충돌에 걸려 있던 결정적인 문제이다.

우리는 이 싸움이 가까운 미래에 경제를 다시 불붙이기 위한 부양책들의 재원을 마련하고 은행 시스템을 구하기 위해 작동될 공적 개입의 사회적 비용으로 인해 더욱 격화될 것이라는 점을 강조해야만 한다. 사실상 그러한 개입 수단이 낳을 중요한 결과 중 하나는 다음과 같다. 소비 부양책이었던 개인 부채 시스템이 손실의 사회화를 위한 메커니즘으로서의 공적 채무의 기하급수적인 증가로 대체될 것이다. 국·공채가 유동성의 보증자로 등장하는 한에서 커다란 어려움 없이 계속 판매될 수 있다면, 이제 국가들 사이의 경쟁이 금리 및 채무 변제액의 상승을 초래할 것이 거의 확실하다.[29] 이로부터 필연적으로 국

29 이러한 거시경제적 메커니즘에 관한 자세한 설명으로는 다음을 참조할 것. Michel Aglietta, *La crise*《위기》, *Pourquoi en est-on arrivé là? Comment en sortir?*, Michalon, Parigi, 2008.

가의 재정 압박은 강하게 증대될 것이고, 이것이 공적 지출의 더 많은 삭감과 공공 서비스의 추가적 민영화를 위한 구실로 기능하면서 공통적인 것의 수탈 과정이 한층 더 심화될 것이다.

결론

인지자본주의에서 금융화 혹은 더 일반적으로 말해서 지대의 발전은 자본의 가치증식 논리의 구조적 차원을 이루는 동시에 그것이 낳는 주관적·객관적 모순을 구성한다. 위기의 폭발은 생산의 사회적 성격과 전유의 사적 성격 사이의 날로 강렬해지는 적대 못지않게 노동-자본 관계 수준에서의 이러한 모순들 전체가 응결된 순간이었다.

이런 의미에서 그람시가 정식화한 표현을 사용하자면 현재의 위기는 "거대한 위기"이자 비극적 순간으로서 그 핵심은 "바로 낡은 것은 죽고 새로운 것은 [아직] 태어날 수 없다는 사실에 있다. 이런 공위기interregnum에는 그 어느 때보다 많은 병리현상들이 발생한다."[30]

그러나 결코 무엇도 이전과 같지 않을 것이라면, 위기로부터 가능한 탈출로를 정확하게 규명하기 위한 수고로움을 받아들여야만 한다.

어쨌든 우리 견해로는 여전히 많은 학자들이 견지하고 있는 가설, 즉 현재의 위기가 자본으로 하여금—소득분배의 불평등, 수요 부족 그리고 금융의 불안정성에 내재하는 불균형의 문제를 해결하면서 **인지자본주의**와 **지식경제**를 결합시킬 수 있는—새로운 뉴딜 정책의 필요성을 깨닫는 방향으로 나아가게 할 것이라는 가설은 정말이지 받아들이기 힘든 것이다.

더욱 정확히 말하자면 새로운 뉴딜 정책, 새로운 노동-자본의 타

30 Antonio Gramsci, *Quaderno* 3, p. 311.

협 가능성은 금융권력의 장벽 외에도 다음과 같은 두 가지 주요한 장애물, 즉 지금까지 우리가 살펴본 바에 따르면 자본의 진보적 힘의 소진과 가치법칙의 위기라는 말로 옮길 수 있는 장애물들과 부딪힌다. 첫 번째 장애물은 가능한 방식의 복지 보장 강화 및 새로운 소득분배 메커니즘이 화폐가 지닌 임금관계에 묶어 두는 구속력을 상당 부분 감소시키고, 이것이 자본에는 커다란 위험, 즉 불안정 노동에 기초하여 인지노동을 통제하는 메커니즘을 뿌리에서부터 흔들 위험을 낳을 수 있다는 점과 관련된다. 이로부터 단지 소득분배 수준에서가 아니라 생산의 조직화 및 사회적 목표의 정의에 의문을 제기하는 차원으로까지 나아가는, 날로 심화되는 사회적 충돌들이 일어날 수 있을 것이다. 두 번째 장애물은, 적어도 선진 자본주의 국가의 경우 생산의 발전을 위해 필수적인 것들 대부분이 산업자본주의에서 자본의 경제적 합리성이 진보적 역할을 수행할 수 있었던 활동 영역의 바깥에 자리하고 있다는 점이다. 사실 탈산업화 그리고 이전의 포드주의식 대량생산 상품 시장의 포화와 나란히 (잠시 나스닥의 투기거품과 신경제 신화를 먹여살렸던) 정보 상품이나 정보 서비스를 자본의 논리 아래로 종속시키는 일의 구조적인 어려움이 존재한다. 훨씬 더 근본적인 차원에서 지식기반경제의 주도적 영역은 우리가 보았듯이 인간의/인간을 위한 생산과 같은 활동에 상응한다. 이 활동에 상업화 및 수익의 논리를 적용하는 것은 견딜 수 없는 불평등을 만들어 내는 한편, 이 활동에 의해 생산되는 재화들의 사회적 생산성 및 그 활동이 지식기반경제의 효과적인 발전에 끼치는 외부효과를 급격하게 감소시킬 뿐이다.

이러한 이유들로 인해 국가가 거시경제적 조절자이자 자본의 각종 불균형 문제의 최후의 구원자로서 다시 돌아오는 일이 새로운 뉴딜 정책의 시작을 알리는 서막으로 여겨질 수는 없을 것이다. 오히려 그런 식의 사태 전개는 상업적 영역의 기생적인 성격과 노동력의 불안정성을 확대하기 위해 공통적인 것을 수탈하는 신자유주의적 정치의 지속에 복무하는 '자본의 전체주의적 사회주의'의 시작을 보여주는 것으로 보인다.

그 증거는 유럽연합이나 미국 내부에서 작동중인 위기관리 정치나 각종 경기부양책들이 보여주는 방향이다. 그것들은 그 규모—이는 여하튼 언제나 불충분하다—와는 무관하게 시장에 의한 노동과 복지의 신자유주의적 조절이라는 기조를 변동 없이 유지하는 것을 목표로 하는 사회정책을 공통분모로 가지고 있다. 심지어 배정될 재정 자원의 규모에 대해 그토록 큰 야심을 갖고 있었던 오바마의 계획조차도, 상원의 심의를 거치면서 애초의 법안 가운데 교육, 실업자 소득, 공중보건 시스템의 확대 등을 지원하기 위한 많은 부분들이 잘려나갔다. (유럽 본토나 북유럽에 비해) 미국 복지 시스템의 악명 높은 후진성에도 불구하고 말이다.

따라서 자본의 개혁적 역량은 인지자본주의를 가로막고 있는 한계, 즉 인지자본주의로 하여금 산업자본주의 특히 포드주의 시대를 특징지었던 투쟁과 발전의 변증법을 재확립하는 것을 어렵게 만드는 바로 그 한계에 의해 약화된 것처럼 보인다. 이 모든 것들의 결과가 바로 구조적으로 불안정한 오늘날의 상황으로, 이는 각종 경기부양책이 시장의 기대와 위기의 구조적 원인에 효과적으로 영향을 미치지 못하는 이유를 설명하는 데 도움이 된다.

현 위기의 파괴적인 동학과 그것이 불러올 폭발의 위험에도 불구하고, 이 위기가 만들어 낸 역사적 갈림길은 복잡하고 열려 있으며 근본적으로 갈등에 찬, 따라서 서로 정반대 방향으로 진행될 수 있는 과정으로서 나타난다. 특히 위기는 사회 투쟁이 기나긴 진지전을 거치며 대안적 사회 및 발전 모델의 밑그림을 마련하면서 열어젖힐 수 있을 대안적 시나리오를 앞서 내다볼 기회를 우리에게 내어준다. 이러한 대안적 모델은 다음과 같은 두 가지 원리를 축으로 삼는다.

첫 번째 축은 복지제도들을 민주적으로 다시 장악하는 것과 관련된 것으로 사회 전체를 아우르는, 연합 및 노동의 자기조직화 동학에 기초한다. 그것은 소비 규범의 관점뿐 아니라 생산 규범의 관점에서 비상업 논리와 **인간의/인간을 위한 생산**의 우선성에 기초한 대안적 사회모델을 구축하기 위한 토대를 규정한다. 이 구도에서 대중 복지 서비스는 사적 부문에 대한 징수를 통해 재원을 마련할 사회적 비용으로 여겨져서는 안 된다. 그것들은 지식집약적 생산에 기초한 발전 동학을 주도하는 발동기와 같은 것으로서 인정되어야만 한다.[31] 사실 새로운 발전 논리의 리듬과 특질이 의존하고 있는 곳은 바로 이 생산 영역이다. 이제 발전은 선진화되고 (인구통계학적 변화로 인해) 노령화된 사회에서 확산된 지성의 재생산과 세대에서 세대로의 (마라치와 로베르 부아예Robert Boyer의 표현을 빌자면) 인간생성적 사회적 재생산, 둘 다를 보증하기 위해 본질적으로 필요한 것들을 만족시킬 수 있을 때에야 가능해진다. 보건·교육·연구·문화가 사람들의 소비 규범이나 라이프스타일 방향만을 결정하는 것이 아니다. 그것은 또한 새로운 생산활동—노동의 인지적 차원이나 사회관계적 차원이 우세한 지위를 차지하며 사용자의 긴밀한 참여를 포함하는 서비스의 협동적 생산방식에 기초한 자기지도적 노동 형태가 발전하는 생산활동—에 매우 적합한 노동 능력의 원천이 된다.

두 번째 축은 지대의 권력을 전복하고 '자본의 사회주의'를 화폐의 재사회화 과정으로 변형시키기 위한 투쟁으로 향한다. 이 화폐의 재사회화 과정은 자본의 사회주의로 하여금 공통적인 것의 확장을 위해 그리고 (학생에서 임시직 노동자에 이르는 사람들의 편에서) 임금노동

31 이 점에 관해 더욱 자세히 분석하려면 다음을 볼 것. Jean-Marie Monnier and Carlo Vercellone, 'Travail, genre et protection sociale dans la transition vers le capitalisme cognitif', in *European Journal of Economic and Social Systems*, volume 20—n° 1/2007, pp. 15–35.

으로부터 자유로우며 무조건적으로 보장되는 소득 형태의 증식을 위해 기능하게 함으로써 이루어진다. 중장기적인 관점에서 이러한 구성적 동학의 지평 혹은 기조는 1차 소득[32]으로 이해될 수 있는 보편적 사회보장소득Reddito Sociale Garantito, RSG—이는 예를 들면 프랑스의 사회통합최소소득[33]과 같이 재분배를 위해서가 아니라 가치와 부의 생산이 날로 공통적 성격을 갖게 되었다는 사실의 긍정에 기초한다—의 제도화이다.

이런 점에서 우리는 1차 소득으로서 사회보장소득의 제안이 새롭게 고찰되고 확장된 생산적 노동 개념에 근거하고 있음을 명심해야만 할 것이다. 이러한 생산적 노동 개념은 다음과 같은 이중의 관점에 기초한다. 첫 번째는 정치경제학의 지배적인 전통에 따른 생산적 노동 개념에 관한 것으로서, 여기서 생산적 노동은 이윤을 낳는 그리고/혹은 가치 창조 과정에 참여하는 노동으로 이해된다. 이와 관련해 공식적 노동시간을 넘어선, 기업에 의해 포획되는 가치의 형성에 직간접적으로 참여하는 부불노동시간이 현저하게 증가하고 있음이 목격된다는 사실이 중요하다. 이런 관점에서 보면 사회적 임금으로서의 사회보장소득은 사회적 시간 전체로 확장된 가치 생산활동의 집단적 차원에 대한 보수에 해당하는 것으로서, 막대한 양의 비인정 노동 및 부불노동에 제자리를 찾아 주는 것이다. 두 번째로 생산적 노동은 사용가치, 즉 상업 및 종속된 임금노동의 논리로부터 벗어난 부의 원천을 생산하는 노동으로 이해된다. 간단히 말해 여기서 중요한 것은 노동이 부를 생산하면서, 따라서 소득을 발생시키면서도 자본

32 [옮긴이] 1차 소득은 생산과정의 참여와 직접적으로 연결된 소득을 말한다. 가계의 1차 소득 대부분은 임금과 사회보험을 포함하는 피고용인의 보수로 이루어진다.

33 [영어판 옮긴이] 프랑스어로 Revenu Minimum d'Insertion, RMI인 사회통합최소소득은 사회복지의 한 형태이다. 노동연령에 이르렀지만 실업수당에 대한 어떠한 권리도 갖고 있지 않은 소득 없는 사람들을 위한 제도이다.

을 생산하지 않을 수 있다는 것이다. 서로 모순적인 생산적 노동의 두 형태 사이의 적대적이면서도 보충적인 모호한 관계가 인지자본주의에 내재함을 지적해 둘 필요가 있다. 노동과 비노동, 생산 영역과 여가 영역 사이의 전통적 구분선이 흐려지는 경향으로 인해 자유 노동은 그것이 확대되는 만큼 사실상 잉여가치를 생산하는 사회적 노동에 종속되기도 한다. 그렇다면 사회보장소득이 제기하는 문제는 생산적 노동의 두 번째 층위[34]를 인정하는 것뿐만이 아니라 무엇보다도 그것을 가치 및 잉여가치 생산의 영역으로부터 해방하는 문제일 것이다. 이를 통해 자본이 지대 형태로 포획한 가치의 일부분을 되찾음으로써 노동력 전체의 협상력을 재구성하고 강화할 수 있을 것이다. 동시에 임금관계에 묶이게 하는 화폐의 구속력이 약화됨으로써 종속된 노동의 상업 논리로부터 벗어난 새로운 노동 형태가 발전하고 인지자본주의 및 금융의 기생적 논리로부터 일반지성의 사회를 해방할 힘을 가진 비상업적 협력 형태의 우위에 기초한 비생산주의적 모델로의 이행이 촉진될 것이다.

34 [옮긴이] 사용가치 혹은 부를 생산하는 노동.

4 삶권력으로서 금융화[1]

스테파노 루카렐리

서론

자유시장 경제체제에서 투기는 반복되는 위험이다. 그러나 이게 사실이더라도 자본주의의 새로운 성격을 염두에 두면서 현재의 위기를 바라본다면, 우리는 투기를 새로운 시각에서 분석해야 할 필요가 있음을 알게 된다. 즉, 이 위기는 금융이 미쳐 돌아간 결과가 아니다.[2]

1 이 글은 2008년 9월 12일과 13일 볼로냐에서 열린 우니노마데 세미나에서의 발표를 수정·확장한 것이다. 세미나에 참석한 모든 이에게 감사를 표하고 싶다. 또한 2008년 11월 20일, 파비아의 C.S.A. 바라톨로에서 개최된 금융위기에 관한 컨퍼런스를 조직하는 데 노력해 준 분들께도 감사를 표하고 싶다. 이 컨퍼런스 덕분에 나는 이 주제들로 다시 돌아갈 수 있는 기회를 얻었다. 또한 이 글의 초고를 개선하는 데 도움을 준 아델리노 자니니Adelino Zanini와 에르베 바롱에게도 감사를 표한다. 여기서 제시하는 테제들에 대한 책임은 두말할 나위 없이 전적으로 내게 있다.

2 이 위기가 단순히 갤브레이스가 제시한 전통적 구도로 환원될 수 없는 것은 분명하지만 그의 주장에 관해 좀 더 자세히 살펴볼 필요가 있다. "겉보기에 새롭고 매력 있는 몇몇 인공물이나 신개발품—네덜란드의 튤립, 루이지애나의 금, 플로리다의 부동산, 로널드 레이건의 종합경제계획안—이 금융투자에 몰두한 사람들의 마음을 사로잡는다. … 투기 대상의 가격은 상승한다. 오늘 사들인 증권, 토지, 예술품 그리고 여타 재산은 내일이 되면 더 많은 가치를 갖는다. 이러한 가치 상승과 그에 대한 전망이 새로운 구매자를 유혹한다. … 이러한 상황에 내재되어 있는 것은 최종적인 그리고 피할 수 없는 폭락이다. … 왜냐하면 투기 상황에 참여하는 두 그룹[시장의 호황을 온전히 믿고 있는 사람들과 투기적 분위기를 감지하고 있는 사람들_인용자] 모두 급작스럽게 시장에서 발을 뺄 준비가 되어 있기 때문이다." John Kenneth Galbraith, *A Short History of Financial Euphoria*, Penguin, London 1994, pp.2-4.

이와 달리 우리는 이것을 현 축적체제의 특수성이라는 관점에서 이해해야만 한다. 축적체제accumaulation regime는 장기 성장모델을 기술하는 용어다. 이 용어는 프랑스 조절학파라고 불리는 연구 프로그램에 속하는 학자들에 의해 도입된 것으로 자본축적의 일반적이며 상대적으로 일관된 진전을 보장하는, 따라서 축적과정의 지속에서 발생하는 여러 불균형의 재통합을 가능하게 하는 다양한 규칙성들의 집합을 가리킨다.[3]

나의 테제는 현대 자본주의를 개인들의 삶 일분일초를 가치화 과정 속으로 다시 끌어들이려는 경향을 가진 축적체제로 특징지을 수 있다는 것이다. 이것을 가능하게 하는 수단은 단지 신자유주의에 도취된 정치경제학만이 아니다. 그것은 또한 정치경제학이 사회심리학과 만나는 일종의 혼성 지역에서 바라볼 때에만 이해할 수 있는 명령장치들을 포함한다(여기서 내가 말하는 것은 '부의 효과'이다). 따라서 나는 금융화를 사회적 통제의 실행으로서 분석하고자 한다. 사실 내가 보기

3 로베르 부아예에 따르면 이러한 규칙성들은 주로 다음과 같은 것들과 관련된다. 생산조직 및 임금관계의 진화 유형, 경영 규준의 설립의 기초가 되는 자본 가치화의 시간적 지평, 생산에 참여하는 사회적 그룹들의 시간적 재생산을 위해 필요한 생산된 가치를 분할하기 위한 규준, 생산 능력의 경향적 발전과 양립 가능한 사회적 수요의 구성, 마지막으로 자본주의적 생산 영역과 비자본주의적 영역 사이의 절합 양식. 사실상 조절학파 학자들은 자본주의적 생산양식으로부터 비롯된다고 할 수 있는 다양한 사회·경제적 자산들의 진화 및 형성에도 비자본주의적 형태들이 일정한 관련성을 갖고 있음을 인정한다. 다음을 참조할 것. Robert Boyer, *Regulation Theory: The State of the Art*, Routledge, Kentucky, 2002. [한글본] 《조절이론 1》, 김태황·서익진·서환주 옮김, 뿌리와이파리, 2013. 영국에서 조절학파식 접근법에 크게 공헌한 이는 밥 제솝이다. 다음을 참조할 것. Bob Jessop, *State Theory*, Polity, Cambridge, 1990, p. 308. [한글본] 《전략관계적 국가이론》, 유범상·김문귀 옮김, 한울, 2000. "처음 파리의 조절학파 이론가들이 제안한 주요 개념은 '축적체제'와 '조절양식mode of regulation'이었다. 축적체제란 갈등적인 경향에도 불구하고 일정 기간 동안 재생산될 수 있는, 생산과 소비의 특정한 결합체로 정의된다. 그리고 조절양식은 자본주의적 사회관계의 적대적 성격에도 불구하고 일시적으로 자본주의의 재생산을 보장할 수 있는, 다양한 제도들의 앙상블과 규범들의 복합체로 구성된다."

에 지속 가능한 조절양식을 구축할 수 없는 축적양식을 이해하기 위해서는 오직 하나의 방법만이 있을 뿐이다. 새로운 관점, 즉 직접적으로 명령과 권력의 문제에 집중하는 관점을 채택하는 것. 이 새로운 자본주의는 민주적 사회—이 사회에서 명령은 거대한 대중의 형식적 참여에 기초한다—와 양립 가능한 사회적 통제를 필요로 한다.[4] 우리 자신도 포함되어 있는 금융화 과정의 새로운 성격 가운데 하나는 그것의 대중 참여, 그것의 형식적 민주주의이다.

이러한 주장을 펼치기 위해서 나는 미셸 푸코로부터 몇 가지 범주를 빌려올 것이다. 특히 삶권력과 통치성governmentality을 활용하려고 한다(1절).[5]

4 여기서 제시된 생각들을 숙고하면서 나는 끊임없이 다음 책을 참고했다. Renata Brandimarte, Patricia Chiantera-Stutte, Pierangelo Di Vittorio, Ottavio Marzocca, Onofrio Romano, Andrea Russo, Anna Simone (eds.), *Lessico di Biopolitica*, Manifestolibri, Rome 2006. 그 가운데서도 특히 다리오 멜로시Dario Melossi의 "사회적 통제" 개념을 완전히 나의 방식으로 금융화에 적용했다.

5 푸코의 범주들을 참조하기로 선택한 것은 무엇보다도 《프리모 마조》*Primo Maggio* 그룹이 화폐에 관해 연구했던 방향을 살려내어 다시 정교화하고 싶은 욕구 때문이다. 특히 다음을 참조할 것. Christian Marazzi, "Alcune proposte per un lavoro su 'denaro e composizione di classe", in *Quaderno n. 2 di Primo Maggio*, Suppliment to n. 12 of *Primo Maggio*, pp. 75-80. 또한 Christian Marazzi, "Commento a Convenevole", in *Primo Maggio*, 11, winter 1977/78. 마라치는 생산의 화폐경제에서 소득분배의 새로운 통계학을 구축하려는 시도로 수행된 한 중요한 연구에 대해, 아마도 약간은 지나치게 비판적으로 논평하면서 정치경제학 비판이 푸코에 의해 발전된 권력 비판에 비해 어떻게 뒤쳐져 있는지를 강조했다. "정말이지 교환-부 관계의 동시성보다 지식-권력 관계의 동시성을 이해하는 것이 더욱 용이해졌다." 노동자주의 잡지 《프리모 마조》는 1973년 창간되어 1986년에 폐간되었다. 창립자 세르조 볼로냐Sergio Bologna, 라포 베르티Lapo Berti, 프랑코 고리Franco Gori, 안드레아 바티넬리Andrea Battinelli, 기도 데 마시Guido de Masi 등은 역사학, 사회학, 경제학, 정치과학의 방법론적 영역의 혁신에 관심을 갖고 있었다. "그것[《프리모 마조》_옮긴이]의 주요 관심사는 자신을 정치 문화 및 정치 형태의 수준에서 '운동에 복무하는' 자율적 거점들의 네트워크 안에 위치시키는 것이었다. 밀라노의 칼루스카에 있었던 프리모 모로니의 서점은 이러한 거점들 가운데 최초의 곳이자 가장 중요한 곳이었다. 만약 《프리모 마조》가 이 네트워크에 결합하지 않았더라면, 그것은 오늘날에서야 인식되고 있는 그러한 영

그 뒤 나는 부의 효과가 금융화 과정에서 담당했던 역할에 집중하여 그 범주들을 나의 분석 목적에 맞게 적용할 것이다(2절). 다음으로 나는 서술된 축적체제에서 화폐정책이 담당했던 역할을 자세히 기술할 것이다(3절). 마지막으로 나는—하나의 이념형으로서—미국의 경제모델을 참조하여 금융위기에 대한 나 자신의 해석을 제안할 것이다(4절). 오늘날의 위기의 뿌리를 지배적인 기술적 패러다임에 의해 특징지어지는 새로운 축적체제의 불안정성에서 찾을 수 있다는 것이 나의 결론이다. 새로운 기술적 패러다임은 포드주의 및 소위 애덤 스미스식 분업의 위기와 함께 시작되었다. 새로운 분업에서 지식은 생산 흐름 전체에 걸쳐 자본-노동 관계를 재정의하는 데서 핵심적 역할을 담당한다.[6] 그렇다면 소위 서브프라임 위기는 포드주의

향력을 결코 발휘할 수 없었을 것이다. … 《프리모 마조》가 금융자본, 복지국가, 역사 그리고 계급 구성에 대한 분석에서 흥미롭고, 새로우며 진보적인 내용물을 생산해낼 수 있었던 것은 편집진이 이전 '오페라이스모' 출신의 다양한 연령과 경험을 지닌 활동가들—예를 들어 케사레 베르마니Cesare Bermani, 브루노 카르토시오Bruno Cartosio, 마르코 레벨리Marco Revelli, 크리스티안 마라치, 마르첼로 메소리Marcello Messori—로 구성되었기 때문이다." 이에 대해서는 다음을 참조할 것. Sergio Bologna, Steve Wright, *Storming Heaven. Class composition and struggle in Italian Autonomist Marxism*, http://www.generation-online.org/t/stormingheaven.htm 화폐에 관한 《프리모 마조》의 작업에 관해서는 영어권 독자라면 스티브 라이트의 다음 글을 참조할 수 있다. "Revolution from above? Money and Class composition in Italian operaismo," presented at the 5th annual Historical Materialism Conference, School of Oriental and African Studies, London, 7–9 November 2008, steven.wright@infotech.monash.edu.au.

6 카를로 베르첼로네는 다양한 지면에서 어떻게 (그가 다른 인지자본주의 연구자들과 함께 정의했던) 새로운 기술적 패러다임이 다음 세 과정에 뿌리박고 있는지를 입증하려 했다. 노동의 과학적 조직화에 대한 거부, 집단적 복지 서비스 보장의 확대, 교육의 민주화에 따른 지성의 확산. 이에 대해서 다음을 참조할 것. Didier Lebert and Carlo Vercellone, "Il ruolo della conoscenza nella dinamica di lungo periodo del capitalismo: l'ipotesi del capitalismo cognitivo" in Carlo Vercellone (ed.), *Capitalismo cognitivo. Conoscenza e finanza nell'epoca post-Fordista*, Manifestolibri, Rome 2006. 그러나 위에서 언급한 세 과정 가운데 적어도 한 가지(교육의 민주화와 결부된 확산된 지성)는 새로운 형태의 자본주의가 기초하고 있는 명령장치들에 의해 위기에 처하게 되었음이 명백하다. 우리는 공교육이 전통적 지식뿐만 아니라 학생들의 비판적 능력마저 약화시키는 방향으로 개혁되고 있음을 목격하고 있다. 이

의 위기 이후로 전면에 부각된 새로운 축적체제의 동학에 내생적인 현상으로 설명될 수 있을 것이다. 이 축적체제는 특히 그 본래 의미와는 상반된 조절양식, 즉 사회적 갈등을 사회적 협약의 필연적 전제로 삼지 않는 조절양식과만 양립 가능한 축적체제이다. 따라서 사회적 통제(삶권력)는 새로운 형태로, 알아채고 반대하기 더욱 어려운 형태로 등장한다.[7] 위기에 대한 정치경제학적 제안들을 고찰할 필요가 있지만 이 문제는 다음 기회로 미루고자 한다.[8]

와 유사하게 '지속 가능한'이라는 수사는 경제체제의 어떠한 혁신적인 능력도 거의 강화하지 않으면서 기업의 구조조정을 지지하는 방향으로 널리 퍼지고 있다. 달리 말해 "고정자본으로서 인적자본의 재생산을 보장하는 투자는 사실상 복지국가의 해체와 교육 비용의 증가라는 결과로 귀착된다." 이것의 역설적인 결과는 "인지적·사회적 노동의 전략적 중요성이 증대될수록 그와 동시에 바로 그 지식노동자들의 삶의 조건은 악화된다"는 것이다. 이와 관련해서는 다음을 참조할 것. Christian Marazzi, "L'ammortamento del corpo," in Posse. *La classe a venire*, November 2007, http://www.posseweb.net 이제 다음과 같이 묻는 것은 정당하다. 특수한 제도적 요인(교육의 민주화) 덕분에 축적될 수 있었던 유능한 지식을 이런 식으로 계속해서 착취하는 것이 과연 언제까지 지속될 수 있을까? 혹은 어떤 조건하에서 지식이 계속하여 현대 자본주의의 근본적 가치생산 요소가 될 수 있을까? 인지자본주의에 대한 가설에 관해서는 다음을 참조할 것. Carlo Vercellone, "From Formal Subsumption to General Intellect: Elements for a Marxist Reading of the Thesis of Cognitive Capitalism," in *Historical Materialism*, Vol. 15, 1 2007, pp. 13-36.

7 달리 말하면 이전 우니노마데 세미나에서 자니니가 다음과 같이 주장했던 바와 같다. "적어도 최근 15년간 지속됐던 '국면'은 노동력의 가치를 '낮추려는' 조절 정책에 의해 특징지을 수 있다. 무엇보다 선진국들에서 불안정 노동을 통한 지식의 생산과 혁신이 이러한 새로운 국면의 특징을 뚜렷하게 보여주는 표지다." Adelino Zanini, "New Deal e demo-crazia conflittuale," in AA.VV., *Guerra e democrazia*, Manifestolibri, Rome 2005.

8 이에 관해서는 이 책에 실려 있는 안드레아 푸마갈리와 크리스티안 마라치의 글 그리고 다음을 참고할 것. André Orléan, "Beyond Transparency", 18 December 2008, http://www.eurozine.com; Dmitri B. Papadimitriou and Randy Wray, "Time to Bail Out: Alternatives to the Bush-Paulson Plan" in *Policy Note of The Levy Economics Institute of Bard College*, 6 November 2008; Pavlina R. Tcherneva, "Obama's job creation promise: a modest proposal to guarantee that he meets and exceeds expectations", in *Policy Note of The Levy Economics Institute of Bard College*, 1 January 2009, http://www.levy.org; Martin Wolf, "Why Obama's plan is still inadequate and incomplete", in *Financial Times*, 13 January 2009; Martin Wolf, "Why President Obama must mend a sick world economy", in *Financial Times*, 21 January 2009.

1. 푸코의 범주들

삶권력이라는 용어—이는 서구의 정치적 합리성에 관한 사유의 광범위한 영역에서 푸코가 만들어 낸 것이다—는 권력의 거대한 구조들과 기능들을 가리킨다. 푸코 자신의 말로 하면 그것은 거대한 이중적 테크놀로지로서 해부학적인 동시에 생물학적이며 개인적 차원과 종적 차원 모두에서 작동한다. 권력에 대한 이해는 훈육이 실행되는 특정한 사회적 장소들에 국한될 수 없으며 그것은 또한 매일의 삶에서 인구를 대상으로 행해지는 조절의 분석을 전제한다(따라서 해부학적이고 생물학적 측면이 정치적 층위에 참여한다). 이 모든 것들이 18세기에 모습을 드러내기 시작했는데, 이때부터 권력이 주체와 맺는 관계, 더욱 정확히는 개인과 맺는 관계는 단순히 예속—이것은 권력이 주체들로부터 재화, 부 심지어 신체와 혈액까지 거둬 가는 것을 가능하게 한다—에만 기초할 수 없게 되었으며, 권력은 일종의 생물학적 실체—인구를 부, 재화 혹은 다른 개인들을 생산하는 하나의 기계로 사용하기 위해 반드시 고려해야 할 사항—를 구성하는 것으로서 개인들에 대해 행사되어야 한다는 것이 인식되었다.[9] 삶권력의 논리는 인구를 일상적으로 활용함으로써 부를 생산하는 것을 목표로 한다. 이는 주체의 훈육에 국한된 일단의 메커니즘들과 절차들이라고 할 수 있을 해부학적 정치학과 대립된다. 새로운 메커니즘은 인구가 단순히 한 영토에 거주하는 개인들의 총합으로 인식될 수 없다는 것을 전제한다.

아델리노 자니니가 올바르게 지적하듯이 푸코의 관심을 끈 것은

9 1981년 푸코에 의해 열린 '권력의 그물망Les mailles de pouvoir' 컨퍼런스를 참조할 것. 이 글에서 수정해 인용한 구절의 원문은 자니니의 다음 책에 인용되어 있다. Adelino Zanini, "Invarianza neoliberale," in Sandro Chignola (ed.), *Governare la vita. Un seminario sui Corsi di Michel Foucault al Collège de France (1977-1979)*, Ombre corte, Verona 2006, p. 122.

지배의 기술에서 정치과학으로의 이행, 즉 주권 구조에 의해 지배되는 체제에서 통치술에 의해 특징지어지는 체제로의 이행이다. 이러한 이행은 정치경제학이라는 새로운 패러다임을 부과함으로써 가능해졌다.[10] 푸코에 따르면 정치경제학은 인구의 통치라는 근대적 논리에 따른 통치에 필요한 법칙들을 규정해 줄 수 있는 학문이다. 즉 "17세기 내치內治의 총괄적이며 단일한 기획에 자신의 전부를 투여해도 좋으리라 믿었던 새로운 통치성은 이제 자연성의 영역, 즉 경제를 참조해야만 하는 상황에 놓이게 되었음을 알게 된다."[11] 따라서 삶권력의 논리는 푸코가 통치성이라고 부른 바 있는 바로 그 통제 양식으로 우리를 데려간다.

> 저는 '통치성'이라는 말로 다음의 세 가지를 말하고자 합니다. 첫째로 저는 통치성을 인구를 주요 대상으로 설정하고, 정치경제학을 주된 지식의 형태로 삼으며, 안전security 장치를 주된 기술적 도구로 이용하는, 지극히 복잡하지만 아주 특수한 형태의 권력의 행사를 가능하게 하는 제도, 절차, 분석과 고찰, 계산 그리고 전술의 총체로 이해합니다. 둘째로 저는 통치성을 오랫동안 서구 전체에서 우리가 '통치'라고 부를 수 있는 것이 그 밖의 모든 권력 형태들—주권, 훈육 등등—에 대해 우위를 차지하도록 지속해서 이끌었으며 한편으로는 일련의 특수한 통치기구의 발전과 다른 한편으로는 일련의 지식들의 발전을 이끌었던 경향, 힘의 노선으로 이해합니다. 마지막으로 저는 통치성이라는 말을 중세의 사법국가가 15~16세기에 행정국가로 변화하고 차츰차츰 '통치화'되는 과정, 혹은 그 과정의 결과로 이해해야만 한다고 생각합니다.[12]

10 Ibid., p. 124.

11 Micheal Foucault, *Security, Territory, Population. Lectures at the Collège de France,* Eng. trans., Picador, New York 2009. [한글본] 《안전, 영토, 인구: 콜레주드프랑스 강의 1977~78년》, 오르트망(심세광, 전혜리, 조성은) 옮김, 난장, 2011, 479쪽. 번역 일부 수정.

12 Ibid., p. 88. [한글본] 같은 책, 162~163쪽. 번역 일부 수정.

푸코는 연구를 금융 및 화폐의 역사 쪽으로는 진전시키지 않았다. 그러나 우리는—내가 생각하기에는—통치성의 역사에서 18세기에 생겨난 금융 및 화폐 장치들을 배제할 수 없을 것이다. 화폐의 역사에 관한 많은 중요한 연구들이 보여주는 것처럼 지금 이 세기는 유럽의 화폐 역사에서 말할 수 없이 중요한 순간이다. 유럽의 화폐가 전통적 구도에서 해방되어 회계의 정확성과 지불의 안정성이 전 유럽에 보장되는 순간인 것이다. 사실 이전에는,

> 필요한 경우, 즉 공동체의 필요가 명할 때 돈을 꺼내 쓸 국고를 지켜야 하는 책임은 군주에게 있으며, 그의 조절 기능은 이 일에 국한된다. … 화폐의 '본성'은 분배와 관련된 능력을 넘지 않으며, 따라서 자연스럽게도 재화의 존재를 나타내는 척도에 그치게 된다. 그러한 화폐는 언제나 이미 존재하는 사물을 말해 줄 수는 있지만 결코 존재하지 않는 사물이 존재하도록 할 수는 없다. 즉, 화폐는 시간 속에서 자연스러운 변동에 따라 결정되는 풍요와 희소의 척도이다.[13]

근대에—18세기 동안—영토국가를 강화해야 할 필요성은 위에서 묘사한 제국적인 정치적-행정적 평형상태를 산산조각 냈다. 국민국가의 형성에 따른 변화된 요구와 관련해 이제 지배적 요구는 화폐가 가치를 바꿀 수 있어야 한다는 것, 즉 화폐의 가치화가 되었다. 화폐의 '본성'은 더 이상 재화의 존재를 나타내는 척도에 국한되지 않는다. 그것은 부유해지고자 하는 충동으로 이루어진다. 이러한 화폐의 기능과 부의 생산을 위한 인구의 조절이 결합된 삶권력의 특성을 파악하면 그것의 구체적인 의미가 더욱 분명해진다.

13 Massimo Amato, *Il bivio della moneta. Problemi monetari e pensiero del denaro nel Settecento italiano*, Egea, Milano 1999, p. 20.

푸코의 삶권력 개념을 오늘날의 금융화 과정을 분석하는 데 유용한 정치적 범주로 변형하기 위해서는 위에서 제시한 두 층위를 동시에 이해해야만 한다. 추상적 부, 즉 화폐를 가장 손쉽게 생산할 방법이 상품 생산과정에서 발생할 수 있는 위험과 갈등을 최소화하면서 화폐를 실현하는 것이라고 한다면, 유일하게 합리적인 것은 경제활동에 대한 국가와 은행의 통제력의 최소화를 포함한 일체의 생산비용을 최소화하고 화폐가 자신의 처분에 놓여 있는 것에 대해 자율적으로 결정할 가능성을 극대화하는 것이다. 인구에 대한 새로운 통제 권력은 이런 식으로 행사된다. 화폐를 통한 화폐의 생산에 내재한 위험의 분산은 채택해야 할 전략이 된다.

금융이 지배하는 축적체제에서 행사되는 권력은 주권국가가 시민들에 대해 행사했던 권력과는 다르다. 시장이 주장하는 **통치의 자유** 추구는 민족국가의 책임인 인구의 관리와 병행된다. 인구가 화폐의 가치증식과정 안에서 부의 생산자가 되기 위해서는 주인과 노예의 관계와도 다르고 국가와 시민의 관계와도 다른, 새로운 관계를 구체화할 수 있는 사회적 통제 형태가 필요하다. 나의 주장은 금융화가 이러한 목적에 필요한 바로 저 사회적 통제 형태에 해당한다는 것이다. 사실 주권 개념의 혁명을 초래한 것은 특정 형태의 사회화(위험의 사회화뿐만 아니라 그것을 보충하는, 부유하게 되리라는 기대의 사회화)이다. 금융화에 걸려 있는 문제는 더 이상 주권권력의 직접적 적용과 같은 것이 아니다. 그것은 필요한 모든 인간 행위를 주권이 금융화 과정에 부합하는 방향으로 이끄는 것이다.

2. 금융화와 부의 효과

금융화는 무엇보다 가계 저축이 주식시장으로 흘러 들어가는 현상으로 규정할 수 있다.[14] 1980년대 이래 미국 경제는 금융시장의 자유화와 이에 따른 새로운 금융도구들의 폭발적 증가라는 특징을 띠었다. 즉 통화적·금융적 조작을 제한하는 통화체제—이는 1971년 닉슨 대통령의 달러 금 태환 정지 선언에 의해 이미 약화되었다—속에서 생산자들 사이의 협약에 기초했던 케인스주의로부터 복지국가에 의해 분배되었던 사회적 소득의 축소 및 금융시장의 유례없이 광범위한 탈규제화 속에서 개개인의 적자 지출에 기초한 금융적 케인스주의로의 이행이 일어난 것이다. 여기서 목격되는 것은 자유주의적 통치성의 진화이다. 달리 말해 금융적 케인스주의는 자유주의적 통치성의 한 양식이다. 주가[15]는 거시경제의 주요한 지표가 되었고 부의

14 Christian Marazzi, "La monnaie et la finance globale", in *Multitudes*, 32, March 2008, pp. 115-127. 현실에서 '금융화'라는 말을 어떻게 정의할 수 있을지는 그 자체로 문제적인데 이에 관해서는 같은 호에 수록된 베르나르 폴레의 글을 참조할 것.

15 Michel Aglietta, "Into a New Growth Regime", in *New Left Review*, n. 54, November-December 2008, p. 69. "결국 1970년대 후반과 1980년대 초반에 있었던 화폐정책의 근본적인 변화가 금융 자유화를 촉발했다. 비단 위험부담을 은행으로부터 기관 투자자들로 재분배한, 중개금융에서 시장금융으로의 이동만 있었던 것이 아니다. 기업의 소유구조 또한 극적으로 변화했다. 그것은 경영전략의 초점을 '생산성에 따른 내부 분배'에서 '주주가치 최적화'로 이동시켰다. 수익성의 기준이 완전히 달라졌다. 기업 실적의 평가 기준은 재생산비용 평가에서 시장가치 평가로 대체되었다. 더욱이 주주가치를 높이는 것은 실제로는 주주의 이익을 위해서 지대를 뽑아내는 것을 의미한다. 이 지대는 기업 자산의 실제 수익률과 주식시장에서의 기업의 균형수익률[수요와 공급이 균형을 이룬 이상적인 시장에서 시장 참여자들의 기대수익률_옮긴이] 사이의 차액으로 구성된다. 여기서 문제는 후자의 균형수익률이 자본자산가격결정모형CAPM에 의해 주어지며 해당 기업의 자본량에 의해 몇 배로 부풀려진다는 것이다. 주식시장의 장기 하향세와 더불어 주주가치라는 지상명령은 요구 수익률을 세계대전 이후 전성기 때에 비해 훨씬 더욱 높은 수준으로 올렸다. 대부분의 경영전략들—인원감축, 기업분할뿐만 아니라 인수합병과 주식환매 등을 통한 덩치 불리기까지—은 기업이 주주가치 원칙에 맞추기 위한 노력에서 도입되었다. 미국이 주주가치 원리를 대규모로 채택한 것은 1990년대 초반이었는데, 이는 유럽이 터무니없이 높은 실질금리로 인해 빌빌대고 있던 시점이었다. 주주가치 원리는 사모투자펀드private equity fund 특히 벤처사업에 투자하는 펀드에 의해 추동된 혁신적 투자와 충돌하지 않는다. 그것은 실제로 생산성 향상에 커다란 영향을 미

효과[16]를 통해 투자와 소비 모두를 지배하는 왕홀王笏이자 목장牧杖[17]이 되었다.

여기서 하나의 이념형으로 제시되는 **미국식 경제모델**의 안정성의 필요조건을 나타내는 어떤 심리적 역학—이에 관해서는 좀 더 연구해 볼 가치가 있을 것이다—으로 인해, 시장에서의 가치 증가에 의해 유발되는 부의 효과는 임금 상승에 따라 기대되는 부의 효과보다 소비자 행동에 더욱 큰 영향을 미친다.[18] 이 모델은 불안정할 위험이 높다. 금융위기가 최근 몇 년 그토록 빠르게 꼬리에 꼬리를 물고 일어났다는 사실 자체가 이것의 증거이다. 자유주의적 통치성이 발휘되

쳤다. 이 변화의 주된 재원은 그러한 투자펀드로부터 나왔다." 주주 주권의 독트린은 주주들이 분산되어 있기에 그들의 주권적 통제를 행사할 실질적 수단을 갖고 있지 않다는 점을 고려하지 않는다. 대신에 내·외부적 통제 수단들이 이러한 주주의 무능력을 보완한다. 외적으로는 감사, 애널리스트들 그리고 신용평가사들이 투자들에게 회계 정보를 제공할 책임을 진다. 내적으로는 이사회가 주주의 실제 권리를 보장하는 임무를 맡는다. 다음을 참조할 것. Michel Aglietta and Antoine Rebérioux, "Regulating finance-driven capitalism," *Issues in Regulation Theory*, n. 51, January 2005, pp. 1-5.

16 부의 효과는 대개 가격 변화에 따른 부의 실제 가치의 변화에 의해 유발되는 총수요의 변동을 의미한다. 주식시장과 관련해 주가 변동과 금리 변동이 연동될 때 부의 효과는 양(+)의 부의 효과를 가진다. 예컨대 금리 하락은 자본 가운데 대표적인 것들의 주가를 상승시키고 그에 따라 부라 여겨지는 것의 양을 전체적으로 증대시킨다. 신고전파 경제학자들은 대공황 시기 장기간의 완전고용을 보장할 수 있는 일종의 자동 메커니즘을 실현하기 위해 부의 효과를 사용했다. 물론 이 부의 효과라는 개념을 이야기한다고 해서 내가 신고전파의 관점을 갖고 있는 것은 결코 아니다. 이와 달리 나는 미국의 모델이 부의 효과에 기초해 있으며, 저금리 상황에서 그것이 우선적으로는 기술주 동향과 (그 다음으로는 부동산 시장 동향과) 긴밀히 결부되어 있다고 생각한다. 그리고 이러한 사회적 통제는 완전고용을 목표로 하는 정치와는 구별된다.

17 [옮긴이] 하느님의 어린 양들을 이끈다는 의미로 주교 등이 지닌 지팡이.

18 다음을 참조할 것. Andrea Fumagalli and Stefano Lucarelli, "A model of cognitive capitalism: a preliminary analysis", in *European Journal of Economic and Social Systems*, XX, 1, 2007, pp. 117-133. 나는 위에서 언급한 결과를 안드레아 푸마갈리와 함께 연구했던 거시경제모델에서 얻었다. 더욱 엄밀히 말해 '규모의 경제' 동학이 생산성에 직접적으로 영향을 미치는 모델에서, 수요와 생산성의 동학은 금융적 잉여가치의 분배에 의존하는 투자 성향 및 소비 성향의 총합이 임금에서 비롯되는 소비 성향보다 클 때만 양의 상관관계를 갖는다.

는 데는 개인의 행동에 대한 이런 식의 특수한 지배가 매번 다시 도입되는 것이 수반된다. 즉, 규칙의 공고화는 거품에서 또 다른 거품으로 옮겨 가며,[19] 개인들로 하여금 그들의 부가 임금에 대한 요구 및 여타 가능한 형태의 요구들이 아니라 금융시장으로부터 나온다고 믿게 만들면서 이루어졌다. 이러한 접근법에 따르면 부의 효과는 금융적 케인스주의에 전형적인 명령 형태, 여기서는 자유주의적 통치성이라고 이해될 수 있는 명령 형태를 보여준다. 이윤과 금융시장 사이를 오가며 작동하는 동학이 포드주의적 케인스주의 패러다임에 고유한 주요 정치적 결정 즉 생산성-임금 연동, 생산-대량소비 연동을 대신한다.

금융 수익이 자산과 관련된 결정에 미치는 영향은 투자 결정에서 핵심적인 요소가 되었다. 투자 결정은 수요 변동뿐 아니라 금융적 수익성을 계산에 넣어야만 한다. 소비는 여전히 전통적인 노동소득(즉 임금)의 축적에 의존하지만 가계가 소유하고 있는 금융도구들의 가치를 평가하는 변수 또한 개입된다. 만약 금융화가 고도로 진전된다면—즉 가계의 부가 임금보다는 금융시장에서 더 많이 얻어진다면—임금의 억제는 기업의 수익성 제고에 도움이 될 것이고 금융 수익을 증가시켜 줄 것이다. 따라서 실질임금이 하락하는 동안에도 개인 소비의 진작을 목표로 하는, 부의 효과에 기초한 동학이 활성화될 수 있다. 생산 수준은 금융적 가치 평가의 결과로 결정된다. 이는 포드주의하에서 지배적이었던 실물 영역과 금융 영역 사이의 관계를 전도시킨다. 시장의 동학이 누적적 성장의 원천으로서 임금을 대체한다. 이러한 전도는 또한 근대 세계의 개개인에 대한 사회적 통제 메

19 이 훌륭한 표현은 아글리에타의 다음 글로부터 가져온 것이다. Michel Aglietta, “Le capitalisme de bulle en bulle”, in *Le Monde*, 5 September 2007. 여기서 아글리에타는 우리가 거품에서 또 다른 거품으로 옮겨 가는데, 이는 이 시스템에 어떠한 내부 브레이크도 없기 때문이라고 말한다. 가격이 그것의 근본이 되는 가치와 일체의 연관관계를 완전히 상실했을 때조차 단기적 부의 추구 논리가 지배한다. 펀드 매니저, 각종 중개인, 그리고 경영자들이 이러한 논리에 응하는 보상 및 인센티브 메커니즘을 세웠다. 그리고 이어지는 거품을 초래하는 것이 다름 아닌 바로 저 금융 조직이다.

커니즘을 엄청나게 변화시킨다.

달리 말해 금융적 세계의 합리성을 지탱하는 부의 효과는 단지 노동뿐 아니라 더욱 중요하게는 삶 그 자체가 금융에 포섭되는 정도에 의존한다(바로 여기에 삶권력의 특징이 놓여 있다).

거시경제학적으로 이러한 의존관계는 무엇보다도 국채에 투자된 개인 저축을 비롯하여 금융시장이 끌어들이는 유동성이 점증하는 것으로 이해될 수 있다. 그렇지만 이러한 점증하는 유동성만으로는 충분치 않다. 부의 효과가 지속되기 위한 필요조건을 설명해 주는 두 번째 변화가 있다. 그것은 돈으로 돈 벌기를 정당화해 줄 수 있는 근거들과 품위 있는 사회적 지위를 유지하기 위해 만족되어야 할 것들의 위계에 관해 사람들 사이에 형성된 상식이다. 가치화의 논리는 사회적 관계의 변형을 초래한다. 이는 바로, 금융화가 자유주의적 통치성의 발전을 가져온 사회화 형식임을 의미한다.

이제 우리는 왜 금융화에 대한 분석이 단지 이 체계의 거시경제학적 지속가능성의 조건에 대한 연구에 국한될 수 없는지 알 수 있다. 이 분석은 사람들 사이의 상호적 결속의 수단인 사회적 코드들에 대한 각별한 관심을 요구한다. 따라서 우리는 기업 세계에서 시작되어 인구 집단 안에 확립된 **컨벤션**을 이해해야만 한다. 여기서 말하는 컨벤션은 개인들의 다양한 행동들을 동질적인 것으로 만들 수 있는 모든 사회적 규칙을 가리키는 것으로, 선험적인a priori 가치 평가 체계를 제공한다. 따라서 그것은 모방 이론을 전제한다. 케인스는 바로 여기를 관찰 지점으로 삼아 장기기대long-term expectations[20]의 발생을 설명한다.

그러나 확신의 상태에 대해서는 선험적으로 말할 수 있는 것이 많지 않

20 [옮긴이] 경제학에서 장기기대란 기업이 공장 설비를 늘리기 위해 자본재를 구매하려고 할 때 이 새로운 투자로부터 과연 얼마만큼의 이윤을 얻을 수 있을 것인지에 대한 기대를 말한다. 특히 단기기대와 달리 장기기대는 경제의 기동력이라 불리는 투자에 큰 영향을 미치는 것으로서, 경기변동이나 경제발전 문제를 분석할 때 매우 중요하다.

다. 우리의 결론은 주로 시장 및 기업 심리에 대한 실제적인 관찰에 의존하지 않으면 안 된다. … 그리하여 어떤 종류의 투자물은 직업적 기업가의 진정한 기대에 의하기보다는 오히려 증권거래소에서 직접 거래하는 사람들의 (주식 가격에 나타나는) 평균 기대에 의해 지배된다. 그렇다면 현존 투자물에 대한 이렇게 중요한 날마다의, 심지어는 시간마다의 재평가는 실제로 어떻게 이루어지는 것인가? 실제 우리는 모두, 보통 암묵적으로, 사실상 일종의 **컨벤션[관성]**에 의지하고 있는 것이다. 이 컨벤션의 본질은—물론 이것이 그렇게 단순하게 작동하는 것은 아니지만—우리가 변화를 기대할 만한 구체적인 이유를 갖고 있지 않는 한, 현재의 사태가 무기한으로 계속된다고 가정하는 데 있다. … 그럼에도 불구하고 앞에서 말한 것과 같은 컨벤션에 따른 계산 방법은 **우리가 이 컨벤션의 지속을 신뢰할 수 있는 한**, 우리의 일상생활에 상당한 정도의 연속성과 안정성이 있다는 사실과 양립할 것이다.[21]

그러나 컨벤션에 대한 분석은 기업 세계에 국한될 수 없다. 컨벤션에 따른 가치 평가에 의해 결정되는 확신의 상태는 사실 여론에 의해 정당화된다.[22] 이렇게 정당화된 확신의 상태는 기업 세계로 흘러

21 John Maynard Keynes, *General Theory of Employment, Interest and Money*, Polygraphic Company of America, New York 1935, 온라인상으로는 다음에서 볼 수 있다. http://www.marxists.org/reference/subject/economics/keynes/generaltheory/ch12.htm [한글본] 《일반이론》, 174~179쪽. 번역 일부 수정.

22 앙드레 오를레앙은 케인스를 따라 금융시장 연구에서 핵심적인 '집단적 믿음collective belief'의 정의를 다음과 같이 제시한다. 어떤 개인 i가 어떤 집단 G의 구성원 대다수가 집단 G는 어떤 명제 Q를 믿고 있다고 믿을 때, 그 i는 G가 Q를 믿는다고 할 수 있다. 이 정의는 '자기참조적'인데, 그것은 개인들의 '근원 믿음'에 대한 어떠한 참조도 수반하지 않은 채 오로지 집단 G가 믿는 것과 직접적으로 관계되는 믿음만을 참조한다. 따라서 이 자기 참조 가설은 개인들의 서로 이질적인 근본주의적 가치 추정이 사전에 존재한다는 것과 가격을 유의미한 것으로 만드는 고유한 대푯값이 사후에 출현하는 것 사이의 충돌을 제거한다. 관행은 단지 '참고 시나리오' 이상의 것을 결정한다. 즉 "우리는 한

들어가고 인구를 동참시키면서 정치적 대상이 된다. 이러한 점에서 그것은 (푸코가 제기한 바와 같은) 시민사회의 통치성이라는 문제를 집중적으로 조망하는 데 도움이 된다.

3. 붐, 붐. 붐, 붐.

현대 자본주의의 지배적 축적체제는 정치 영역의 많은 변화를 전제한다. 무엇보다도 성장을 위한 조건은 노동이 변화된 역할을 맡게 되는 새로운 생산모델의 수용에 달려 있다. 이는 단지 포드주의적 노동조합의 해체만을 의미하는 것이 아니다. 또한 임금을 축적을 위한 근본적 거시경제학적 변수에서 부차적인 것으로 만들고, 그에 따라 임금 투쟁에 내재된 충돌을 없애 버리는 것만의 문제도 아닌 것이다. 그것은 부의 생산의 바탕에 있다고 객관적으로 인정되는 근거들이 변화한, 새로운 가치화 과정의 구성을 의미한다. 그리고 이 가치화 과정 자체는 금융 공동체에서 널리 긍정되는 컨벤션들에 의존하게 된다.

거시경제학적 안정성은 금융시장에 유동성 부족이 일어난 경우

걸음 더 나아가 기업에 대한 구체적인 가치 평가의 근거로서 기능하도록 세워진 수많은 특정 기준들에 대해 고려해야만 한다. 따라서 '신경제 컨벤션New Economy convention'의 경우를 보면, 대부분의 '닷컴' 기업들이 손실을 보게 되면서 주식 가격을 오로지 이윤이라는 기준에 따라서만 평가할 수 없는 곤란함이 발생함에 따라 '사용자 수에 근거한 가치 평가value per user' 형태와 같은 가치 추정의 새로운 기준이 등장했다. 그래서 회원 가입자, 방문객 혹은 고객들의 잠재적인 수는 가치 창조 수준을 평가할 수 있게 해 주는 요소로 가정되어 전략적으로 중요한 변수로서 가치 산정에 채택되었다." 다음을 참조할 것. André Orlean, "Knowledge in Finance: Objective Value versus Convention," in Richard Arena and Agnès Festré (eds.), *Handbook of Knowledge and Economics*, Edward Elgar, 2008. 또한 André Orlean, *Le pouvoir de la finance*, Odile Jacob, Paris 1999.

재빨리 움직여 금융위기를 막아야 하는 중앙은행의 개입 조치들에 크게 의존한다. 중앙은행은 자신들이 (푸코의 용어로 하자면) 금융시장들에 따라 경계 지어진 특정 영토상의 인구의 안전을 보장하는 부의 효과를 유지하고 있음을 인식하면서 유동성이 요구되는 상황에 대응한다.

유효한 지렛대는 더 이상 은행의 신용 공여에도, 적자 지출에도 있지 않다. 독립변수는 임금도 이윤도 아니며 오직 금융소득의 축적률이다. 통화의 공급은 중앙은행이 소유한 통화량으로부터 자유롭게 되는 한편 분업의 재조직화 및 유통-재생산 영역에서의 사회적 관계의 재구성과 깊은 관련을 맺는다. 달리 말해 통화 공급은 자본과 (산)노동의 동학에 구속된다. 《프리모 마조》 그룹의 화폐에 관한 연구가 보여주듯이 통화정책은 자본주의적 명령의 양상을 재현한다.[23] 오늘

23 《프리모 마조》에 관해서는 이번 장 각주 5번을 참조할 것. 영어로 접근이 가능한 독자라면 크리스티안 마라치의 다음 글을 참조할 수 있다. “Money in the World Crises”, in *Zerowork*, n. 2, autumn 1977, pp. 91-111, http://libcom.org/library/money-world-crisis-christian-marazzi-zerowork 이 글에서 마라치는 다음과 같이 결론 내린다. “첫째로 국제통화체계가 전 세계 규모의 축적을 위한 지불수단으로 작동하는 몇몇 국가의 통화에 갈수록 더 의존하게 되었다. 둘째로 국내 신용이나 국제 신용 모두가 점점 더 무로부터의 ex nihilo 신용으로, 즉 더 이상 축적된 잉여가치에 기초해서가 아니라 존재하는 어떠한 가치에도 기초하지 않은 채로 인위적으로 화폐를 찍어내는 것으로 변형되었다. ‘인위적인 화폐’가 실물로는 금 비축량으로 나타나는 실제 가치량 이상의 생산적 힘으로서 기능할 것이 요구된다는 말은 그것이 자본으로서의 화폐가 되어야 한다는 것, 즉 노동에게 명령하는 신용이 되어야 한다는 것을 의미한다. 화폐는 명령이 되어야만 한다. 그러나 이러한 자본으로서의 화폐 형태가 축적의 기초가 확장되고 강화되는 데 도움이 된다는 바로 그 이유 때문에, 가치 척도로서 금의 기능은 점점 더 뒤로 밀려나게 되며, 이에 따라 가치 척도는 사회적 필요노동시간이 아니라 점점 더 제국적 명령에 의존하게 된다. 달리 말해 화폐의 금으로의 태환 가능성이 갈수록 줄어들게 되면 화폐는 그 어느 때보다 노동력에 대한 자본의 명령으로의 태환 가능성을 더 많이 가져야 한다. 자본에 문제가 되는 것은 국제적 신용기관들—세계은행, IMF 등등—이 점점 더 전 세계 규모의 자본주의적 사회화의 지렛대로서 기능하고 있기는 하지만, 여전히 오늘날 화폐가 의존하고 있는 명령 기능이 공고하지 못하다는 것이다. 바로 국제적 노동계급 투쟁의 새로운 시대 때문에 말이다.”

날 이러한 명령은 더 이상 유통되는 통화량의 조절에 의해서도 또 단지 인플레이션적 자극책에 의해서도 달성될 수 없다. 1990년대 동안 중앙은행과 학계에서 세운 하나의 원칙이 있는데, 이에 따르면 통화정책은 환율의 고정을 통해서든 고강도의 인플레이션 억제 정책을 펴는 외국의 중앙은행에 통화정책을 위임하는 것을 통해서든 신뢰성을 확보해야 한다. 이 '새로운 합의New Consensus'는 프리드먼과 같은 통화주의자들의 주장을 거부한다. 통화정책의 주요 조절 도구가 더 이상 통화 공급이 아니라 금리라는 것이다. 다시 말해 중앙은행의 역할은 통화정책상의 금리와 실질금리 사이의 균형을 보증하여 대부되는 자금과 투자된 자금 사이의 균형을 조절하는 것이다. 인플레이션은 (실제) 시장금리가 자연금리 이하일 때 발생한다. 긴축적인 통화정책은 어떠한 부정적인 효과도 없이 인플레이션을 조절하는 데 도움이 될 것이다. 그러나 이는 어디까지나 이론적 차원의 이야기다. 현실에서 금융소득을 통한 축적을 뒷받침하기 위하여 최고 통화 정책기관들은 이론과 다르게 행동하기를 주저하지 않는다.

> 그린스펀의 경우처럼, 여전히 미국 연준의 수뇌부에는 경제체제의 보존을 위해 자신들의 급진적 사고를 그것도 그 사고와 거리가 있는 도구들을 가지고 희생시켰던 상식적인 사람들이 있다. 또한 유럽에서조차 유럽중앙은행법에 담긴 급진적 사고마저도 우리의 최고 통화기관 꼭대기에 앉아 있는 사람들의 상식으로 대체되었다. 그린스펀은 미국 연방기금의 금리를 한 해 동안 무려 열한 번이나 인하하기를 주저하지 않았으며 그리하여 명목금리를 최근 40년 가운데 가장 낮은 수준으로 만들었다. 그리고 유럽중앙은행은 기꺼이 그의 예를 따랐다![24]

24 Marcello De Cecco, *Gli anni dell'incertezza, Laterza*, Rome-Bari, 2007. '새로운 합의'에 관해서는 다음을 참조할 것. Marc Lavoie, *Introduction to Post-Keynesian Economics*, Palgrave-Macmillan, 2006.

금융이 주도하는 축적체제에서 화폐정책은 컨벤션들을 뒷받침함으로써 가치증식의 요구에 **따라야만 한다**. 금융화로 인한 화폐 창출은 자본의 수익성을 회복하는 과정으로 구체화되지만, 사람들의 삶을 금융위기로 몰아넣는다. 금융화는 **경제순환**의 가치증식과정으로의 포섭을 용이하게 함으로써[25] 자본주의적 재조직화의 시간을 결정한다. 이 포섭이라는 요소가 1993년 이후로 계속된 금융화 과정의 세 국면을 하나로 연결시켜 주는 것이다. '신경제' 붐(1993~2000년), '신경제' 붐의 위기에 대한 대응(2000~2003년), 마지막으로 부동산 거품(2003~2007년)까지. 이 세 국면 모두 기술적으로는 동일한 패러다임 안에서 발생했다. 금융적 가치 평가를 규정하는 **컨벤션**들이 어떠한 근본적 변화도 겪지 않은 것은 바로 이러한 이유에서다. 금융 공동체에서 가치 평가의 논리는 대부분 어떠한 변화도 없이 동일하게 남아 있다.

4. 금융적 통치성의 동학

1990년대에 금융화는 저축이 주식시장에 집단적으로 투자되는 형태로 추가 소득을 낳았다. 주식시장에서 이러한 소득이 생겨날 수 있었던 것은 기업들의 은행 부채가 증가되었기 때문이었다.[26] 1993년

25 다시 말해 여기서 우리가 말하고 있는 것은 사용가치를 전유하는 형태이다.

26 여기서 물적 자본에 대한 투자 중단이 고려되어야만 하는데, 이로 인해 유동성은 생산과정에서 벗어날 수 있게 되었다. 이 유동성은 자본의 시장가치를 증대하는 데 사용되었다. "만약 고정자본 투자가 감소한 결과로 발생한 유동성의 증가 그리고 여기에 더해 기업의 은행에 대한 부채 증가까지 생각해 본다면, 우리는 경제의 금융화(배당금의 지급, 인수합병, 이미 발행된 주식의 환매 등)가 부를 이 금융화 과정을 운영하는 관리자들뿐 아니라 투자자 계급에까지 이동시키는 예외적인 과정임을 이해할 수 있다." 다음을 참조할 것. Marazzi, "L'ammortamento del corpo macchina", op., cit.

에서 2000년 사이 뉴욕 증권거래소 주가가 폭발적으로 상승했다(다우존스지수는 4000에서 11700이 되었으며, S&P지수는 450에서 1530이 되었다). 주식시장에서 획득된 금융소득이 경제의 실질적 성장으로 이어진 것은 무엇보다 첨단기술 영역 노동자들의 지식 및 생산성을 착취한 덕분이었다. 금융시장에 의한 가치 평가는 상대적으로 자율적인 노동자들 사이의 혁신적 협력 형태를 장려할 수 있는 조직 형태상의 변화에 의존하기 시작했다. 조직 형태 변화의 동학은—금융시장이 그것에 관심을 기울인 덕분에—생산적 자본의 가치증식의 새로운 양상이 되었다.

따라서 금융이 주도하는 축적체제[27]는 통치성이 새로운 세계의 약속—즉 크리스티안 마라치가 '인터넷 컨벤션Internet Convention'이라고 부른 것이나 언론 등에서 '신경제'라는 말로 통하는 것—에 기초해 있는 곳에서 자신의 힘을 발휘할 수 있었다. "1990년대 후반부에 디지털화된 사회라는 생각은 일과 삶의 세계에 해방적인 효과를 낳으며 하나의 컨벤션이 되었다. 그것이 사실이건 거짓이건 이 컨벤션이 세계의 실제적 변형 과정을 끌고 나갔다는 것에는 의심의 여지가 없다."[28] 조지프 스티글리츠는 광란의 1990년대에 대해 다음과 같이 명료하게 비판한다.

> 근대 미국식 자본주의는 후에 '신경제'라고 불린 것을 중심으로 돌아갔다. 이 '신경제'의 상징은 소위 닷컴 기업들로, 그들은 기술 변화의 리듬에 변경을 가하고 생산성 성장률을 지난 25년간 유례없이 높게 증대시키는 등 미국—그리고 세계의 나머지 국가들—의 사업 방식을 혁명적으

27 즉 로베르 부아예가 제안한 정의에 따른 축적체제.
28 Christian Marazzi, "Research Finance. The privatization of 'General Intellect,'" http://www.ssrc.org/blogs/knowledgerules/2008/02/19/the-privatization-of-thegeneral-intellect/

로 바뀌 가고 있었다. … 제조업 영역은 쇠락의 길을 걷고 있었는데 1990년대 중반쯤 제조업 영역의 생산량은 전체의 14%에 간신히 닿을 정도였고 활동 인구 대비 제조업 영역 종사자 비율은 이 비율보다도 훨씬 낮았다.[29]

사실상 혁신의 지렛대는 기업의 연구개발 실험실로부터 노동력의 살아 있는 신체로 이전되었으며, 동시에 세계 나머지 지역들의 자본이 미국 주식시장에 상장된 회사들의 주식 및 채권으로 흘러 들어갔다. 이러한 축적체제에서 기업의 생산성 전반과 긴밀히 연결되어 있는 수익의 다양한 형태들이 발달했다. 즉 경영자들의 스톡옵션(주식매수청구권)뿐 아니라 대개는 임금노동자들과 관련된 각종 연금펀드 및 투자펀드 또한 발달했던 것이다. 이러한 수익을 얻는 다양한 형태들은 금융시장의 유동성을 증가시켜 주었다. 그러나 자신의 지배가 결국 산 노동의 지배일 수밖에 없는 이 자본주의에서, 적절한 재분배 규칙이 부재한 가운데 이러한 수익 형태들이 발달하는 것은 임금을 억제하고 체계의 불안정성을 증가시키는 결과를 가져왔다. 이것이 2000년 3월 위기 때 일어난 일이다. 새로운 주식소득을 불평등하게 분배했던 것을 넘어, '신경제'의 사령부는 주식소득을 만들어 내기 위해 임금 및 고용의 안정성을 파괴하기에 이르렀다. 그리고 여기에는 다음과 같은 새로운, 이제는 상식이 되어 버린 사고방식이 따랐다. 기업 규모 축소, 조직 개편, 아웃소싱 그리고 인수합병을 비롯한 극단적인 조직 혁신을 장려함으로써 주식 가치를 증대시킬 것. 따라서 금융은 진행 중인 실제적 혁신 과정을 산 노동의 가치를 격하시키는 방식으로 변화시키고 또 배반한다. 투자자들을 주식시장으로 끌어들이기 위해 기업들은 점점 더 높은 수익을 제공하는데, 이는 다름 아닌

29 Joseph E. Stiglitz, *The Roaring Nineties: A New History of the World's Most Prosperous Decade*, W. W. Norton & Co., New York 2004, p. 4.

기업의 인수합병을 통해서 이루어지며, 이 과정에서 그들은 자신의 주식을 늘리고 심지어 회계 조작까지도 서슴지 않는다. 이와 같은 기술적 과정의 통제를 목표로 하는 재구조화 과정들을 위해 필요한 자본은 노동력의 소득으로부터 절취한 것으로 구성된다.

2000년 3월의 위기는 금융화가 한층 더 확산되었고 일반화되었음을 뚜렷하게 보여주었다. 즉, 이 새로운 국면의 특징인 주식시장의 확연한 하락이 이러한 경향을 보여주었다. 다우존스지수가 40%가량, 나스닥의 S&P지수는 80%가량 하락했다. 그 사이 아시아(인도와 중국)의 산업예비군이 미친 효과뿐 아니라 아웃소싱의 영향으로 임금 하락은 더욱 심화되었다. 시장의 회복은 2003년에 찾아왔다. 이에 관해 마라치는 '중국 컨벤션China convention'[30]이라는 말을 사용한 바 있다. 이 컨벤션—이는 앞서 말한 '인터넷 컨벤션'의 연장선에 있는 변화로 이해되어야 한다—은 오늘날의 가치증식이 여전히 이전과 동일한 기술적 패러다임을 유지하면서도 노동 및 자연 환경에 대한 강도 높은 착취와 개발도상국들로의 아웃소싱에 의존하고 있다는 생각에 근거한다. 이는 금융에 기원을 둔 산업예비군으로 정의할 수도 있을 새로운 메커니즘을 가동시킨다.

'신경제'가 1930년의 대공황과 동일한 수준의 공황으로 치닫지 않았다는 사실은 한편으로 미국 연준의 통화정책과 다른 한편으로 정밀한 금융 개혁들과 깊은 관계가 있다. 2000년 3월 위기 이후 2년 동안(2001~2002년) 연준은 금리를 6%에서 1%로 과감하게 낮췄다. 이 조치는 경제 행위자들로 하여금 자신이 소유한 자본의 수익률과 금리 간의 차이로부터 이익을 보려는 마음으로 터무니없이 많은 빚을 지도록 만들었다. 이러한 부채의 장려는 부의 효과가 '신경제'의 광란의 시기에 비해 다양한 방식으로 더욱 분명히 드러났음을 의미한다.

30 Christian Marazzi, "Dietro la sindrome cinese," in *Il manifesto*, 1 July 2004.

부동산 시장의 가격은 상승했으며 연준의 통화정책은 미국 소비자들의 구매력을 뒷받침했다. 따라서 미국 가계는 점점 더 가치가 상승하는 그들의 부동산 자산을 담보로 제시하면서 은행으로부터 사실상 거의 무제한에 가까운 신용을 얻을 수 있었다. 수익에 대한 기대는 다시 높아졌고 마이너스 실질금리가 이를 지탱했다. 2003년 3월 (미국의 이라크 침공이 있기 직전) 주가는 원래 수준을 되찾았다. 다음 스티글리츠의 글에서 우리는 사회적 통제의 실행으로서 금융화에 대한 정확한 설명을 얻을 수 있다.

> 이야기는 2001년의 경기후퇴에서 시작된다. 연준 의장 앨런 그린스펀의 지지와 함께 조지 W. 부시 대통령은 세금 감면을 밀어붙여 성사시켰다. 이 감면은 인터넷 거품 이후의 침체로부터 경기를 부양해내기 위해서가 아니라 미국인 가운데 가장 부유한 이들에게 이익을 가져다주기 위한 것이었다. 이런 잘못을 전제할 때 연준이 경제성장과 고용율 유지라는 자신의 임무를 수행하기 위해서 할 수 있는 선택은 거의 없었다. 연준은 금리를 낮춰야만 했는데, 이는 유례없는 방식으로 이루어졌다. 금리가 상승 한 번 없이 1%까지 줄곧 인하되었던 것이다. 그것은 효과가 있었지만, 통화정책이 일반적으로 그런 것과는 근본적으로 다른 방식으로 효과가 있었다. 보통 낮은 금리는 기업들로 하여금 더 많은 돈을 빌려 더 많이 투자하도록 이끌며, 따라서 더 많은 부채는 더 많은 생산 자산들로 이어진다. 그러나 1990년대에 과잉투자가 경기후퇴의 원인이 되었던 문제들 가운데 하나였음을 감안해 보면, 더 낮은 금리가 더 많은 투자를 촉진했다고 할 수는 없다. 경제는 성장했지만 이 성장은 주로 **미국 가계들이 기존 담보대출을 이자가 더 낮은 담보대출로 바꾸고 수익금의 일부를 지출하는 등 더 많은 빚을 떠맡도록 설득당한 것**에 기인한다. 그리고 낮은 금리의 결과로 주택 가격이 상승하는 한에서, 미국인들

은 날로 불어나는 자신의 부채를 무시할 수 있을 것이다.[31]

다시 말해 다음 과정을 통해 인구 전체가 (금융적) 부의 생산 속으로 포섭되어 버렸다. 먼저 '신경제'의 구축을 통해서, 그다음으로—처음에는 금융적 도취를 불러일으켰지만 시간이 지남에 따라 오직 가장 공격적인 기업들만이 자신의 유리한 지위를 통해 얻는 이득으로 변모한, 일군의 새로운 혁신들 및 혁신의 본능들이 확산된 이후—노동력 및 자연환경에 대한 강도 높은 착취가 일어나고 있는 개발도상국들로의 아웃소싱을 수단으로 금융적 도취에 빠진 사회를 훈육한 후 금융 지렛대를 부동산 영역으로 옮겨 놓는 것을 통해서. 통화정책은 이 과정의 전면에 나서지 않으면서 그것을 조장했다. 2003년 봄부터 2007년 1월까지 연준은 시장이 이용할 수 있는 유동성을 엄청나게 증가시켰다. 임금 하락—이는 산 노동의 가치가 격하되었음을 보여준다—에 직면한 미국 인구의 97%는 부동산 가격 상승, 미국 대부 시장의 관대함 그리고 낮은 수입품 가격을 통해서 삶의 수준을 유지해 나갔다. 그렇지만 이러한 금융 지렛대가 금융 수입을 지탱한 것은 '실물'경제에서 이윤을 생산해낼 수 있는 능력과는 아무런 관련도 없었다. 즉 채무불이행의 위험이 높았다. 같은 종류의 부채는 하나로 묶여 채권 및 파생상품으로 전환되어 금융시장으로 들어갔다. 따라서 위험은 이러한 금융기관 담당자들의 손에 맡겨졌고 이는 은행의 건전성을 높였지만 더 큰 위기에는 취약하게 되었다. 부아예, 데호베 그리고 플리옹이 2004년 한 연구에서 경고했듯이 더 적은 수의 행위자들(보험회사, 비금융 기업들 등등)이 더 많은 위험 요소를 다룰 수 있게 된 것은 유동성의 증발을 가져오는 시장의 교란이 급작스럽게 나타날 경

31 Joseph Stiglitz, "America's Day of Reckoning", http://www.project-syndicate.org/commentary/stiglitz90, August 2007, 강조는 인용자.

우 금융체계를 위험에 빠뜨릴 수 있다.

> 위기의 혹독함과 그 결과는 위험 요소들이 얼마나 집중/분산되었는지 그리고 은행 체계가 얼마나 탄력성을 갖고 있는지에 달려 있다. 실제로 우리는 금융위기들이 갈수록 더 심각해지고 있음을 발견할 수 있다. 이는 위험 요소들이 지불 및 신용관계 시스템의 지속성에 필수적인 은행들에 집중되는 경향을 띠기 때문이다.[32]

부동산 시장의 호황이 임금 하락과 나란히 진행된다. 임금노동자들에게 금융시장에 대한 환상을 판매함으로써 그들의 희망과 열망을 전부 다 소모시켜 버리고 나서는 또 다른 환상의 판매가 시작된다. 대출을 받아 구입할 수 있는 주택이라는 환상의 판매. 물론 이는 거의 무한정하고 채무불이행의 위험이 매우 높은 대출이다(바로 여기서 서브프라임 대출이 등장하는데, 이는 주택을 구입하고자 하지만 소득이 적은 가계에 대부되는 위험성 높은 담보대출이다). 이 환상의 목표 또한 실질임금을 억누르면서 부의 효과를 강화하는 것이었다. 관련 금융기관의 수석 이코노미스트를 비롯하여 이러한 일을 책임지고 추진하고 있는 사람들은 현 미국 위기를 매우 심각한 것으로 받아들일 수밖에 없다. 왜냐하면 이 위기가 미국 경제에서 가장 핵심적인 부분인 주택 부문에 영향을 미칠 부동산 거품에서 시작되었기 때문이다. 패니메이Fannie Mae와 프레디맥Freddie Mac 사건은 '어떤 값이든 집을 사겠다'는 미국인들의 꿈의 포물선을 여실히 보여준다. 도합 8,320만 달러의 자본

32 Robert Boyer, Mario Dehove and Dominique Plihon, "Contemporary financial rises: between newness and repetition," in *Issues in Regulation Theory*, April 2005. 이 책에서 마라치가 말하듯, 우리가 겪고 있는 한층 더 거대한 위기는 부분적으로는 2007년 8월에 신용평가사들이 모기지 채권들의 신용등급을 낮춘 것으로부터 촉발되었다. 그것도 경기순환의 역전이 일어난 지 딱 1년 만에 말이다!

금을 가진 저 두 기관이—연방정부의 도움 덕택에—전체 기존 대출금의 절반에 해당하는 52억 달러의 대출을, 즉 1:65라는 지탱 불가능한 자본금 대비 대출금 비율을 지탱하고 있었던 것이다.[33]

그러는 사이 삶의 자본으로의 포섭은 더욱 첨예하게 되었고 사회적 관계는 금융 위험을 인구의 가장 약한 부분에 집중시키기에 더욱 좋게 변형되었다. 2007년 8월의 위기는 인터넷 거품에 이어 수년간 부동산 부문에서 신용이 강력하게 팽창한 뒤 발생했다. 경제의 금융화가 제대로 기능하기 위해서는 더욱더 많은 가계경제가 가치 창조 과정에 포함될 것이 요구된다. 한편으로 서브프라임의 증권화는 신용 창조를 위한 강력한 지렛대에 해당한다. 다른 한편으로 신용 위험을 신용증권 시장을 통해 전 지구 수준에서 더욱 많은 수의 투자자들의 지갑으로 분배하는 것은 통화기관들 사이의 관계를 더욱 약하게 한다.

결론

이 글은 좀 더 완성된 이론적 틀을 얻기 위한 하나의 단순한 가정으로 작성되었다. 우리는 다시 한번 문제를 제기할 필요가 있다. 여전히 다음과 같은 몇몇 근본적인 질문들이 대답되어야 할 채로 남아 있기 때문이다. 금융시장에 응축되어 있는 가치들은 어디에서 나오는가? 주식시장에 의해 포획된 점증하는 유동성과 산 노동 사이의 관계는 무엇인가? 오늘날과 같은 자본주의의 국면에서 금융의 정치적 차

33 예를 들어 《리퍼블리카》에 실린, 뉴욕 디시전이코노믹스사Decision Economics의 수석 이코노미스트 앨런 시나이Allen Sinai를 인터뷰한 에우제니아 오코르소Eugenia Occorso의 글을 참조할 것. *La Repubblica*, 21 August 2008, p. 21.

원을 어떻게 이해해야 할까? 이러한 질문들은 필연적으로 금융화 과정에 맞선 저항의 형태를 고찰하는 것으로 이어진다. 지금까지의 분석으로부터 금융시장 권력이 지닌 한계가 드러난 것으로 보이는데, 이것이—비록 충분히 인정되고 있지는 않지만—일련의 거시경제학적 병리현상을 초래하고 있다. 이 한계는 단순히 유효수요의 감소나 실질임금의 하락뿐 아니라 더욱 중요하게는 오늘날 산 노동이 겪고 있는 가치 격하에 놓여 있다.[34] 푸코의 범주는 분석을 위한 중요한 도구 가운데 하나일 수 있다. 그 범주를 통해 금융화 과정은 사회적 통제를 실행하는 과정임이 드러난다. 이 사회적 통제는 부의 효과라는 이데올로기를 퍼뜨려 임금과 관련된, 나아가 생산 및 재생산의 내용 및 방식과 관련된 가능한 사회적 충돌을 제거하면서 삶을 가치화 과정 속으로 포섭한다.[35] 푸코를 따라 우리는 삶권력과 삶정치 사이의 관계라는 문제에 이르게 된다. 쥐디트 르벨의 삶정치에 대한 독해는 우리가 지금까지 발전시켜 온 것과 같은 논의를 계속 진전시켜 나가는 데 유용한 방향을 제시한다.

> '삶권력'이 권력관계 측면에서의 삶의 새로운 포위 방식investment(다시 한번 말하지만 이는 단지 생물학적인 것만이 아니라 사회적·정동적·언

34 안토니오 네그리가 제기한 바 있는 다음과 같은 물음을 이 시점에서 다시 꺼내 볼 필요가 있다. 오늘날 우리가 겪고 있는 금융화는 인지노동의 혁명적 힘을 그리고/또는 공통적 관리 능력의 자율적 실험을 축적하기 위한 모든 가능성을 파괴하는 것을 목표로 한 기술적 수단인 것은 아닐까? 다음을 참고할 것. Antonio Negri, *The Porcelain Workshop: For a New Grammar of Politics*, Semiotext(e), Los Angeles, 2008.

35 그러나 부의 효과가 복잡한 현상이라는 점을 잊지 말아야 한다. 즉, 그것은 인지자본주의의 기술적 패러다임 속에서 주어진 새로운 컨벤션에 대한 반응인 한에서 금융 붐을 뒷받침했던 비합리성인 동시에 착취 논리를 벗어난 확산된 지성의 생산력이 발견되는 인류발생학적 욕망의 집합이라고도 할 수 있다. 인류발생학적 모델에 대해서는 다음을 볼 것. Robert Boyer, *The Future of Economic Growth: As New Becomes Old*, Edward Elgar, Cheltenham 2004. ch. 8.

어적 차원이기도 하다)을 지칭하는 용어라면, 푸코에게서 '삶정치'는 저항 및 '주체화'의 전망, 즉 이미 존재하는 것들을 권력관계로부터 빼내는 동시에 그것을—다른 어떤 곳에서—재창안하는 것(가능하다면 타자와의 새로운 관계, 조직화의 새로운 형태, 새로운 삶의 방식, 새로운 제도들 등등을 창안할수록 더욱 좋다)의 전망과 더욱 긴밀히 결부되어 있는 듯하다. 이 두 용어는 결코 동일하지 않으며 실제로는 동일한 연구의 두 특정한 측면들을 가리킨다. 하나는 권력에 대한 새로운 분석이고 다른 하나는 저항적 주체성에 대한 새로운 분석이다.[36]

금융화가 삶권력의 형태로 작동하는 데 결정적인 것은 삶정치의 구성이다. 현재 금융이 통제하고 있는 것들을 재전유할 가능성은 이 구성적 과정에 달려 있다. 이 과정은 새로운 제도와 사회적 충돌을 수반하는 새로운 민주주의적 실천들을 함축한다. 여기서 관건은 실재적인 것에 대한 금융적 가치 평가가 근거하고 있는 선험적 가치 평가의 체계(컨벤션)뿐 아니라 "각 개인들의 다양한 행동을 동질적인 것으로 만들 수 있는 사회적 규칙 전체"다.

36 Judith Revel, "Biopolitica: politica della vita vivente", in Posse, *La classe a venire*, November 2007. 삶정치가 어떤 식으로 구성될지는 그것을 어떻게 창안하느냐에 온전히 맡겨져 있지만, 이 과정에서 민주주의 및 산 노동의 비자본주의적 가치화를 위한 공간을 열어 줄 수 있는 형태의 화폐 창출의 규정을 위한 논의가 빠져서는 안 될 것이다. 그런 의미에서 기본소득론의 재건이 시급한 과제로 보이는데 이는 보충화폐론complementary monetary system과의 신중한 대결로부터 시작될 수 있다. 이에 대해서는 다음을 참조할 것. Luca Fantacci, *La moneta. Storia di un'istituzione mancata*, Marsilio, Padua 2005. 또한 Massimo Amato, *Le radici di una fede. Per una storia del rapporto fra moneta e credito in Occidente*, Bruno Mondadori, Milano 2008. 영어권 독자는 다음을 참조할 수 있다. Luca Fantacci, "Complementary Currencies: a Prospect on Money from a Retrospect on Premodern Practices," *Financial History Review*, 12, 1 2005.

5 자본의 문턱 위에서, 공통적인 것의 문턱 앞에서: 삶정치적 자본주의의 양가성에 관한 방주

페데리코 킷키

1. 현 금융시장 위기에 관한 고찰 및 제언

먼저 아래의 논의는 현대 자본주의에서 **지식-권력**_knowledge-power_의 연계와 관련된 몇몇 문제들을 명확히 규정하기 위한 시도로, 매우 부분적이며 또 전혀 최종적이지도 않은 시도임을 밝혀두는 것이 적절하겠다. 더욱 구체적으로 말하자면, 이 글의 관심은 포스트포드주의적 자본주의의 한가운데에서 현재의 전 지구적 금융자본주의의 위기가 부각시키는 자본주의의 양가성에 주의를 집중시키는 것이다.

따라서 이러한 목적을 위해서는 먼저 최근 몇십 년간 나타난, 한편으로 경제위기 리듬의 점증하는 급박성과 다른 한편으로 이 위기가 뚜렷해지고 사회체에 충격을 주는 과정의 복잡성이 어떻게 다시 한번 자신의 고유한 내적 양가성을 (달콤한 동시에 유독하고 폭력적인 권력 복합체 속에서) 전략적으로 관리할 수 있는 자본의 능력을 보여주는지 강조할 필요가 있다. 자본주의 구조는 역동적일 수밖에 없다. 이러한 역설을 밝히는 것—이를 처음으로 직관한 것은 역시나 마르크스이다—을 통해 **위기**가 어떻게 축적과정의 추동력이 될 수 있는지가 드러나고 따라서 우리가 그것을 이해할 수 있게 된다. 다시 말해 정말로 예리했던 오페라이스모 이론가들이 분명히 밝힌 바 있듯이, 가치를 생산하는 힘들의 포획을 위한 장치들에 맞서 아래로부터 생산되어 나오는 **저항**(계급투쟁),[1] 즉 소유자 개인주의적 인간관을 배경으로 이 힘들을 측정 가능한 몫들과 형태들로 **옮겨 놓는** 것에 대한 사회적 반대는, 이러한 힘이 성장하는 지평의 점진적인 개선, 변화, 심화 그리고 확장의 과정을 촉발한다. 축적의 필수적 과정이 직선적이지도 매끄럽지도 않으며 그와 반대로 복잡하고 들쑥날쑥하며 심지어 어느 정도 그것의 헤게모니에 위험을 줄 수 있다는 것이 사실이더라도, 적어도 지금까지는 이것으로 인해 자본의 구조적 안정성에 금이 가는 것처럼 보이지는 않는다. 사실은 이와 반대다. 어떤 의미에서 자본의 구성 원리에 내재하는 양가성이 크면 클수록 자본에게 유리하게 되는 가치화의 공간이 더욱 커지는 것처럼 보인다. 실제로 자본은 **문제적***problematic*이기 때문에 하나의 사회적 구조이고 또 그것으로서 기능한다.

여기서 구조에 관한 일종의 여담으로 구조의 내재적 역설에 관한 들뢰즈의 교훈을 그의 가장 훌륭한 책 가운데 하나인 《의미의 논리》로부터 원용하는 것이 유익할 것이다. 기표 계열과 기의 계열 사이에는 끊임없이 움직이는 **초과***excess*, 균열 혹은 빈 공간이 존재하며, 이것들은 구조를 구성하는 동시에 구조가 작동하도록 한다(이런 의미에서 이것들은 항상 두 계열 사이의 열린 관계로서 정의될 수 있다). 구조, 즉 위상학적으로나 시간적으로나 결코 확정적으로 닫힐 수 없는 관계의 바깥에 있는 하나의 **전체** 혹은 존재하는 것들에 대해 위계적이

1 이런 의미에서 료타르는 데카당스decadence(타락)라는 주제를 자본주의와 연결시킨다. "… 자본은 어떠한 위기도 알지 못하며 그 자신이 데카당스의 상태에 있지도 않지만, 그것의 작동은 데카당스를 혹은 그렇게 부르기를 원한다면 위기를 가정하고 또 불러온다. 혹은 더욱 정확히는 위기는 그것이 작동할 수 있는 가능성의 조건이다." Jean-François Lyotard, "Piccola messa in prospettiva della decadenza e di alcune lotte minoritarie da condurre," in AA.VV., *Politiche della filosofia*, Sellerio, Palermo 2003, p. 96. 다른 해석적 관점에서 전개되었지만 이와 일치하는 생각은 다음에서도 발견된다. Luc Boltanski and Eve Chiappello, *The New Spirit of Capitalism*, Verso, London 2007.

며 그것들을 양적으로 **측정**하여 가치의 유한한 계열을 역사적으로 단번에 만들어 내는 형식으로서의 구조란 존재하지 않으며 존재할 수도 없다. 존재론은 측정불가능성, 차이, 운동이며 그 외의 다른 것일 수 없다. 시몽동식으로 말하자면 **살아 있는 것들은 어떻게 생성되느냐에 따라 존재한다**. 따라서 이런 의미에서 정체성과 척도는 살아 있는 것의 왜곡이며 더욱 정확하게는 그것의 병적인 편집증이자 그 증상이다. (힘-가치의) 착취 그리고 그것을 향한 사회적 편향은 자본의 증상이다. 즉, 자본의 (축적을 위한) 기능이 집중된 지점인 동시에 그러한 기능의 붕괴를 촉발하도록 정치적 에너지가 움직여지는 지점인 것이다.

그렇지만 (전적으로는 아니지만) 무엇보다 국제 금융제도의 위기라는 형태로 나타나는 오늘날의 위기는 새로운 근본적 특징을 보여준다. 이 위기는 자본주의의 사회·경제적 구조의 일상적 기능의 결속을 가능하게 해 왔고 지금도 가능하게 하는 기초를 그 뿌리에서부터 침식하고 있는 것처럼 보인다. 실제로 위기는 상업적 교환 형태이자 근대의 사회적 연대 형태, 즉 부채와 신용이라는 사회적 관계의 **계산 단위**인 화폐를 떠받치고 있는 받침목을 뒤집어엎고 흔들며 그것의 타당성이 의문시되도록 한다.[2] 사실 처음에는 케인스주의자들이,

2 "대출-대부 관계가 불안정한 비대칭성을 특징으로 하는 한에서—대부자의 실질적으로 우월한 지위에 반해 그것의 약점 또한 늘상 엄연히 존재하는데 이는 '계급'으로서 채무자들의 구조적인 지급불능, 따라서 그들의 '최후의 경우'의 압력이라는, 근본적으로 예측 불가능한 위험 때문이다—그것은 새로운 신뢰관계를 작동시키는데, 이 신뢰관계는 단순히 편리한 경제적 계산의 결과물일 수 없으며, 오히려 이미 전에 작동되고 있어야 하고, 바로 이런 의미에서 이미 전에 설립되어 있어야만 한다. 이러한 비대칭성 속에서 대출-대부 관계는 근본적으로 불확실하고 따라서 위험천만한 것이 되기 때문에 다양한, 말 그대로 의식儀式과도 같은 절차들이 실행된다. 이러한 절차들은 단지 그러한 관계들이 일상적으로 작동할 수 있을 신뢰 체계를 안정화하는 것을 목표로 한다." Massimo Amato, *Le radici di una fede. Per una storia del rapporto fra moneta e credito in Occidente*, Bruno Mondatori, Milan 2008, p. 21.

그 다음에는 조절이론가들이 우리에게 주었던 교훈은 어떻게 화폐가 근대 경제체제의 근본 제도로서 이해될 수 있는가에 관한 것이다. "가치의 연산자operator로서 화폐는 규범적 제도 그 자체인데, 왜냐하면 정해진 규범에 따라 지불이 이루어지기 때문이다."[3] 화폐가 그 주된 기능인 사회적 관계에 대한 일반화된 **척도**로서의 기능과 주화의 형태로 작동되는 보편적 등가물로서의 역할을 유지할 수 있으려면, 실제로 그것에 앞서 존재하며 제도들이 사회적 관계를 조절하거나 지배하는 수단이 되는, 경제 바깥의 신뢰 구조에 의존해야만 한다. "논리적으로 신뢰 구조는 상업적 관계보다 먼저 오는데 왜냐하면 그것이 가치 평가의 가능 조건이자 기초이기 때문이다. **신뢰 구조는 주권으로부터 나온다**. 그것은 상업적 관계에 있는 개인들의 공통된 믿음의 핵심을 이룬다. 왜냐하면 경제적 관점에서 사람들에게 소속감을 부여해 주는 것이 바로 화폐이기 때문이다."[4] 그렇다면 현대 자본주의에서 나타나는 금융제도의 심대한 구조적 위기는 화폐의 (그것의 척도에 기초한 가치 형태의) 위기를 그리고 그에 따라 오늘날 화폐 권력관계를 관리하는 사회·경제적 형태들의 위기를 촉발할 수도 있을 것이다. 사실상 '화폐제도'의 위기는 오늘날 일반화되었으며 곳곳을 가로지르고 있는데, 경제 관계의 관리를 주재하는 거의 모든 주요 조직 및 기관들이 이 위기에 관련되어 있다.

이러한 점이 새로운 위기에서 가장 뚜렷하게 드러나는 측면이며 오늘날까지도 관찰되는 측면이다(그리고 가령 증가하는 실업률, 빈곤, 갈수록 불공평해지는 부의 분배와 같은, 경제위기의 가장 혹독한 결과가 극적으로 여기에 추가되고 있다). 따라서 신자유주의적 자본주의 제도들에

3 Michel Aglietta, "Regolazione e crisi del capitalismo," in Michel Aglietta and Giorgio Lunghini, *Sul capitalismo contemporaneo*, Bollati Boringhieri, Turin 2001, p. 16.

4 Ibid.

대한 신뢰 상실은 불가피해 보인다. 한편으로 이 신뢰 상실이 사회적 부의 생산을 조직할 근본적으로 새로운 제도적 구조를 상상할 수 있는 정치적 기회를 생생하고 긴급하게 드러내 준다면, 다른 한편으로 그것은 그간의 모든 사정에도 불구하고 오늘날까지도 여전히 우세한, 권력의 권위주의적이며 폭력적인 추세에 의해 특징지어지며, 화폐/척도에 대한 신뢰를 회복시키고자 하는 국가에 의해 요구되는 (폴라니식의) **거대한 전환**의 감행이라는 문제를 제기한다.

이렇게 이 모든 것들이 자본주의 구조 내부에서 새롭고 유례없는 수준으로 **밀집된 모순들**을 구성한다. 일반지성(여기에는 인지뿐 아니라 정동 또한 포함된다)의 가치 생산력을 소유와 자극된 구매욕의 **감옥**으로 직접 밀어넣기 위해 조직된 자본의 지식-권력 연계는 오늘날 엄혹한 시험을 겪고 있다. 이런 의미에서 삶을 상품/척도로 만들어 버리는 **물신적** 생산의 악순환 속에서 더욱 뚜렷하게 드러날 수 있는 **간극들**은 이제 저 악순환의 지배로부터 빠져나올 수 있을 새로운 정치적 기회—물론 이를 위한 모든 것은 여전히 구성되어야 할 것으로 남아 있다—로 나타난다. 주체화와 예속 사이의 직접적 연결은 이전에는 대부분 사람들에게 투명하게 드러나지 않았던, 장치와 전유의 차원의 폭력성을 마침내 드러내고 있는 것처럼 보인다.

이런 관점에서 금융위기 그리고 그것의 사회적 심각성에 대한 사회 전반의 자각은 이전 시기에 존재한 자본과 노동 사이의 포드주의적 타협의 위기[5]가 더욱 전개되어 확연하게 드러난 것이나 다름없다. 이 타협은 가치 생산의 주요 **조절 도구**로 작동했으며, 지난 세기 마지막까지 진보의 테마를 무조건적 성장의 사회적 정당화로서 정립

5 "자본의 금융화가 작동하는 것은 자본-노동 관계의 위기—생산력과 생산관계 사이의 고전적인 분리가 처한 위기와 그에 따른 시민사회에서 통치의 위기—의 바로 이러한 수준에서다." Christian Marazzi, "Socialismo del capitale," in AA.VV., *Lessico Marxiano*, Manifestolibri, Rome, 2008, p. 164.

했다.[6] 이런 관점에서 볼 때 최근 몇 십 년 동안 전 지구 경제의 특징이었던 노동의 불안정화 및 근대 노동제도의 해체는 자본이 자신에게 유리하게 관리하고자 한 체계적 위기의 첫 번째 층일 뿐이다. 자본은 먼저 포드주의적 축적의 위기 비용을 노동에 전가했고(기업 리스크의 사회화) 그러고 나서 자신을 착취를 가능하게 하고 또 심화하는 새로운 모델로, 즉 가치 생산의 구성요소를 더 이상 **노동시간**이 아니라 삶과 사회적 영토의 **구체적** 특질(물질적이기도 하지만 무엇보다 비물질적인 특질)에서 찾는 새로운 모델로 재조직했다(삶경제). 부의 (환상에 불과한) 금융적 생산(**부의 효과**)은 이런 의미에서 경제의 조절과 부양을 위해 가장 효과적으로 작동하는 포스트포드주의적 장치들 가운데 하나와 연결된다.

따라서 현재의 경제위기에 비추어 현대 자본주의를 분석하고 적대의 방향을 설정하기 위해서는 다음과 같은 세 가지 주요 해석적 경로를 고려하고 또 계속 발전시켜 나가는 것이 유용할 것이다. 먼저 인식론적이며 방법론적인 면에서 근대적 분석 범주를 중심으로 하는 패러다임을 버려야 할 필요가 있다. '대립'과 '이산離散'이라는 형태로 부과되는 이 범주들이 이제는 새로운 발견을 위해서나 해석을 위해서나 불충분하다는 점이 완전히 드러났다. 오늘날, 새로운 복잡성이 노동/소비, 생산적 노동/비생산적 노동, 이윤/지대, 임금/소득, 주체화/예속 등등과 같은 대립쌍을 가로지르고 있으며, 현실에서 이 범주들은 의심할 바 없이 점점 더 착종되고 내적으로 직접 연결되는 형태로 경험된다. 요컨대 현대 자본주의에 대한 효과적인 분석은 필시 정치경제학의 (완전한 외부는 아닐지라도) 패러다임 너머로 나아가야만 할 것이다. 이미 클라우디오 나폴레오니가 1960년대 말에 감지했듯

6 Federico Chicchi, *Lavoro e capitale simbolico. Una ricerca empirica sul lavoro operaio nella società post-fordista*, Franco Angeli, Milan 2003.

이 가치(절대 가치)에 대한 분석은 그것이 고전파의 것이건 신고전파의 것이건 정치경제학의 패러다임에 더 이상 포함될 수 없다. 특히 마르크스 및 리카도에 기반을 둔 가치론이 지닌 아포리아는 피에로 스라파Piero Sraffa의 노력에도 불구하고 분명하게 드러났으며, 오로지 경제학 문법에 갇힌 관점으로는 극복할 수 없는 것이 되었다. 소외와 착취라는 주제—이는 고전적으로 잉여가치의 생산/전유에 기초해 있다—안에서 마르크스주의를 되살리려는 나폴레오니의—비록 어떤 점에서 흔들리는 모습을 보여주기는 하지만—가치 있는 시도에서 분명히 드러나는 것은, 경제학적 문제를 그것보다 더 유연하고 덜 직선적인, 가령 철학과도 같은 장치를 통해 독해하고 해체해야 할 필요성이다. "즉 부르주아 사회의 특징이 모든 실재적인 것을 경제적인 것으로, 질적인 것을 양적인 것으로 환원하는 데 있다는 점이 여전히 사실이라 해도, 이러한 환원의 방식 자체는 경제학에 의해 논의될 수 있는 것이 아니다. 경제학은 사물화된 것의 분석으로 정의될 (그리고 거기에 한정될) 뿐이며 사물화 과정 자체에 대한 분석을 필연적으로 회피하기 때문이다."[7]

두 번째 문제는 첫 번째 것과 긴밀히 연결되어 있으면서도 더욱 중요한 것으로, 금융자본주의의 위기를 자본주의적 생산 일반의 위기의 한 국면으로 생각할 필요에 관한 것이다. 이런 의미에서 가치생산양식(이와 함께 가치 생산의 주체성)이 근본적으로 변화했으며, 이러한 (공장에서 **사회적** 공장으로의) 변화와 함께 축적과정을 가능하고 지속적이게 만드는 착취의 전략적 장치들도 변화했다는 것을 깨달아야만 한다. 따라서 현재 국면을 해석하기 위해서 우리는 (지식, 소통, 그

7 Claudio Napoleoni, "L'enigma del valore," in *Dalla Scienza all'utopia*, Bollati Boringhieri, Turin 1992, p. 128.

리고 사회적 협력의 경제에 기초한) 인지자본주의의 구축[8]과 무엇보다도 **삶경제**로 정의될 수 있을 자본의 새로운 축적 구조의 출현을 서술하고 있는 분석들을 참조해야만 한다고 확신한다. 세 번째이자 마지막 논점은 새로운 정치적 (또한 '인간학적' 이라고 할 수 있을) 어휘의 발명을 주요 임무로 하는 적대적 사회운동들의 새로운 실천을 조직할 필요성과 기회에 관한 것이다. 이러한 새로운 어휘를 통해 다중은 생산활동을 배경으로 공통적인 것의 텔로스를 구축하여 자신의 총체적 생성의 **활력**에 방향을 부여할 수 있을 것이다. 따라서 핵심적인 정치적 문제는 이러한 필요성을 표현할 수 있는 '삶의 방식'을 **구성하는 것**, 즉 무엇보다 공통적인 것에 기반을 둔 새로운 **윤리**를, 새로운 사회성을 생산하는 것이다.[9]

지금까지 우리는 논의하기로 했던 구체적인 주제를 일부러 제쳐 둔 채 위와 같은 전제에 대해서 장황하게 이야기해 보았다. 이는 우리가 현 자본주의의 위기를 이해하고 또 그 안에서 정치적으로 행동하려면 이러한 이해와 행동이 근대의 해석적 (그리고 이분법적) 형식의 외부에서 이루어져야 한다는 것을 분명히 해 둘 필요가 있음을 강조하기 위해서였다. 그러한 근대적 형식은 현 시대의 역설의 무게를 제대로 포착하기에는 너무나 직선적인 논리에 갇혀 있다.

나아가 다음과 같은 것이 더 강조되어야만 한다. 만약 모든 구조에 사회적 관계를 가능하게 만드는 보이지 않는 지점, 즉 불가피하며 점진적인 자기파괴를 통해서만 동화될 수 있는 지점이 있다면, 모든

8 이 주제에 관해서 카를로 베르첼로네의 가장 최신의 글 이외에도 얀 물리에 부탕의 다음 글을 참고할 수 있다. Yann Moulier Boutang, "Financiarisation et capitalisme cognitif. Le sens et les problèmes d'une liaison," in Gabriel Colletis and Bernard Poulré (eds.), *Les nouveaux horizons du capitalisme: Pouvoirs, valeurs, temps*, Economica, Paris 2008, pp. 277-294.

9 Judith Revel, "Identità, natura, vita: tre decostruzioni biopolitiche," in Mario Galzigna (ed.), *Foucault oggi*, Feltrinelli, Milan 2008, pp. 134-149.

구조상의 위기는 또한 구조의 내재적이며 해소되지 않은 양가성의 **심화**로 나타난다는 것이다. 실제로 양가성의 농축으로서 위기는, 가능성과 실행가능성의 새로운 전망 아래에서 갑자기 등장하는 '새로운 것'의 유례없는 가시성을 강조하고 또 강조해야 하는 정치적 기회가 되고 있으며 실로 일상적으로 그렇게 될 수 있다. **지배적 구조**의 불가능성이 현상적으로 더욱 가시적이게 될 때 그리고 그것을 경험하게 된다면, 역으로 그 구조의 헤게모니가 삐걱거리는 층위에서 새로운 (대항) 권력(즉, 새로운 지식)이 자신의 역할을 할 수 있는 가능성이 증대된다. 많은 이들이 역사에 남을 금융위기라고 정의하는 오늘날의 상황에 의해 열린 이 새로운 공간 속에서 실제로 포스트포드주의적 축적체제의 생존 자체가 걸린 게임이 진행되고 있다.

2. 현 자본주의의 삶경제적 구조

이 시점에서 우리는 금융시장이 단지 부의 새로운 생산 시스템의 조절 메커니즘 중 하나로 이해될 수 있을 뿐 아니라 무엇보다 푸코의 **지식-권력** 장치로서, 즉 포스트포드주의적 경제 환경의 점증적이며 근본적인 불안정성 속에 (종종 자신의 뜻과는 반대로) 묻혀 있는 사회적 개인들의 행동, 감정, 경향, 한마디로 말해 **사회적 개인들의 삶**을 사회 어디에서나 포획하는 지식-권력 장치로서 이해되어야 한다는 것을 강조할 필요가 있다. 다시 말해 "금융화와 함께 우리는 곧장 삶bios의 영역으로 들어가게 된다. 주식투자에 걸려 있는 것은 무엇인가? 미래의 삶, 미래의 수입, 퇴직연금, 노동시장을 떠나 은퇴한 이후 존엄성을 유지하며 살아갈 가능성 등등이다. 그러나 이것이 전부는 아니다. 역사상 처음으로 이론의 여지없이 삶 자체가 직접적으로 걸리게 되며 그것도 경제, 따라서 사회 전체의 금융화를 통해서 그렇게 된다."[10] 이런 의미에서 포스트포드주의적 금융경제는 인간의 활동에 **삶권력**을 행사한다. 즉, 그것은 자신이 기능하는 영역에서 자유롭지만 유순하며 "특정한 관행과 규칙에 종속된 복종하는"[11] 주체, 즉 **가치-힘**으로서 주체화되고 변형·개선되는 것을 적극적으로 받아들이는 주체를 만들고 배치하려고 한다. 가치 생산에서 주체가 가진 자원, 힘 그리고 에너지를 극대화하고 착취하기 위해서 말이다.

주식 및 금융시장이 포드주의적 사회안전망의 붕괴에 대한 환상적인 사회보장의 일종으로서 (위험하게도 채권자-채무자 관계를 무한정 확장시키면서) 만들어 낸 **부의 효과**는 즉각적으로 소용돌이처럼 사회에 파급되는 가운데 자본의 축적과정에 새로운 자극제를 제공한다 (이것이 마라치가 **케인스주의적 [공공]적자지출의 사적 부문으로의 이전**이라고 정의한 것이다). 그러한 장치는 (무엇보다도 지식을 통제할 수 있는 사람들에게는) 새로운 부를, (이러한 장치 속에서 별 저항 없이 주체화되는 사람들에게는) 새로운 환상을, 그리고 (그러한 지식에서 배제된 사람들에게는) 새로운 가난/착취를 낳지만, 무엇보다 그것은 임금 노동력을 파편화하고 정치적으로 약화시키면서 임금 노동력의 이해관계를 혼란스럽게 만드는 동시에, 그것이 다시 자본의 구조 안에 편입되도록 한다. "우리가 전에 다룬 바 있는 고정자본의 노동력으로의 이전이 현실적으로 의미하는 바는 이전에 존재했던 자본과 노동 사이의 모순이 오늘날 직접적으로 우리의 신체 안에 들어와 있다는 것이다. 이런 의미에서 이 공간에서 금융화의 외부를 찾기란 쉽지 않다."[12] 전 지구적 금

10 Christian Marazzi, "Il corpo del valore: bioeconomia e finanziarizzazione della vita," in Adalgiso Amendola, Laura Bazzicalupo, Federico Chicchi and Antonio Tucci (eds.), *Biopolitica, bioeconomia e processi di soggettivazione*, Quodlibet, Macerata 2008, p. 139.

11 Michel Foucault, *Discipline and Punish: The Birth of the Prison*, Vintage, New York 1995. [한글본] 《감시와 처벌》(개역판), 오생근 옮김, 나남, 2016, 206쪽. (번역 수정)

12 Christian Marazzi, "Il corpo del valore," op. cit., p. 139.

융시장이 **삶경제적**이 되고 있는 현대 자본주의의 핵심 요소로 제시될 수 있는 것은 바로 이런 관점에서이다.[13] 대략적으로 말하자면 삶경제는 인류 차원의 **특질들**에 대한 직접적이며 편재적인 삶정치적 착취 및 가치화를 통해 유지되는 경제이다. 우리의 생각에 따르면, 이러한 측면을 충분히 분석하기 위해서는 **삶경제적 패러다임**이라는 주제를 그 주제와 한 몸을 이루면서 경제의 금융화 과정의 전개를 통해 특히 분명하게 드러나는 다음의 두 문제 속에서 명료화해야 할 필요가 있다. 첫째로 **분열증적인** 사회적 연대 형태의 생산이라는 문제가 있는데, 이러한 형태에서 개인과 사회의 관계는 개인 쪽으로 병리적으로 기울어져 있는 것처럼 보이며[14] 이로 인해 지역을 넘어서는 수준에서 집단적 적대 행동을 도모하는 것이 정치적으로 더욱 어려워진다. 둘째로 마르크스주의에서 유일한 가치의 생산 장소로 전제되는 **생산 영역**을 넘어서는 문제가 있다(경제학적 분석에서 이 문제는 지대와 이윤의 구별이 점차 불가능해진다는 점과 연관된다).

첫 번째 문제는 현대 자본주의의 **금융화**의 사회적 차원과 관련된 것이다. 즉, 금융화는 "개별화 과정의 총합을 위한 장치로서 일종의 '자본의 코뮤니즘', 즉 '생산수단의 소유'를 분산된 노동력으로 확대하는 메커니즘으로서 기능한다. 금융자본은 시장에서 평가되는 사회적 자본인 한에서 시민사회를 구성하는 다양한 주체들의 집단적 대표자로 나

13 삶경제라는 개념에 관해서는 다음을 볼 것. Laura Bazzicalupo, *Il governo delle vite. Biopolitica ed economia*, Laterza, Bari 2006; Andrea Fumagalli, *Bioeconomia e capitalismo cognitivo. Verso un nuovo paradigma di accumulazione*, Carocci, Rome 2007; Federico Chicchi, "Bioeconomia: ambienti e forme della mercificazione del vivente," in Adalgiso Amendola, Laura Bazzicalupo, Federico Chicchi and Antonio Tucci (eds.), *Biopolitica, bioeconomia e processi di soggettivazione*, op. cit.,

14 이에 대한 면밀한 분석으로는 다음을 보라. Federico Chicchi, "Capitalismo lavoro e forme di soggettivita," in Jean-Louis Laville, Michele La Rosa, Christian Marazzi and Federico Chicchi, *Reinventare il lavoro*, Sapere 2000, Rome 2005, pp. 149-185.

타난다."[15] 이런 식으로 탈산업적 시민사회의 희미해진 **공적** 영역은 곧장 개개인의 개별적 (금융적) 이해관계의 한가운데에서, 자본의 사적 소유 논리에 완전히 갇혀 있는 공간에서 재구축된다. 그러나 이 측면은 사회적 연대의 '질'에 영향을 미친다는 점에서 '인간학적'이라고 부를 수도 있을 중요한 함의를 갖는다. 포스트포드주의적 자본주의는 주체들로 하여금 그들의 자율성이 생산되는 **전前개체적***preindividual* (그리고 **간間개체적**) 장과 자신 사이의 필연적이며 불가피한 연관관계를 인식하지 못한 채 환상에 빠져 자신을 자신에게 충분한 존재로, 완전하고 자족적인 모나드로 그리고 자신의 개인적 운명의 유일한 작동자로서 표상하도록 유도하며, 주체들은 결국 이런 식으로 **분열증적** 성향의 전형적인 특징을 나타내게 된다. 달리 말해 주체가 자신의 사회-역사적 층위와의 연관을 갈수록 잃게 되고, 오로지 자신의 고유한 개별성으로 환원됨으로 인해서 그들이 살고 있는 세계의 **의미**를 함께 구축하는 활동에서 **주체성**이 제외되고, **산 노동**(점점 더 개인기업 그리고/혹은 인적자본으로 되는 노동)이 공적 영역으로부터 나르시시즘적으로 괴리(분열Spaltung)될 위험이 발생한다. 그렇다면 여기서 포스트포드주의 자본주의가 자신의 가장 최근 권력장치들 속에서 규정하려 했던 바의 그 주체의 역설이 더욱 분명하게 드러난다. 즉, 이 자본주의는 이데올로기적으로 부정되고 은폐되었던 사회적 가치 생산 능력을 변화된 생산의 구조적 코드들 속에서 다시 포착하고 취하기 위해 사회적 존재로부터 분리된 (**사회적 실천** 능력을 박탈당한 채 자기중심적 자유의 환상 속에 파편화된) 개인들에서 그 정당성을 찾는다.[16] 사회적·정치적 면에서 방향을 잃고 불구가 되었으며, 자신에게 내재한 **사회**

15 Christian Marazzi, *Socialismo del capitale,* op. cit., p. 164.

16 이는 시간이 지나면 자연스럽게 가치 생산 원천의 재생산 과정이 중단되는 문제를 야기한다. 아마도 이것이 포스트포드주의 자본주의의 가장 풀기 어려운 내적 모순일 것이다.

적 활동(협력)의 '자질'과 분리된, 그렇게 체제의 명령에 종속된 **주체성**은 소소한 소비와 획득한 자유라는 환상의 치명적인 소용돌이 속에서 오로지 자신에게만 의지하기 시작한다. 분명 이 시나리오, 즉 삶경제 및 인지자본주의의 형성에 따라 분열증적이 된 주체성의 시나리오가 '진실'의 전부를 말하는 것은 아니다. 그것은 단지 문제의 한 측면, 즉 증대하는 측정불가능성 및 저항의 전망으로서 주체성의 측면이 아니라 가치 측정의 그물에 갇혀 있는 주체의 **인상**에 집중하는 권력의 측면만을 심화시키는 것이다. "그러나 자본주의적 환상은 강력하며 나아가 그것의 명령의 효율성은 훨씬 더 강력하다"라고 안토니오 네그리는 말한다.[17] 우리는 이 점을 명심해야만 한다.

현대 자본주의의 삶경제적 성격과 관련하여 고찰해야 할 두 번째 요소는 오늘날 가치 생산이 자본주의적 **가치화**의 **극장**이자 유일한 장소로 전제되었던 생산 영역을 넘어 이루어진다는 것과 관련된다. 이런 의미에서, 그러나 다른 관점에서, **금융화가 이윤의 지대화를 드러낸다**고 말할 수 있을지도 모르겠다.[18] 이 주제는 복잡하며 논쟁적이지만 커다란 중요성을 갖고 있다. 사실 새로운 가치생산과정의 해명을 통해서만 자본주의의 현대적 변형 및 이 변형과 한 몸을 이루는 삶을 지배하는 권력의 동학을 온전히 이해할 수 있을 것이다. 그러나 한정된 지면으로 인해 여기서 이 문제를 온전히 다룰 수는 없을 것이며, 여기서는 오늘날 인지자본주의가 확산됨에 따라 '생산/순환' 및 '생산적/재생산적' 이라는 이분법이 정의상으로도 따라서 가치 생산에서도 어떻게 구조적으로 무너졌는지 보여주는 것에 그치고자 한다. 안토니오 네그리의 매우 설득력 있는 주장을 통해 이야기해 보자

17 Antonio Negri, *The Porcelain Workshop: For a New Grammar of Politics*, Semiotext(e), Los Angeles 2008, p. 74.

18 Carlo Vercellone, "Trinita del capitale," in AA.VV., *Lessico Marxiano*, op. cit., pp. 181-196.

면, 우리는 다음과 같은 말에 주목할 수 있다. "사회/노동의 자본으로의 실제적 포섭의 차원에서 잉여가치율은 자본(자본가)에 의한 노동력(노동자)의 착취도뿐 아니라 사회적 노동력에 포함되어 있는 사회적 생산의 공통적 활력 전체에 대한 착취도의 표현 그 자체다."[19]

다중의 정치적 전망, 삶의 공통 되기 속에서, 자신을 **주체적 활력**으로 조직하고 새로운 시나리오로서 표현하는 새로운 사회적 형태의 구축은 사실상 가치 생산의 새로운 메커니즘에서 **사회적 노동자**와 **메트로폴리스**가 담당하는 핵심적 역할의 규명과 분리될 수 없다. 나아가 다음과 같은 점에 주의를 기울여야 한다. "생산이라고 말할 때 우리는 경제적 실재뿐 아니라 무엇보다도 삶정치적 실재에 대해 말한다. 이런 점에서 사회적 행위자는 삶정치적 생산의 내부에서 행동한다."[20] 우리가 살펴보았듯이 주체화와 예속 사이의 단절점 혹은 열린 공간, 계속해서 다시 현실화되는 **탈주** 운동은 부정과 긍정의 운동에 이중으로 연결되어 있다. 즉, 한편으로는 공통적 부를 '긍정적'으로 이용할 수 있는 직접적 제도를 향하며 다른 한편으로는 지대라는 부정적이며 기생적인 기호를 전복하는 것과 결부해 있는 것이다. 따라서 지대라는 기호를 변화시키는 것. 이것이 우리를 기다리고 있는 정치적 과제다.

결론: 증대하는 적대의 필연적인 배경으로서 공통적인 것의 존재론

그러나 현대 자본주의를 오로지 금융시장 자본주의로만 이해하

19 Antonio Negri, "Poteri e sfruttamento: quale nuova articolazione in una prospettiva marxiana?," http://seminaire.samizdat.net/, 2005.

20 Antonio Negri, *Dall'operaio massa all'operaio sociale. Intervista sull'operaismo*, ed. by Paolo Pozzi and Roberta Tomassini, ombre corte, Verona 2007, p. 11.

는 것은 잘못이다. 현대 자본주의는 그 이상이다. 금융화는 현대 자본주의의 움직임에 내재적이며 그것과는 분리 불가능한 장치이고, 보다 넓게 말해 현대 자본주의의 포스트포드주의적인 구조적 조직화의 조절 제도이다. 오늘날의 자본주의는 자신을 어떠한 매개—법적이건 정치적이건—도 없이 의미의 **단성적 구조**univocal texture로 설립하려는 경제이며 주체와 그들의 협력적이고 삶정치적인 행동들을 곧장 자신의 축적 명령의 핵심에 두는 경제이다. 오늘날의 자본주의는 가치화를 초과하는 것과 사회적 협력의 활력을—그것들을 지배함으로써가 아니라—화폐적 측정을 통해 삶을 생산하고 삶에 자신의 명령을 **새기는** 각양각색의 복잡한 **통제** 장치 속에 삽입함으로써 조직한다. 사회 곳곳에서 **사회적 활동**을 자본 안에 포섭시키는 그러한 '메커니즘'은 더 이상 노동이라는 주제 속에서 확립될 필요가 없게 되었으며 그것은 노동의 내부와 외부에서, 소비, 돌봄, 관계, 언어 그리고 정동 등등 다소 도발적으로 표현하자면 인간 활동 전체에 직접적으로 기능한다.

결론을 대신하여 그리고 우리가 지금까지 주장해 온 관점에서 즉각 명료히 밝혀야 할 두 가지 정치적 질문이 있다. 새로운 현실, 지금까지와는 다른 가치 생산의 활력을 통해 끊임없이 생산되고 있는 새롭게 등장하는 사회적 부의 현실이 존재한다. 그것은 소통 기술(네트워크)과 모바일 기술(지식과 산 노동의 잠재적으로 무한하고 재귀적인 증식 매체)을 기반시설로 삼고 있는 사회적 지식 및 다중의 지식의 결실이다. 간단히 말하면 이러한 기술의 공간들은 사회적 네트워크와 **메트로폴리스적** 창조성을 **만드는** 공간이다. 지대는 **특이한 것**을 볼 수 없게 만들고 그럼으로써 그것을 축적의 양적 척도에 종속된 가치로 만들어 버리기 위해 자본이 사용하는 경제적 도구다. 지대라는 기호를 변화시키는 것은 이러한 부를 다중이 전유하고 분배하기 위한 운동으로 만들어 내는 것, 이러한 부를 이해하고 증진해 나가기에 사적 소유의 장치들이 얼마나 '윤리적'으로 불충분한지를 보여주는 것, 자본주의적 권력 형태를 통해 공통적 활동의 활력에 뒤집어 씌워진 멍에를 부숴 버리는 것을 의미한다.

이를 위해 새로운 형태의 민주주의를 상상하고 구축하는 방향으로 정치적 노력을 기울일 필요가 있다. 여기서 새로운 민주주의란 **사회적 개인**들이 만나고 공유하며 사회적 시간을 그들의 다양한 특이성들의 발전을 위해 쓸 수 있는 새로운 사회적·인간학적 공간을 세우고 또 실행 가능하게 하는 형태의 민주주의를 말한다. 최근 몇 년간 협력적 주체성들 및 그들의 '기반시설' 주위에서 주로 개인 그리고/혹은 집단의 국지적 요구들의 방어를 둘러싸고 벌어졌던 투쟁은 **틈**, 즉 자본의 포획장치—이것은 우리가 살펴보았듯이 새로운 형태의 가치생산의 직접적 연결을 위해 기능한다—의 부분적이고 국지적인 붕괴를 만들어 냈다. 따라서 정치적 문제(그리고 여기에서 나오는 전술)는 이러한 삶정치적 빠져나오기subtraction의 성격을 띤 반란들 사이의 공명을 만들어 내 그것들의 증식을 가능하게 하고, 이어서 **긍정의 삶정치**와 여기서 생산되는 '공통성의 조건들'을 윤리적으로 더욱 높고 복합적인 수준으로 일반화하는 것을 가능하게 하는 것이다.[21] 결과적으로 우리는 "늘 새롭게 구축되는 주체화 및 삶의 방식의 공간으로서 공통적인 것의 느리지만 꾸준한 창안을 가능하게 하는"[22] 조건들을 어떻게 구축할 것인지의 문제를 즉시 제기해야만 한다. 사실 매력적이면서도 치명적인 쾌락과 현대 자본주의가 계속해서 우리의 신체 및

21 이 주제에 관해서 그리고 특히 이탈리아 수사 계곡 방어[수사 계곡은 고속철도 건설을 두고 투쟁이 벌어진 곳이다_옮긴이]의 정치적 함의에 관해서 다음 글을 읽어 보기를 권한다. Emanuele Leonardi, "Il movimento No-Tav in Valle di Susa; dispositivo-grandi opere e fermento soggettivo," in Adalgiso Amendola, Laura Bazzicalupo, Federico Chicchi and Antonio Tucci (eds.), *Biopolitica, bioeconomia e processi di soggettivazione*, op. cit., pp. 415-424.

22 Judith Revel, "Identita, natura, vita," op. cit., p. 147.

삶에 대해 행사하는 폭력적이며 억압적인 **명령**, 이 양자로부터 동시에 빠져나올 수 있는 윤리적이며 정치적 힘을 지닌 주체성을 상상할 수 있는 것은, 자신을 현상적으로 **실재적인 것**으로 만드는 공통적인 것의 사회구조를 점진적이면서도 우발적으로 구축함을 통해서만 가능할 것이다.

6 웹 2.0 시대의 신경제, 금융화 그리고 사회적 생산

티지아나 테라노바

1990년대에 이뤄진 인터넷의 상업적 사용 금지를 중단하는 결정과 웹 프로토콜의 도입으로 시작하여 저 유명한 '닷컴'으로 대표되는 신경제와 금융자본이 처음 만났을 때만 해도, 그들은 행복한 한 쌍이었다. 그것은 1990년대 후반에서 2001년 5월의 붕괴 전까지 짧은 기간 발전했던 새로운 노동문화와 풍부한 자본이 결합한 경제였다. 이 문화의 주인공은 주로 북아메리카와 북유럽의 20대 및 30대들이었다. 이들은 인터넷 상업화에 의해 새롭게 열린 최첨단의 미개척 공간에 각종 소규모 기업들을 설립했다. 이러한 골드러시와도 같은 분위기 속에서 새로운 북아메리카 및 북유럽 세대에게 막대한 자본이 흘러 들어갔는데, 이는 다수의 투자자들이 주로 온라인 상품 및 서비스 판매에 기초한 다양한 소규모 기업에 무차별적으로 투자하는 일종의 일반화된 도박판과 같았다.[1]

이 젊은 노동력에 투여된 자본은 이전의 노동문화와는 매우 다른 새로운 노동문화에 자금을 공급하는 데 사용되었다. 사실 이 기간에 개인용 컴퓨터의 발명과 결부된 대항문화운동에 의해 촉발된, IBM식 기업적 정보노동 모델(정장과 넥타이, 아침 시간의 사가 제창, 가족과

1 다음을 참조할 것. John Cassidy, *Dot.con: The Greatest Story Ever Sold*, HarperCollins, New York, 2002.

같은 기업)에 관한 공개적인 격론이 있었다.[2] 젊은 기업가와 닷컴 노동자들은 이 자본을 새로운 유희적 노동문화에 사용했는데, 이 새로운 노동문화에는 비록 (대부분의 프로그래밍을 남성들이 담당하며 여성들은 디자인 및 대외관계를 담당하는 식으로) 전통적 분업이 여전히 존속했지만 대학생 시절의 부드러운 이성애가 연장된, 격식에 얽매이지 않는 분위기가 있었다(더글러스 코플랜드의 소설, 그중에서도 특히 《제이팟》을 떠올려 보라[3]). 일하는 분위기가 점점 격식에 얽매이지 않고 놀이와도 같게 되는 반면, 고정적 소득이었던 임금은 주식에서 얻어지는 지대로 구성되는 가변적 소득에 대한 지분으로 통합되었다. 새로운 노동이 금융자본의 강력한 이동에 의해 널리 퍼지고 또 변화를 겪는 가운데 디지털 노동의 리듬이 마치 비디오게임과도 같이 더욱 강렬해지고 몰입적이게 되었다는 것, 명령관계가 점점 더 왜곡된 대인관계의 동학 속에서 은폐된다는 것(예를 들어 라스 폰 트리에 감독의 2006년 작 〈오 마이 보스!〉에 나오는, 트라우마에 시달리며 이중 인물로 살아가는 진짜 '사장'의 가면 쓰기/벗기에 대해 생각해 보라) 그리고 대부분의 새로운 미디어 노동자들의 임금이 전통적인 미디어 노동자들의 임금보다 훨씬 낮은 수준이라는 것에 관해서는 거의 아무도 신경 쓰지 않는 것처럼 보였다.[4] 이러한 금융화의 압력 아래에서 노동 거부를 흡수하여 새로운 노동양식으로 변형시킨 (앤드루 로스가 지적한 바와 같은) 새로운 분열증적 노동문화가 출현했는데, 이 문화는 앞선 사회적 투쟁의 순환에서 출현한 자유 및 탈격식성에 대한 요구를 부분적으로 수용했으며,

2 다음을 참조할 것. Fred Turner, *From Counterculture to Cyberculture: Stewart Brand, the Whole Earth Network and the Rise of Digital Utopianism*, Chicago University Press, Chicago 2008.

3 Douglas Coupland, *JPod*, Bloomsbury, London 2006.

4 다음을 참조할 것. Bill Lessard and Steve Baldwin, Netslaves. *True Tales of Working the Web*, McGraw Inc, New York, 1999. 또한 같은 저자들의 후속작 *Netslaves 2.0, Tales of "Surviving" the Great Tech Gold Rush*, Allworth Press, New York 2003을 참조할 것.

학계와 대학의 노동양식으로부터 삶의 시간과 노동시간 사이의 구별의 해소를 부분적으로 차용했고, 많은 곳에서 자기 교육과 자기 착취가 결합된 기업가정신을 장려했다.[5]

2001년 5월의 붕괴 동안 소위 '닷컴' 거품은 정말이지 요란하게 터져 버렸으며 신경제, 확산된 금융 유동성이 노동과 생산의 새로운 방식을 지탱해 줄 수 있으리라는 잠깐의 꿈은 사라져 버린 것처럼 보였다. 당시 프랑코 베라르디 비포가 주장한 것처럼, 이것은 9·11을 계기로 촉진된 새로운 형태의 치안과 안보에 바탕을 둔 전쟁 경제로 회귀하기 위해 일반지성을 폐기하는 것으로 이어졌는가?[6]

그러나 2001년의 붕괴는 신경제의 종말이라기보다는 오히려 그것의 재보정으로 이어졌다. 금융화 과정은 인터넷에 다시 투여되었는데 새로운 바탕에 입각해서 그러했다. 신경제 전문가 팀 오라일리의 이야기를 빌자면 그것은 새로운 문화적·기술적 경향을, 그리고 인터넷에 기초하여 '새로운 신경제new New Economy'를 건설해낼 수 있는 새로운 경제적 모델을 선별하고 결정하는 방향으로 투자를 재조직하는 것을 의미했다.[7] 이전 경제 모델에서 그 매개 방식만 바꾸는 것re-mediation은 이제 할 만큼 했으니, 웹에서의 혁신적인 경제모델이 무엇일까를 고찰하는 것이 관건이 되었다. 붕괴 이후 신경제의 핵심어는 '사회적 웹social web' 혹은 '웹 2.0'이었다. 오라일리의 말에 따르면 웹 2.0 기업들은 모두 어떤 공통점을 지니고 있다. 이 기업들의 성공은

5 다음을 참조할 것. Andrew Ross, *No Collar: The Humane Workplace and Its Hidden Costs*, Basic Books, New York 2004. 그리고 Rosalind Gill, *Technobohemians or the New Cybertariat? New media work in Amsterdam a decade after the web*, Institute of network cultures, Amsterdam 2007.

6 다음을 참조할 것. Bifo, "Abbandonate le illusioni preparatevi alla lotta," 10 October 2002 (http://www.rekombinant.org/old/article.html.sid=1840).

7 Tim O' Reilly, "What Is Web 2.0. Design Patterns and Business Models for the Next Generation of Software," 30 September 2005(http://www.oreillynet.com/pub/a/ oreilly/tim/news/2005/09/30/what-is-web-20.html).

프렌즈스터Friendster, 페이스북, 플리커Flickr, 마이스페이스, 세컨드라이프SecondLife 그리고 블로거blogger와 같은 웹사이트들에 의해 가능해진 플랫폼/환경에 기초하여 새로운 사회적 관계의 세계를 창조하는 인터넷 사용자 대중을 그들에게로 끌어들일 수 있는 능력에 달려 있다. 그렇지만 오라일리는 웹 2.0이 이러한 새로운 플랫폼에 국한되지 않으며, 구글과 같은 응용 프로그램들 또한 사용자의 '브라우징' 활동을 이용하고 가치화할 수 있다는 점에서 웹 2.0에 포함될 수 있음을 강조한다. 혹은 웹사이트를 연결해 주거나 블로그 포스트에 '좋아요' 표시를 하거나flagging, 소프트웨어를 수정하는 것 등등과 같은, 공통적 활동들로부터 잉여가치를 추출할 수 있는 그 밖의 응용 프로그램들도 여기에 속한다. 오라일리에 따르면, 처음에는 단순히 매개 방식만 바뀐 서점으로 보였던 아마존조차도 그것이 웹 2.0 모델을 채택한 덕분에 닷컴 붕괴에서 버틸 수 있었다. 아마존은 단지 책을 팔기만 하는 것이 아니라 판매 중인 책에 대해 독자들이 리뷰를 작성하고 공개하도록 조직할 뿐 아니라 독자들의 선택과 구매로부터 정보를 얻어 유사한 출판물들을 재분류하고 연결하여 사이트 방문자들에게 '추천도서'를 제시할 수 있는 알고리즘을 사용한다.

웹 2.0은 사용자들의 사회적·기술적 노동을 이용하고 흡수하며 가치화함으로써 투자자들에게 이익을 가져다주는 모델이다. 신경제에서는 자본주의적 가치화 과정의 혁신의 선두에 "임금노동의 주변화와 무상노동의 가치화"가 있다고 할 수 있는데, 이 무상노동은 임금도 없고 감독도 없지만 그럼에도 불구하고 통제 아래에 놓여 있다.[8] 여기서는 단지 무상노동을 끌어들이는 것뿐 아니라 사회적 교류, 자기 표현 및 관계 맺기의 확산된 욕망을 자본화할 수 있는 잉여가치의

8 다음을 참조할 것. Tiziana Terranova, *Network Culture: Politics for the Information Age*, Pluto Press, London 2004.

다양한 형태를 끌어들이고 확립하는 것이 관건이다.[9] 이 모델에서 기업의 이윤 창출은 '부수적' 잉여가치를 식별하고 포획하는 것(광고 판매, 사용자의 활동에 의해 생산된 데이터의 소유 및 판매, 구글이나 페이스북과 같은 새로운 세계적 브랜드의 가시성과 인지도에 기초하여 금융투자를 끌어들일 수 있는 능력)을 통해 발생한다. 다양한 경우 잉여가치는 노동 비용의 절약, 즉 노동이 사용자들에게로 '외부화'된다는 의미에서 노동 비용의 절약(예를 들어 비디오게임의 평가나 베타 테스트 등에서 벌어지는 외부화 혹은 사용자의 기술적 협력)에서 발생한다.[10] 예를 들어 이탈리아의 이동통신회사 '3'은 사용자들의 문의에 대한 답변을 전문가 커뮤니티에 떠맡김으로써 기술지원 업무를 전적으로 외부화하였다.[11] 사용자이자 협업자인 이들은 참여의 대가로 몇몇 다소 비물질적 보상—예를 들어 커뮤니티 혹은 사회적 네트워크의 일원이 된다거나 혹은 물질적으로 신용대출을 받을 수 있거나 다양한 공짜 상품을 얻을 수 있는 것과 같은 것—을 받는다.[12]

이런 점에서 기업 버전의 웹 2.0은 컴퓨터 네트워크 영역에서 일고 있는 또 다른 운동, 즉 사회적 생산 혹은 'P2P' 운동과 공통된 평면

9 프로토콜적protocologic 통제에 관해서는 다음을 볼 것. Alexander R. Galloway, *Protocol: How Control Exists after Decentralization*, The MIT Press, Cambridge Mass. 2004.

10 사용자가 '공동창작자'가 되었던 오스트레일리아의 한 비디오게임 분야 닷컴 기업의 사례와 같은, 노동이 외부화된 사례에 대한 문화기술지ethnography 작업에 대해서는 다음을 참조할 것. John Banks, "The Labor of User Co-Creators: Emergent Social Network Markets?" in *Convergence: The International Journal of Research into New Media Technologies*, vol. 14, n. 4, 401-418 (2008).

11 다음 사이트를 볼 것. http://www.tre.it/public/home.php 사용자 지원 서비스를 바로 그 사용자들의 커뮤니티로 떠넘김으로써 노동을 외부화시킨 사례로 이러한 이탈리아판 웹 2.0 사이트를 지적해 준 산드로 메자드라에게 고마움을 표한다.

12 인터넷 참여 문화 및 사용자와 미디어 산업 사이의 관계에 대한 분석으로는 다음을 볼 것. Henry Jenkins, *Convergence Culture: Where Old and New Media Collide*, NYU Press, New York 2006. [한글본] 《컨버전스 컬처》, 김정희원, 김동신 옮김, 비즈앤비즈, 2008.

위에서 움직이고 있는 것처럼 보인다. P2P 운동은 네트워크에서의 사회적 생산 메커니즘—이는 자본의 가치화 메커니즘으로부터 자율적이지만 그렇다고 웹 2.0의 자본주의적 조직화에 의해 가치화된 사회적 생산에 반드시 적대적 태도를 취하지는 않는다—에 기초하여 새로운 경제를 창출할 가능성을 시험하고 있다. P2P 운동은 사적 소유 사법체계 바깥의 새로운 참여경제에 생기를 불어넣어 줄 수 있는, 인터넷에서 조직된 자발적 협력 형태들을 실행에 옮기는 것이 가능하다고 주장한다.

진화라는 아이디어가 P2P 원리에 관한 몇몇 논의와 설명의 핵심을 차지하며,[13] 이는 종종 마르크스주의 전통처럼 적대에 기초해 사회적 생산을 해석하는 입장과 명시적으로 대립되는 것으로 제시된다.[14] 진화주의적 접근법은 적대주의적 접근법보다 선호되며 경제를 하나의 생태계로 생각할 수 있는 가능성을 뒷받침하는 데 사용되는데, 이는 적어도 P2P의 성공이 그 밖의 다른 경제적 조직 형태들을 쓸모없는

13 [옮긴이] P2P, Peer to Peer는 별도의 중앙서버 없이 네트워크에 참여하는 피어peer들 각각이 서버이자 클라이언트로 기능하는 탈집중적, 비위계적, 자율적 네트워킹 방식이다. P2P 모델의 이러한 성격에 주목해 그것에 입각한 새로운, 반자본주의적 생산방식을 고안하고 실험하는 다양한 운동들이 있다. 예컨대 미셸 바우웬스 등은 커먼즈기반피어생산CBPP이라는 새로운 생산방식을 제시하면서 "P2P—'peer to peer', 'people to people', or 'person to person'—는 지위가 동등한 사람들peers이 서로 자유롭게 협동하여 공유된 자원의 형태를 띤, 그리고 커먼즈의 형태로 유통되는 가치를 창조하는 관계의 동학"이라고 정의한다(http://commonstrans.net/?p=750). 바우웬스는 또한 이 생산 네트워크가 피어들의 자율적인 협력에 의해 자율적으로 조직되며 여기서 사용, 생산, 유통되는 가치가 구성원 모두에게 자유롭게 공유된다는 점을 강조하면서 "커먼즈기반피어생산은 우리에게 가치 창조의 새로운 생태계가 출현했음을 보여준다"고 말한다(http://commonstrans.net/?p=754). 이렇듯 P2P 운동은 기본적으로 경제를 하나의 생태계라는 시각에서 접근하며 이에 따라 생산양식의 역사적 변화 역시 생태계의 진화라는 관점에서 설명하는 경향을 보인다.

14 예를 들어 다음을 참조할 것. Henrik Ingo, "Ethics, Freedom and Trust in Re-public: reimagining democracy"(http://www.re-public.gr/en/?p=275). 인간의 진화로서 P2P라는 생각에 관해서는 다음을 볼 것. Michel Bauwens, "Peer to Peer and Human Evolution: Placing Peer to Peer Theory in an Integral Framework"(http://integralvisioning.org/ article.php?story=p2ptheory1).

것으로 만들어 버릴 때까지 우선은 사회적 협력을 생산하고 가치화하는 다양한 공존 가능한 조직들이 공존할 수 있도록 해 줄 것이다.[15] P2P 운동은 또한 자율적인 재원 마련 도구(예를 들어 기부자 네트워크)의 개발 혹은 이 운동에 참여하는 사람들의 수입을 벌충해 줄 수 있는 새로운 유형의 화폐의 창안과 같은 일도 목표로 하고 있다.

따라서 이 전략은 자본주의 경제로부터 부분적인 '탈출', 즉 그것과의 동거 및 그것에의 기생을 배제하지 않는 탈출 전략으로 보일 수 있다. 예를 들어 이 전략은 자신의 모델의 효율성을 입증하고 그것을 부과하기 위해 오늘날과 같은 '위기'의 순간을 활용할 수 있다. 갈등을 P2P와 자본주의 경제 사이의 관계를 규정하는 요소로서 받아들이기를 거부한다는 점에서 P2P 운동에 대해 제기될 수 있는 비판은 P2P 운동이 그것에 참여하는 주체성들 사이의 상호작용이라는 관점에서 보면 역설적으로 빈약한 사회적 협력 메커니즘 모델을 만들어 내는 경향이 있다는 점이다. P2P 운동에 관해 자주 인용되며 높은 평가를 받는 법학자 요하이 벤클러의 책 《네트워크의 부: 사회적 생산은 시장과 자유를 어떻게 바꾸는가》가 모범적으로 보여주듯이 이러한 모델은 때때로 고전파 경제학의 '보이지 않는 손'이라는 생각을 재도입하는 식으로 변형되는데, 이 변형된 '보이지 않는 손'은 개인들의 이해관계의 상호작용에서 출발해 기적과도 같이 공통적 부의 조화로운 생산을 보장할 수 있는 사회적 협력의 보이지 않는 손이 된다.[16]

15 다음을 참조할 것. Tiziana Terranova, "Il potere della rete: Intervista a Michel Bauwens", in *il manifesto*, 5 November 2008.

16 다음을 참조할 것. Yochai Benkler, *The Wealth of Networks: How Social Production Transforms Markets and Freedom*, Yale University Press, New Haven 2007. [한글본] 《네트워크의 부: 사회적 생산은 시장과 자유를 어떻게 바꾸는가》, 최은창 옮김, 커뮤니케이션북스, 2015. 시장의 균형을 만들어 내는 기적과도 같은 것으로서 보이지 않는 손에 대한 효과적인 비판에 대해서는 다음을 볼 것. Maurizio Lazzarato, *Puissances de l'invention. La Psychologie écono-mique de Gabriel Tarde contre l'économie politique*, Les empêcheurs de penser en rond, Paris, 2002.

따라서 신경제의 근본 문제(와 근본 자원)는 사회적 협력이다. 한데 이 협력은 '낮은' 수준에서 웹사이트를 클릭하거나 멀티미디어 자료를 검색하는 것과 같은 일상적인 활동에서부터 '높은' 수준의 오픈소스 소프트웨어의 생산에 이르기까지 다양한 정도의 사회적 교류와 활동을 망라한다.[17] 이런 의미에서 1990년대에서 2000년대에 걸쳐 일어난 웹 2.0의 '새로운 신경제'와 대규모 금융화 과정을 가로지르는 어떤 추상적 선을 식별해내는 것이 가능할 것이다. 네트워크 경제와 소규모 시장 행위자들로 구성된 대중화된 금융경제라는 새로운 경제를 이론화하고 고찰하는 데서 근본적인 것은 잉여가치를 생산할 수 있는 개인적 상호작용과 선택이 증식되어야 한다는 문제이다. 그러한 상호작용은 자본의 명령 능력을 벗어나 퍼져 있지만, 그럼에도 불구하고 다소 실험적인 통제 논리 아래에 있다.

2008년 10월, 전 세계 금융시장을 강타했던 금융위기가 가장 뜨겁던 시기에 《뉴스위크》에 실린 〈인터넷 시대의 첫 번째 재앙〉이라는 제목의 사설이 컴퓨터 네트워크 일반에 관해 조명한 것은 의미심장하다. 이 글에서는 컴퓨터 네트워크를 이 파국에 책임이 있는 것들 가운데 하나로 고발했다.[18] 여기서 《뉴스위크》 사설이 어떤 논리로 인터넷이 금융위기에 책임이 있다고 했는지 짚고 넘어갈 필요가 있다. 이 사설은 연준 위원장 앨런 그린스펀을 노골적으로 공격했는데, 그린스펀은 2001년의 닷컴 금융위기가 있기 전에 인터넷이 "전 지구 수준에서의 복잡한 금융상품의 창조, 가치 평가 그리고 교환"을 통해서 "리

17 네트워크의 사회적 생산에 참여하는 다양한 수준에 관한 분류 체계를 보려면 다음을 참조할 것. Yochai Benkler, *The Wealth of Networks*. op. cit.

18 다음을 참조할 것. "The First Disaster of the internet Age" in *Newsweek*, October 2008, http://www.newsweek.com/id/164588

스크의 재분배"를 가능하게 함으로써 금융을 변형시킬 것이라고 주장했다.[19] 《뉴스위크》는 그린스펀이 (그 유명한 서브프라임과 같은) 금융상품의 세분화가 채권의 가치 평가에 어려움을 가져와 채권의 합리적 가치와 완전히 동떨어진 현금화를 촉발하고 그리하여 미래에 등장할 신용 위기의 도화선에 불을 댕길 것임을 예상하지 못했다고 비난했다.

《뉴스위크》가 보기에 인터넷이 거래비용을 줄인 것은 사실이지만, 그것은 또한 금융자본을 웹 2.0과 같은 새로운 종류의 사회적 교류에 무질서하게 접목시켰다는 점에서 금융자본을 "오염시켰다." 그 글에서 웹 2.0이 명시적으로 언급되지는 않지만, 이와 관련하여 《뉴스위크》가 인터넷 금융에 대해 제기하는 공격이 웹 2.0에 대한 흔한 비판을 그대로 다시 보여주고 있다는 점에 주목할 필요가 있다. 이 비판은 종종 웹 2.0이 닫힌 세계 혹은 소위 '반향실echo chamber', 즉 집단적인 나르시시즘 속에서 다른 관점을 가진 사람들과의 관계를 닫아 버리고 자신과 유사한 사람들만 만나는 것이 가능한 공간의 탄생을 초래했다는 사실과 관련된다.[20] 《뉴스위크》 편집진에 따르면 바로 이러한 반향실 안에 "이제 668조 달러에 달하는 파생상품 시장을 위해 낯설고 새로운 상품을 지어낸 사람들"이 모여 있는 것이다.[21]

마찬가지로 인터넷은 또한 시장을 더욱 민주적이고 투명하게 만드는 대신 '데이터 안개'를 만들어 냈는데, 이것은 월스트리트의 소수 협잡꾼들이 세계경제의 행로를 비디오게임을 하듯 손쉽게 바꿀 수 있도록 도왔다. 닷컴 금융위기가 대체로 인터넷 위기의 청소년기에 해당했다면, 오늘날의 위기는 "성숙한 인터넷 시대에서 맞이하는 첫

19 Ibid.

20 다음을 참조할 것. Geert Lovink, "Blogging, the nihilist impulse"(http://www.eurozine.com/ articles/2007-01-02-lovink-en.html).

21 "The First Disaster of the internet Age", op. cit.

번째 금융위기, 즉 금융체계 및 우리 사회 전체를 하나로 묶으며 서로 긴밀히 결합된 기술로부터 기인하는 위기이다."[22]

따라서 인터넷이 지나칠 정도로 많은 경제적 행위자들의 출현을 낳았다고 할 수 있는데, 이들의 집합적 행동에는 시장이 상품가치를 올바로 평가하는 데 필요한 내적 합리성이 결여되어 있다. 반면에 거래의 편리함으로 인해 사실상 추적 불가능하고 그에 따라서 시장 변동성을 증가시키는 거래가 기하급수적으로 증가했다. 금융시장에 관한 주요 연구자인 카린 크노르 세티나는 이러한 컴퓨터 스크린을 통한 상호작용이 선물에 기초한 인간학적 시장모델이나 소비재 생산에 기초한 시장모델과 같은 다른 시장모델과 구별되는 금융시장의 근본적인 요소라고 지적한다.[23] 금융시장은 특수한 시각적 혹은 광학적 체계에 기초해 있다고 할 수 있고 이 체계에서 시장은 "컴퓨터 스크린 위에서 완전히 가시적이게" 되는데, 이때 이 시장은 행위자들이 일련의 금융도구를 통해 영향을 미치는 "신속하고 교체 가능하며 맥락에 따른 변화들에 종속된 가격들의 집합으로서" 나타난다. 그 결과 세티나에 따르면 금융시장은 새로운 시장의 특징, 즉 "즉각적이고 동시적으로 움직이며 일시적 지속성을 갖고 컴퓨터 스크린을 통해 시장에 참여하는 사람들에 의해 재귀적으로 관찰되는 시장의 특징에서 기인하는 전 지구적 상호주관성inter-subjectivity을 만들어 낸다."[24]

《뉴스위크》 편집진에 따르면 컴퓨터 스크린에 의해 추동되는 이러한 전 지구적 상호주관성은 2007년에 와서 전통적인 은행 시스템

22 Ibid.

23 다음을 참조할 것. Karin Knorr Cetina, "The Market," in *Theory, Culture and Society*, 23 (2006), 2.3(Problematizing Global Knowledge: Special Issue), pp. 551-556. 그리고 Karin Knorr Cetina and Urs Bruegger, "The Market as an Object of Attachment: Exploring Postsocial Relations in Financial Markets," in *Canadian Journal of Sociology* 25 (2000), 2, pp. 141-168.

24 Karin Knorr Cetina, "The Market," op. cit., p. 551.

만큼이나 커다랗게 된 '그림자 은행 시스템'을 낳았다. 2000년 이후로 금융시장에 나타난 것은 전 지구적 상호주관성뿐 아니라 또한 페이스북과 같은 SNS 속에 삽입되고, 유명 블로거들의 가치 평가에 영향을 받는가 하면, 금융거래를 결정하기 위해 MSN과 같은 실시간 채팅 프로그램들을 통해 의사소통하는 식의, 웹 2.0 문화가 곳곳에 스며들어 있는 상호주관성이다. 《뉴스위크》가 보기에 인터넷은 기술적 혁신을 용이하게 했던 것과 같은 방식으로 새로운 금융도구의 '혁신'의 증식을 가능하게 했으며 동시에 파생금융을 일종의 "가십과 비디오게임"의 교배물로 만들어 버렸다. "실시간 채팅 프로그램을 통해 오가는 사소한 대화들도 거래 행위들로 변형될 수 있다. 모든 일이 대수롭지 않은 것이 되어 버려 백만 달러 규모의 신용부도스와프 거래를 체결하는 바로 옆에서 날씨에 관한 잡담이 오간다. 아무것도 달라질 일 없이 행복한 얼굴로 시작해 행복한 얼굴로 끝나는데 무슨 일이 문제가 되겠는가?"[25]

《뉴스위크》는 더 나아간 수준의 기술 혁신의 필요성을 지지하고 웹상의 금융 거래자들을 위한 새로운 인터페이스의 개발을 희망하며 글을 마무리한다. 이 새로운 인터페이스는 색을 이용한 표시 체계를 통해 현재 상태에 대한 신호를 줌으로써(흥미롭게도 이는 시민들에게 테러 위험에 대해 경고하기 위해 부시 행정부가 도입한 경보 체계와 흡사하다) 금융시장의 가치 평가를 도울 수 있는 사분원이 달린 일종의 전자 계기판과 같다.[26] 요컨대 금융을 위한 새로운 웹 프로토콜(규약)은 의사소통을 투명하게 만들고 어떤 식으로든 정확한 가치 평가를 통해 금융 거

25 "The First Disaster of the internet Age", op. cit.

26 새로운 신보수주의적neoconservative 통치성의 일환으로서 부시 행정부가 도입한 색을 통한 경보 체계에 관해서는 다음을 볼 것. Brian Massumi, "Fear the Spectrum Said," in *Multitudes. Complements bibliographiques*, 23, 4 January 2006(http://multitudes.samizdat.net/Fear-The-spectrum-said).

래자들의 비이성적인 광란을 통제할 수 있는 것이어야 한다.

따라서 웹을 위한 '금융 계기판'을 만들자는 제안은 대중의 금융 거래를 규제하여 새로운 기술적 매개를 통해 그것들을 투명하게 만들고 블로거, 페이스북, MSN, 마이스페이스와 같은 소셜 웹과 금융의 위험천만한 결합을 좀 더 느슨하게 해 줄 것이다. 이런 식으로 이 '계기판'은 컴퓨터가 금융시장이라는 아상블라주의 일부가 되는 또 하나의 근본적 방식이 될 것이다. 이는 여기저기 분산되어 전자적 소통의 형태로 실시간으로 이루어지기에 혼란스러운 동학을 보이는 다수의 상호작용을 전 지구적으로 파악 가능하며 의미 있는 것으로 만들 수 있는 시장의 '의미'를 구축할 필요성과 연결된다. 실제로 갈수록 시장의 '의미'는 종합적이지만 이해 가능한 의미를 형성하는 공적 여론의 차원에서, 즉 자신의 인식, 감각 그리고 정서에 관해 분명한 신호를 내보낼 수 있는 이상적 단일체의 형성이라는 차원에서 구성된다. 위기 이후의 금융시장은 신문 기사나 TV 보도 속에 존재하는 공포·불안·패닉과 같은 감정들이 담겨 있는 시장이며, 신뢰를 보이거나 보이지 않는 시장, 한마디로 경제지표, 정치적 언급, 소비자 행동들로부터 나오는 신호들에 대해 하나의 몸처럼 반응하는 시장이다.

일부 금융 종사자들은 이렇게 한편으로 '금융 계기판'이, 다른 한편으로 공적 여론 기계가 시장으로부터 획득하고자 하는 총체적 의미를 경제적 모델과 시뮬레이션을 사용함으로써 얻는다. 예를 들어 첨단기술을 가지고 여타 단순한 금융 종사자들보다 더 높은 임금을 받는 전문가 그룹인 '리스크 관리자들'은 구 소비에트 블록 및 인도의 수학과 물리학으로부터 나온 통계 모델과 확률 시뮬레이션을 경제 영역에서의 사용에 맞게 개조하여 폭넓게 사용하고 있다.[27] 그 예로 시

27 더 나은 모델을 만들기 위하여 금융 종사자들의 '군중' 행동에 관해 경험적-수리학적으로 연구한 사례로는 다음을 볼 것. Fabrizio Lillo, Esteban Moro, Gabriella Vaglica and Rosario N. Mantenga, "Specialization and Herding Behaviour of Trading Firms in a Financial Market," in *New Journal of Physics*, 10 (2008) (http://www.njp.org/).

간의 경과에 따른 금융수익성 추이를 모형화한 블랙-숄즈 모형black-scholes model 혹은 매사추세츠 대학(미국 애머스트 소재)에서 '불확실성 과학'을 가르치는 레바논 출신의 교수이자 월스트리트의 독보적인 '리스크 관리자'이기도 한 나심 니콜라스 탈레브가 유명한 저서 《행운에 속지 마라》에서 말한 몬테카를로 시뮬레이션을 들 수 있다.[28] 사실 애초에 원자의 연쇄반응을 연구하기 위해 모인 로스앨러모스의 물리학자들에 의해 개발된 몬테카를로 시뮬레이션은 시간의 경과에 따른 일련의 시나리오들 전체의 변화를 시뮬레이션하여 매우 변덕스러운 시장가격의 가능한 변동을 측정해 줄 수 있는, '위상 공간' 속에서 일련의 '진화 경로'를 규정해낼 수 있다.[29]

《이상과열》의 저자이자 이미 1980년대 초에 '효율적 시장' 모델에 대해 의심했던 것으로 유명한 경제학자 로버트 쉴러의 작업에 영감을 얻은[30] 탈레브는 가격 동향과 관련된 다양한 시나리오들이 몬테카를로 시뮬레이션에 따라 변동하는 방식을 통계학적이며 물리적인 요인들뿐 아니라 주식시장 행위자들의 행동, 행위 심지어는 생리적 반응들과도 연결시켰다. 예를 들어 탈레브는 감정적 흥분, 감정적 동요 그리고 시장 등락에 지속적으로 노출된 결과로 나타나는 행위자들 신체의 화학적 상태 변화가 지닌 중요성을 강조한다.

이렇게 볼 때 이러한 모델들이 시뮬레이션하고자 하는 것은 (아마도 헛된 노력이겠지만) 수많은 변수들과 문화들로 이루어진 아상블라

28 Nassim Nicholas Taleb, *Fooled by Randomness: the Hidden Role of Chance in Life and Markets*, Penguin, London 2004. [한글본] 《행운에 속지 마라: 불확실한 시대에 살아남는 투자 생존법》, 이건 옮김, 신진오 감수, 중앙books, 2016.

29 핵물리학자 집단에서 몬테카를로 시뮬레이션이 사용된 역사에 관해서는 다음을 볼 것. Peter Galison, *How Experiments End*, University of Chicago Press, Chicago 1987.

30 다음을 볼 것. Robert J. Shiller, *Irrational Exuberance,* Broadway Business, New York 2006. [한글본] 《이상과열: 거품 증시의 탄생과 몰락》, 이강국 옮김, 매일경제신문사, 2003. 또한 다음을 볼 것. Christian Marazzi, *E il denaro va. Esodo e rivoluzione dei mercati finanziari*, Bollati Borlinghieri, Turin 1998.

주와도 같은 금융시장의 행위이다. 이 문화에는 MSN의 실시간 채팅 및 각종 소셜 웹의 문화, 금융 컨설턴트에 이용되는 수학 및 물리학의 문화뿐만 아니라 심지어는 런던, 뉴욕, 도쿄와 같은 세계적 도시의 금융 종사자들의 문화도 포함된다. 예를 들어 영국 신경제의 본거지인 혹스턴Hoxton과 쇼디치Shoreditch 인근 시티 오브 런던 금융 종사자들의 문화를 생각해 보자. 평일에 매일같이 버스, 기차, 지하철에서 쏟아져 나와 리버풀 스트리트Liverpool Street 기차역 주변 지역으로 흩어져 들어가는, 죽은 사람처럼 창백한 표정의 정장을 입은 거대한 무리의 사람들은 8시간 내지 9시간이 지나 술과 유흥을 찾아 올드 스트리트Old Street, 브릭 레인Brick Lane, 런던 브릿지London Bridge, 클러켄웰 로드Clerkenwell Road, 혹스턴 스퀘어Hoxton Square 등지의 바 혹은 펍과 같은 술집에 다시 모습을 드러낸다. 시티 오브 런던 인근에 사는 사람들(예술가들, 신경제 노동자들, 아프리카 및 중동 출신 소수자들)에게 시티 오브 런던의 금융 종사자들은 특히 시끄럽고 밤 혹은 주말에나 볼 수 있는 인물들일 뿐인데, 이 시간에 선팅한 리무진—그 안에서 샴페인과 코카인을 곁들인 성적 향락이 이루어지리라는 것은 어렵지 않게 예상할 수 있다—을 타고 해크니 로드Hackney Road의 스트립클럽 주변을 어슬렁거리고 나이트클럽에 들락거리는 저들을 볼 수 있다.[31] 금융시장 생리학의 또 다른 변수 가운데 하나로서 케임브리지 대학 신경생리학과의 연구에 따르면 이러한 야간의 유흥활동에 의해 생산된 여분의 테스토스테론은 금융 종사자들이 더욱 능률적이게 해 준다고 한다.[32] 여

31 금융 종사자들의 문화 및 사교 활동에 관한 일화들을 나열하는 것을 넘어서 더욱 엄밀하게 과학적인 설명을 제시하는 것으로는 다음을 볼 것. Caitlin Zaloom, *Out of the Pits: Traders and Technology from Chicago to London*, University of Chicago Press, Chicago 2006.

32 다음을 참조할 것. Amanda Gardner, "Testosterone Levels Among Financial Traders Affect Performance: British Study Found Those With More of the Male Hormone in the Morning Made More Money," in *USA News*, 14 April 2008(http://health.usnews.com/usnews/health/healthday/080414/testosterone-levelsamong- financial-traders-affect-performance.htm).

기서 우리는 이러한 높은 수준의 테스토스테론이 금융위기 이후 일자리를 잃어버린 금융 종사자들이 새롭게 진출한 영역(주로 대학 교육 영역)에 어떤 결과를 낳을 것인지 자문해 볼 수 있다.[33]

2. 네트워크 전쟁 그리고 윤리-예술적 실험

따라서 새로운 테크놀로지의 관점에서 볼 때 금융자본은 기술적, 문화적, 사회적 그리고 생리학적 구성요소들이 서로 끼어들어 있는 아상블라주들의 아상블라주와 같은 식으로 작동한다. 산드로 메자드라가 공통적인 것의 자본주의적 포획 및 가치화로 정의한 과정은 구체적으로는 안토니오 네그리가 말하듯 삶정치적 삶형태에 대해 불가능한 척도를 세우려는 기나긴 연쇄적 과정을 따라 전개된다. 많은 사람들이 금융위기의 해독제로 제시하는 새로운 조절책들이 어떤 효과를 낳을지 파악하는 것은 어렵다. 그러나 지대의 축적 및 공통적인 것의 착취의 동학을 무너뜨리는 것을 목표로 하는 그 어떤 노력도 바로 이 연쇄적 과정에 영향을 미쳐야만 한다.

어떻게 아상블라주로 아상블라주와 싸울 것인가의 문제, 즉 '네트워크 전쟁net wars'의 문제는 지난 몇 년 동안 많은 연구의 대상이었다. 이 연구는 한편으로 미국의 군사체제와 가까운 관계에 있는 그룹들에 의해 진행된 동시에 다른 한편으로 또한 네트워크 사회에 적합한

33 2008년 10월, 《USA 투데이》에서 금융 분야에서 교육 분야로 [금융 종사자들의] 눈에 띄는 이동에 관해 보도한 바 있다. Greg Toppo, "Financial Sector's Loss Could Spell Gain for Teaching," in *USA Today*, 16 October 2008(http://www.usatoday.com/news/education/2008-10-15-meltdown-teachers_N.htm). 영국에서도 유사한 경향이 《Times Educational Supplement》에 의해 보도되었다. Kerra Madera, "Bust Causes Boom in 'Suit Recruits,'" in *Times Educational Supplement*, 23 January 2009(http://www.tes. co.uk/article.aspx?storycode=6007515).

새로운 정치적 실천의 정교화를 위한 관점에서 진행되었다.[34] 최근의 책에서 유진 대커와 알렉산더 갤러웨이는 아상블라주들의 전쟁 혹은 네트워크 전쟁 시대를 위한 새로운 정치적 전략을 제안했다. 그것은 바로 '취약점 공격exploit'이다.[35] 네트워크 대 네트워크 갈등(이는 컴퓨터 네트워크를 조직하고 통제하는 프로토콜의 문제를 둘러싸고 시작되었다)의 전개와 관련된 싸움을 분석하면서, 대커와 갤러웨이는 테크놀로지적 네트워크, 생물학적 네트워크, 나아가 삶 네트워크에서 행해지는 정치적 저항에서 기존 테크놀로지의 약점이나 구멍을 발견하는 것 또한 저항의 근본적인 방식에 포함된다고 주장한다. 유기적인 것과 비유기적인 것 혹은 기술적인 것과 생물학적인 것 사이의 구별의 부재를 특징으로 하는 네트워크 대 네트워크, 아상블라주 대 아상블라주의 전쟁과 관련된 정치적 실천은 네트워크의 현 구성 상태 자체에서 그리고 그것의 통제 양식 자체에서 균열과 구멍을 식별해낼 수 있어야 한다. "그렇다면 삶 네트워크에서 정치적 저항의 목표는 취약점들exploits을 발견하는 것이어야만 한다. 아니 취약점들의 흔적을 찾으면 정치적 실천 목표를 발견할 것이라고 말하는 편이 더 낫겠다."[36] 이러한 정치적 실천은 저항 행위일 뿐 아니라 취약점 공격에 이용되는 이 구멍을 통한 잠재적 변화의 기획 또한 포함한다.[37] 분명한 것은 이러한 생각이 전통적 형태의 정치적 투쟁을 이제는 쓸모가 없는 것으로

34 전자의 사례로 다음을 볼 것. John Arquilla and David Ronfeldt, "Networks and Netwars: The Future of Terror, Crime, and Militancy," *National Defense Research Institute*, 2001. 네트워크와 싸우는 네트워크에 관해서는 다음을 볼 것. Antonio Negri and Michael Hardt, *Multitude: War and Democracy in the Age of Empire*, Penguin, New York 2005. [한글본] 《다중: 제국이 지배하는 시대의 전쟁과 민주주의》, 정남영·서창현·조정환 옮김, 세종서적, 2008.

35 Alexander R. Galloway and Eugene Thacker, *The Exploit: A Theory of Networks*, University of Minnesota Press, Minneapolis-London 2007, pp. 21-22.

36 Ibid., p. 82.

37 Ibid., p. 81.

치부하지는 않는다는 점이다. 오히려 이 생각은 다른 수준에서, 즉 네트워크 형태로 조직되는 거대한 기술적·생물학적 배치의 특수한 통제 형태들(그리고 거기에 있을 수밖에 없는 취약점들) 수준에서 움직일 필요성을 주장한다.

취약점 공격이라는 생각과 관련하여 여기서 경제-금융 연속체에 기생하는 전략을 통해 자신을 이 시스템의 구멍에 삽입해서 결국 파국을 불러일으키는 것을 목적으로 하는 두 가지 윤리-예술적 실험을 소개하고자 한다. 하나는 '예스맨The Yes Men'(앤디 비클바움Andy Bichlbaum과 마이크 보나노Mike Bonanno 및 그들의 추종자/모방자들의 집단)이라고 알려진 활동가 집단의 활동이며, 다른 하나는 GWEI 프로젝트('구글은 자신을 먹어버리게 될 것이다Google Will Eat Itself'라는 의미로 위버모르겐닷컴Ubermorgen.com,[38] 루도비코와 치리오[39] 등이 주도하고 있다)이다.

잘 알려진 문화 활동가 집단인 '예스맨'은 에드워드 버네이스Edward Bernays의 PR[40] 전통에 기반하여 자신들이 대변하는 기업에 유리한 사회적 여론 및 호의를 만들어 내기 위해 여론을 조작하는 기업 및 정부의 PR 네트워크로 구성되는 아상블라주를 대상으로 활동한다. PR이란 기업과 정부 조직의 추악하고 냉소적인 이데올로기적 전제들을 은폐하는 것일 따름이라는 생각에서 출발하여, 네트워크에서 작동하는 다수의 의사소통 발생점들에 의해 야기되는 체계 내부의 혼란을 이용하면서, '예스맨'은 예를 들어 표적이 된 기관의 웹사이

38 [옮긴이] 위버모르겐닷컴은 1995년 Lizvlx와 한스 베른하르트Hans Bernhard에 의해 결성된 스위스, 호주, 미국 출신의 예술가 그룹이다.

39 [옮긴이] 루도비코Alessandro Ludovico와 치리오Paolo Cirio는 이탈리아의 미디어 평론가·핵티비스트hacktivist이다.

40 [옮긴이] 보통 '홍보'로 번역되는 PR은 기업, 정부, 단체, 조합, 정당 등에서 소비자, 노동자, 언론사, 경쟁자, 정부, 원료 공급자, 주주, 채권 채무자, 지역사회 구성원, 여론 지도자, 일반 국민 등 공중과의 관계를 자신에게 유리하게 이끌어 나가기 위해 수행하는 일체의 커뮤니케이션 활동 또는 그러한 활동의 상태나 기술을 의미한다.

트를 완벽히 모방한 웹사이트를 만들고 그 사이트로 온 (행사, 모임 혹은 인터뷰 등에 참여를 청하는) 초대장들을 모방된 조직의 이름으로 대신 수령하기도 한다.[41] 공적 기관의 대변인을 가장하여 (예를 들어 그들은 WTO, 맥도널드, 할리버튼Halliburton, 엑손, 다우 케미컬, 심지어 미국 정부의 주택도시개발부 대변인을 가장하기도 했다) 그들은 많은 이들에게 놀랄 만한 것이지만 그들이 보기에 그 기관의 바탕에 있는 윤리에 부합하는 제안들을 내놓았다. 예를 들어 그들은 투자자와 로비스트들을 대상으로 투표권을 판매하자거나 심지어는 가난한 사람들이 재활용된 인간 배설물을 먹게 하는 것을 합법화하자고 제안했다. 이를 들은 투자자나 로비스트들은 제안 중 대다수를 비교적 우호적으로 혹은 적어도 어떠한 분노나 충격도 없이 받아들이는 것처럼 보였다. 그 뒤 '예스맨'은 그들의 제안과 투자자 및 로비스트들의 반응 모두를 일반 대중에게 공표했다.

'예스맨'이 사용한 또 다른 전략은 대기업과 정부 조직 대변인을 가장하여 WTO 폐쇄를 공표하거나 독성물질이 시민에게 끼친 유해성에 대해 책임을 시인하고 그에 따른 보상을 발표하는 것과 같은 이벤트를 벌이는 것이었다. 예를 들어 2004년 '예스맨' 중 한 명은 다우 케미컬의 대변인으로 가장하여 BBC가 자신을 인터뷰하도록 하는 일에 성공했는데, 그 자리에서 그는 다우 케미컬이 인도 보팔 사건의 희생자들에게 손해를 배상할 것이며 생존자에게 120억 달러를 지불할 것이라고 공표했다. 다우 케미컬에서 이 거짓 공표에 대해서 즉시 해명했지만, 그럼에도 다우 케미컬의 주가는 프랑크푸르트 주식시장에

41 http://www.theyesmen.org/ 또한 다음 문서들을 볼 것. "The Yes Men: Changing the World One Prank at the Time"(2003)과 그 후속 글 "The Yes Men Fix the World"(2009). 또한 다음 책을 볼 것. *The Yes Men, The Yes Men: The True Story of the End of the World Trade Organization*, The Disinformation Company, New York 2004.

서 3.4%, 그리고 뉴욕의 주식시장에서 50%가량 떨어졌다.[42] 이런 식으로 '예스맨'은 《뉴스위크》가 말한 '정보 안개'에서 그리고 무수히 증식된 소통 속에서 (예를 들어 금융시장에서 주가 형성에 중요한 역할을 하는) PR의 배치 내부의 취약점을 발견해냈다. 그들이 신중하게 계획된 행동을 통해 의도한 것은 공격받은 기업이 결국 쉽게 해결할 수 있는 소규모 충격만이 아니었다. 그들은 또한 여론을 형성하고 각종 금융 증서의 가치로 표현된 바대로 시장의 의미를 만드는 기능을 하는 아상블라주가 이런 유형의 행동에 얼마나 취약한지를 보여주고자 했다.

프로토콜 투쟁을 벌인 실험 가운데 윤리-예술적인 것의 또 다른 예는 GWEI 프로젝트('구글은 자신을 먹어 버리게 될 것이다')에서 발견할 수 있다. 이 프로젝트는 위버모르겐닷컴, 알레산드로 루도비코, 파올로 치리오 사이의 협력을 통해 진행되고 있다. GWEI의 활동 방식은 매우 단순하다. 검색엔진 구글의 주요 수입원은 '애드센스Adsense'라는 프로그램인데 이것은 구글의 광고 문구 수십만 개를 전 세계 웹사이트와 연결해 주는 역할을 한다. GWEI 프로젝트의 기획자들은 수많은 애드센스 계정을 개설했고 그것을 일련의 비공개 웹사이트들에 설치했다. 누군가가 이 사이트들 가운데 하나에 방문할 때마다 이 웹사이트 네트워크가 구글로부터 소액의 돈을 지불받게 되는 메커니즘이 작동된다. 구글은 매달 이 방문에 대해 돈을 지불한다. 그리고 필요한 수준에 도달하게 되면 모인 기금은 이 프로젝트 기획자들에 의해 구글의 주식을 사는 데 사용될 것이다(따라서 구글을 이용해 구글을 사는 것이 된다).

이러한 컴퓨터판 동종포식 행동으로 시작된 도발적 활동은 명백히 구글식 경제모델 및 GWEI 프로젝트 기획자들에게는 거짓된 것으

42 다음을 참조할 것. "Cruel $12 Billion Hoax on Bhopal Victims and BBC," in *The Times*, 4/12/2004(http://www.timesonline.co.uk/tol/news/uk/article398896.ece).

로 보이는 구글의 선의에 대한 비판이라는 맥락 속에 있다. 〈구글의 자기준거주의를 해킹하라Hack the Google self.referentialism〉[43]—이 프로젝트의 전제를 설명하는 이론적 글—에서 저자들은 구글이 사용자를 자기 안에 가둬 두는 독재자라고, 그것도 마이크로소프트식의 권위주의적이거나 독점적인 체제가 아니라 네트워크 경제의 핵심 영역에서 새로운 유형의 독점적인 지배력을 행사하고 있다고 비난한다. 특히 구글의 데이터베이스는 값을 매길 수 없을 정도로 가치 있는 진정한 자산으로 보이는데, 이것은 완전히 사유화되어 있다. 구글의 데이터베이스는 막대하며 "지역 검색, 일반 검색 그리고 상품 검색을 가로질러 각국에 맞춰 현지화될 수 있고 통계적으로 분석될 수 있는"[44] 일련의 선호되는 뉴스, 이미지, 가격 비교와 이메일과 같은 서비스를 담고 있다. 이 모든 데이터 및 사용자 검색 사항이 저장된다는 것에 대해 "사용자들은 단순히 무심코 지나치는데 이들이 거의 완벽한 가상기계에 의해 최면에 걸리게 되기 때문이다."[45] 웹 2.0은 또한 구글이 블로거들의 네트워크에 개입할 수 있도록 해 주었는데, 이 블로거들은 애드센스와 같은 프로그램을 통해서 그들이 구글에 의해 창출된 이윤을 나눠 가질 수 있다고 느낀다. "그들은 사람들이 광고를 클릭할 때마다 적은 돈을 받는 대가로 이 조그만 문자 광고의 노출을 허락한다. 이 과정은 악용을 막고 보호되기 위해 감시된다. 이것의 최종(현실적) 시나리오는 구글이 거대한 중개인이 되는 것이다. 구글은 광고 대상인 전 세계 웹 공간을 제공하면서 광고주들로부터 돈을 빨아들인다. 그리고 광고 게시자에게 그들의 협력의 대가로 푼돈을 준다. 구글은 웹사이트들로부터 정보(그리고 뉴스, 이미지, 가격)를 빨아들이고 그

43 다음을 참조할 것. Ubermorgen.com, Ludovico and Cirio, "Hack the Google self.referentialism"(http://gwei.org/pages/texts/theory.html).

44 Ibid.

45 Ibid.

것들을 사용자의 검색에 따라 풀어놓는다. 중개자로서 그 정보는 점점 더 이 시스템의 없어서는 안 될 중심점이 된다. 그러나 여기서 시스템이란 자연과 같은 시스템이 아니다. 우리는 돈벌이와 지배에 대해 말하고 있는 것이다."[46] GWEI 주창자들은 글을 마치면서 다음과 같은 일종의 구멍, 대커와 갤러웨이라면 틈새 혹은 취약점이라고 불렀을 것을 강조하는데, 이것을 통해서 구글 및 그와 유사한 기업들의 선의를 가장한 독재의 기반을 무너뜨릴 수 있다. "그러나 이러한 거인의 가장 큰 적은 또 다른 거인이 아니다. 그것은 기생물이다. 만약 충분히 많은 수의 기생물이 저마다 적은 돈을 빨아들인다면 그것들은 이 산처럼 쌓인 인공 데이터와 그것이 가진 디지털 전체주의라는 위험을 비워 낼 것이다."[47]

'예스맨'과 GWEI 프로젝트 기획자들이 발견하고 또 활용한 이러한 작은 틈새들이 금융자본 및 그것의 왜곡된 메커니즘의 배를 가라앉힐 수 있을까? 이는 이들의 윤리-예술적 실험을 판단하기에 적절한 수준의 질문이 아니다. 나에게는 이 실험들이 대커와 갤러웨이가 말한 바 있는 것처럼 본질적으로 발견법적인 가치를 갖고 있는 것으로 보인다.[48] 취약점을 발견하는 것은 가능한 가장 방대한 일련의 연속적 문제들을 다루는 실험, 즉 착취 수준을 심화시키고 삶을 죽음으로 몰아넣고, 사회적 관계를 야만적이게 만들며, 주체성들을 궁핍하게 만든 경제적 통치성의 결과로 손상되어 버린 신자유주의 사회의 전 영역을 가로지를 수 있는 실험을 개시할 필요성을 함축한다. 검은 구멍[블랙홀] 반대편에 어쩌면 금융시장의 개혁 혹은 변혁의 지평이 아니라 금융자본주의 및 그것의 사회 지배를 극복할 지평이 있을지도 모른다.

46 Ibid.

47 Ibid.

48 이러한 취약점 공격의 사례로 그들이 들고 있는 생물적 바이러스 및 컴퓨터 바이러스들의 사례에 관해서는 다음을 참조할 것. Galloway and Thacker, *The Exploit*, op. cit., pp. 81-97.

7 인지자본주의와 경제체계의 금융화[1]

베르나르 풀레

서론

현대 자본주의의 성격이라는 문제를 올바로 다루기에 적절한 유일한 규준은 축적의 문제일 것이다. 중요한 것은 현대 자본주의의 효과가 아니라 그것의 성격 자체임을 받아들인다면 말이다. 축적 유형(혹은 축적체계)은 사회가 생산조건에 영향을 미치는 방식을 특징적으로 보여준다. 즉 축적체계는 생산활동 조건의 변화가 그리는 곡선의 성격과 중요성을 구체적으로 드러내준다. 그리고 그것은 한 사회가 지닌, 역사적으로 결정된 변동에 개입하고 조직할 수 있는 잠재력의 특징을 보여줌으로써 그 사회가 자신의 행위 능력을 결정하는 층위와 수준을 명확하게 드러낸다. 축적체계는 또한 그것이 취하는 형태를 통해 사회가 미래로 투사되는 방식과 진보를 인식하는 방식에 관한 지배적 생각을 암묵적으로 드러낸다.

우리가 보기에 현대 자본주의적 축적체계의 본질적 특징은 인지

1 이 글은 *Les nouveaux Horizons du capitalisme*(edited by Gabriel Colletis and Bernard Paulré, Economica, Paris 2008)에 실린 〈인지자본주의와 경제의 금융화Capitalsme cognitif et finanziarisation de économies〉를 (저자의 허락을 얻어) 요약한 것이다. 발췌 번역을 허락해 준 에코노미카 출판사에 감사를 표한다. 프랑스어에서 이탈리아어로의 번역은 스테파노 루카렐리가 맡았으며 이탈리아어에서 영어로의 번역은 제이슨 프랜시스 맥김시Jason Francis McGimsey가 했다.

적 축적으로, 거칠게 말해 여기에는 지식·정보·소통·창조성 등 한마디로 모든 지적활동[2]이 포함된다고 할 수 있다. 인지자본주의를 우리가 방금 지나온 역사적 시기, 즉 산업자본주의와 구별해내는 것이 이 축적체계의 핵심적 역할이다. 이전 맥락에서 축적은 주로 물적 자본과 노동의 조직화를 중심으로 이루어졌다. 탈산업자본주의(혹은 인지자본주의)에서는 물적 투자와 노동의 조직화는 여전히 존재하기는 하지만 더 이상 핵심적이지 않으며 축적과 진보의 유일한 본질적 기초를 구성하지 않는다.[3]

현 자본주의의 성격이라는 문제에 관해 이와 다른 생각을 가진 많은 학자들이 존재한다는 점을 고려해 보면, 오늘날의 본질적 축적 유형을 인지적 축적이 아니라 금융적 축적으로 간주할 수 있는가라는 질문이 제기될 수 있을 것이다. 이 두 축적 유형은 병존하는가 혹은 상호 보충적인가? 이 글에서 나는 이러한 문제를 해명하고자 한다.

우리는 몇몇 금융 현상들을 살펴볼 것인데 이를 통계학적이며 장기적인 접근법에 따라 다룰 것이다. 여기에서 출발해 금융자본주의의 도래라는 명제를 정당화해 줄 수 있는 중대한 변화를 식별해내는 데 필요한 핵심적인 특징적 변화들에 대해 논의할 것이다. 본질적 축적 유형이 상업적 요인이 아니라 점점 더 비물질적인 것에 의존하게 되는 경제 속에서 금융의 구체적 역할이라는 문제를 다루는 것은 수많은 새롭고 독창적인 문제를 제기한다. 이는 마지막 절에서 다루겠다.

2 [이탈리아어 옮긴이] 우리는—해당 프랑스어 표현이 갖는 의미를 온전히 다 담아 내지는 못한다는 것을 알고 있지만—프랑스어본의 'activités de l'esprit'['정신의 활동'_한국어판 옮긴이]를 'attività intellettuali'['지적 활동'_한국어판 옮긴이]로 옮겼다.

3 최근 20년간 비물질적 투자 및 지식 경영이 확대되고 있음을 분명히 보여주는 다수의 경험적 연구가 있다. 이러한 현상의 양적 중요성 이상으로 우리의 관심을 끄는 것은 그것의 질적 중요성이다. 다음을 참조할 것. Bernard Paulré, "Le capitalism cognitif. Une approche schumpéterienne des économies contemporaines," in *Les nouveaux Horizons du capitalisme*, op. cit.

우리의 핵심 주장은 금융을 실물 투자와 갈등하며 축적이 실현되는 장소로 이해해서는 안 된다는 것이다. 오늘날 금융은 새로운 형태의 '실물' 축적으로 특징지어지는 새로운 단계의 자본주의의 출현에 기초하여 설명될 수 있다. 이러한 관점에서 보면 오늘날 금융의 헤게모니는 생산방식의 비물질적 변형에서 생겨났다고 할 수 있다. 즉, 인지자본주의의 주요 생산 원천인 지식(비물질적인 것)과 관련된 난점과 불안정성을 비롯한 여러 불확실성으로부터 오는 부담에서 유동적 채권을 소유하고 신속한 거래를 실현하여 리스크를 줄이고자 하는 욕망이 생겨났고, 바로 이로 인해 금융이 중요성을 얻게 된 것이다. 물론 이것이 현재의 금융 영역의 발전을 설명해 주는 유일한 원인은 아닐 것이다. 왜냐하면 언제나 그렇듯 금융의 주요 기능은 자본의 성장을 위해 필요한 금융자산의 창조이기 때문이다. 그러나 위와 같은 설명은 왜 인지자본주의와 금융화가 함께 진행되고 있는지 이해할 수 있게 해 준다.

이런 식으로 금융은 생산활동 조건의 변화가 그리는 곡선을 강력하게 증폭시키고 구조화하는 데 기여한다. 그리고 그것은 그러한 방식으로 축적의 성격의 변화를 가져온다. 즉, 그것은 인지자본주의의 출현을 가능하게 하는 변형들에 기여한다.

1. 경제 금융화론 및 금융자본주의 도래론을 정당화하는 주장들

우리는 금융자본주의의 출현이라는 명제를 뒷받침하고자 하는 주요 논점들, 더욱 정확히 말하자면 금융화라는 새로운 현상이 존재함을 입증하고자 하는 논점들의 타당성을 평가해 보고자 한다. 몇몇 학자들에 따르면 오늘날과 같은 수준의 경제 금융화는 완전히 새롭고 충분히 특수한 현상으로서 자본주의가 새로운 시대에 진입했다는 생각을 입증해 줄 만한 것이다. 우리의 목표는 이러한 주장이 적절한지 검토하는 것이다.

일반적으로 보면 새로운 자본주의 시대라는 가설을 지지해 주는 몇몇 조건들을 확인할 수 있다. 무엇보다 새로운 자본주의라고 가정되는 오늘날의 경제적 배치 형태는 그 자체로 특정한 구조적 안정성을 보여준다. 다시 말해 구조적 조건들과 공적·사적 행위자의 행동은 변동과 발전이 체계를 불안정하게 하거나 대위기를 불러일으키지 않으면서 진행될 수 있도록 보증한다.[4] 그리고 이런 식으로 체제의 작동 여부 자체는 논의 거리에서 제외된다.[5]

또 다른 조건은 새로운 시기가 이전 시기와 실질적으로 구별되며 결정적인 파열을 설정하지 않고서도 관찰을 통해 변화의 문턱들 혹은 두드러진 단계들을 식별해낼 수 있다는 것이다. 이는 질적인 변화란 점진적인 변화의 결과라는 사실과 크게 다르지 않다. 때때로 우리는 동적 모델에서 어떻게 연속성이 새로운 것의 출현을 가능하게 하는지 보여주는 '변곡점',[6] 극대점 및 회귀 경향을 볼 수 있다. 그러나 연구되는 체계에 대한 재현 혹은 해석을 수정하는 작업을 규정하고 정당화하려면 변화는 (빠르든 느리든) 반드시 충분히 인식 가능할 정

4 [이탈리아어 옮긴이] '대위기'는 소위 프랑스 조절학파의 대표적인 개념이다. 영어권 독자라면 다음을 참조할 수 있다. Bob Jessop, *The Regulation Approach, Governance and Post-fordism, Economy and Society*. Blackwell Publishing, 1995. 또한 B. Milani, *Designing the Green Economy: The Postindustrial Alternative to Corporate Globalization*. Rowman and Littlefield, 2000.

5 이 단락의 이야기는 프랑스 조절학파의 접근법으로 생각될 수도 있다. 그러나 우리에게 오히려 이것은 반드시 조절주의적 방법론이라고만은 할 수 없을, 근본적인 방법론적 원리에 따른 것으로 보인다.

6 [이탈리아어 옮긴이] 변곡점은—주어진 경향과 관련하여—곡률상의 혹은 볼록/오목상의 변화가 분명히 나타나는 점이다.

도여야 한다.[7]

우리는 금융화를 연구하는 학자들이 집중하고 있는 경제체제의 다음과 같은 측면을 살펴볼 것이다. 1) 무엇보다도 우선 협치의 문제, 2) 다음으로 금융 자산 및 부채의 거래가 하는 역할, 3) 실물 축적(투자)에 비한 금융적 축적의 상대적 중요성.

이것들을 다루면서 우리는 완결된 분석을 내놓고자 하지는 않을 것이다. 우리는 발전된 경제에서 진행 중인 금융화 과정의 몇몇 측면을 논의하고 묘사하는 데 그칠 것이다. 우리의 주된 목표는 어떤 테제를 도입하고 설명하는 것이지 이 테제를 즉시 완결된 형태로 방어하는 것이 아니다.

2. 협치는 금융화의 발현이자 핵심 관건인가?

파열이라는 생각을 정당화할 수 있는 모든 금융 현상들 가운데서도 산업 부문과 관련된 몇몇 커다란 변화를 직접 설명해 줄 수 있다고 간주되는 것, 즉 현대의 협치와 그것이 퇴직연금의 증가에 미친 영향을 분석해 볼 가치가 있겠다. 기업들의 금융화 그리고/혹은 그들의 전략이 종종 이러한 관점에서 이야기된다. 이와 관련하여 주주가 가장 높은 가치를 얻기 위해 행사한—때로는 각종 제도와 전문 경영자에 의해 때로는 그들 자신에 의해 행사된—압력의 결과로 등장한 경영 규범 및 핵심 전략이 어떻게 변화했는지를 밝히고 검토하는 것이 중요하다. 따라서 협치와 그것의 파생물들에 대한 고찰은 유용할 뿐 아

7 여기서 우리가 염두에 두고 있는 것은 무엇보다 헤겔 변증법의 문제이다. 수학의 몇몇 전형적인 주제들, 예컨대 파국 이론, 스티븐 제이 굴드의 '단속평형' 이론 또는 일리야 프리고진의 분석들 또한 이 점과 동일하게 관련되어 있다.

니라 필수적이다. 이에 대해서 몇 가지 지적해 두기로 하자.

먼저 우리는 평가규범, 경영방식 그리고 기업의 전략적 논리의 변형이 거부할 수 없는 것임을 지적할 수 있다. 여기서 자세히 이야기하지는 않겠지만 이러한 변화들이 본질적으로 금융 논리가 운영과 투자 내부에 매우 깊숙이 침투되도록 한, 소위 기업 전략의 금융화라고 불리는 것을 향해 진행되었음은 분명하다.[8] 다른 한편 임금관계의 금융화 또한 이와 나란하게 진행되었다.

그러나 경영전략과 경영활동의 이러한 변화가 확산되는 통로 및 그것의 동인과 관련된 문제가 제기될 수 있다. 이에 관해 많은 분석가들은 (퇴직연금 등을 통한) 기관 주주institutional shareholder의 경영 개입과 그에 따른 '적극적 행동주의'가 미친 직접적 영향을 지적한다. 그렇지만 이러한 접근법은 그다지 설득력 있어 보이지 않는다. 왜냐하면 그렇게나 많은 수의 연구들, 특히 미국의 사례에서 이 점을 입증하고자 한 연구들 또한 충분히 분명한 결론을 내놓지 못하고 있기 때문이다. 분명 주주행동주의라는 것이 있고, 이에 관한 많은 사례를 들 수 있다. 그렇지만 그것의 범위와 적절성은 어떠한가? 그것은 말하기 어려울 것이다. 여하튼 만약 이 주주행동주의가 실현되고 현 자본주의의 특징으로서 인식된다고 해도 그것이 가져올 수 있는 결과가 무엇일지 예측하는 것은 어려울 것이다. 정말로, 어느 마르크스주의 이론가가 주장했듯이 자본주의 체제에서 주주 지배는 새로운 현상일까 아니면 무질서일까? 확실히 우리는 포드주의의 기초는 지금과 많이 달랐고, 아글리에타의 표현을 빌자면 오늘날과 같은 육식적 자본주의는

8 다음을 참조할 것. Gilbert Colletis, "Évolution du rapport salarial, financiarisation et mondialisation," *Cahiers du GRES*, n. 15, 2004. 또한 Gilbert Colletis and others, "La financiarisation des stratégies: transferts de risque, liquidité, propriété et contrôle," *Cahiers du GRES*, Paris 2007-2009. 또한 Laurent Batsch, *Le capitalisme financier*, La Découverte, Paris 2002. 마지막으로 Roland Pérez, *La gouvernance de l''entreprise*, La Découverte, Paris 2003.

매우 드물었다고 주장할 수 있다.[9] 적어도 이러한 상황은 다음의 구체적인 두 가지 사정으로 인해, 즉 한편으로 역동적이고 견고한 국내 자본이 유지되고, 다른 한편으로 리스크 자본risk-capital의 성장을 가져온 비상장자본 즉 비공개 사모private equity 자본의 상당한 발전이 있었다는 점에서 결코 일반적인 상황이라 할 수 없다.[10]

이러한 기업 금융화의 변화 속에서 우리는 또한 새로운 순응주의conformism가 나타나고 기업 경영자들이 내면화한 새로운 규범들이 확산하는 것을 볼 수 있었다. 이는 꼭 직접적인 형태의 주주 권력이나 기업 통제를 통해서만 설명될 수 있는 것은 아니다. 경제의 과도한 자유주의화라는 맥락에서 금융시장의 팽창이 특히 주주들이 시장에서 보이는 행위와 같은 새로운 행위의 출현을 가능하게 하는 조건을 창출했다는 점 또한 고려되어야 한다.

자본시장의 불완전한 성격과 그것의 상대적인 비효율성은 금융부문이 (단지 산업 부문뿐 아니라) 경제활동 전반에 영향력을 행사하게 되는 데 한몫을 담당한다. 이것은 오늘날의 맥락에서 정상적인 것으로 간주되는 활동 및 규범이 확산하는 현상으로 변형되는데, 특히 이 활동과 규범은 그것들이 기업들을 돕거나 나아가 강화할 수 있을 때 더욱 확산된다. 모든 종류의 금융 파생물은 시장의 불완전성, 불충분한 통제, 균형의 부재 그리고 금융 엘리트들에게 이익을 가져다주는 시장 주도력의 체현물이다.[11] 분명 협치는 그것이 자본주의의 핵심에 놓여 있다는 점에서 우리가 관심을 가질 만한 주제이다. 그것은 권력, 이윤의 분배 그리고 기업 경영(또한 그것이 고용, 수익성, 혁신, 활동계획 등등에 미치는 영향)과 관련된 문제를 제기한다. 이러한 제도적 관점은

9 Michel Aglietta, *Le capitalisme de demain*, Fondation Saint-Simon, Paris 1998.

10 Paulré, Bernard, "Le capital-risque aux États-Unis," *Rapport pour l'"Institut CDC*, 2001.

11 지금 차원의 논의는 우리가 단순히 협치에 국한되지 않고 더 광범위한 관점에서 받아들이는 포스트케인스주의 및 몇몇 마르크스주의적 분석의 전형적 우려와 궤를 같이한다.

중요한 개혁안을 만들어 낼 수도 있다. 그러나 이사회와 총회의 기능에 의지하는 방식의 제도적 개혁이 현대사회에 대한 금융의 영향력을 약화시키기에 충분할 수 있을지는 의문의 여지가 있을 수 있다.

기업 영역에서의 협치에 중점을 두는 논의들을 신중하게 다루어야 할 또 다른 이유는 이 논의들에서 협치가 종종 금융자본주의의 유일한 특징적 현상으로 간주되며, 금융화와 관련된 모든 질문이 협치의 성격에 대한 질문으로 환원되는 것처럼 보인다는 점이다. 그러나 오늘날 금융체계는 주식시장 없이 돌아갈 수 없으며 결코 협치를 중심으로 하지 않는다.

협치를 가장 우선적인 주제로 다루는 것에는 일정한 이점이 있다. 그것은 금융의 성격과 자본주의의 관리라는 문제를 분명히 드러내고 기업 조직화 및 생산체계의 통제를 임금관계 문제와 연결하여 다루는 것을 가능하게 해 준다. 그러나 이러한 접근법에는 생산체계에 집중하는 관점과 더 가까우며 결국 포드주의에 대한 전통적인 설명으로부터 그리 멀리 떨어져 있지 않은 방식으로 포스트포드주의를 다루는 측면이 존재한다.

요컨대 협치를 숙고하는 것은 적절해 보이기는 하지만 충분치는 않다. 금융의 자유화는 비록 최근에 시작된 것은 아니지만 현 자본주의의 본질적 과정이다.

3. 금융화가 발현되는 몇몇 양적 현상들

금융화의 의미에 관해 일반적으로 합의된 정의는 없다. 특히 이를 경험적 관점에서 접근할 때, 양적 현상들은 여러 상이한 관점들을 정당화해 주기에 충분할 정도로 다양하다. 이는 몇몇 학자들이 금융화에 대해 너무 넓어 보이는 정의를 내놓기 때문이다. 이와 관련된 분명한 사례는 제럴드 엡스타인의 정의이다. 그는 금융화를 "일국의 경제 및 국제경제에서 금융적 동기, 금융시장, 금융 종사자 및 금융기관의 역할이 점차 증대되는 것"으로 정의한다.[12]

또 다른 학자들은 막대한 범위의 금융 조작에 관심을 집중시키기 위해 통화 조작과 같은 시장 조작[13] 규모의 추산에 매달리고 있다. 반면 우리는 우리의 가설이 정당함을 보여줄 수 있을, 특정 분야에서의 금융거래 속도에 초점을 맞추는 접근법을 선호한다. 비록 많은 곳에서 시장 조작이 점점 더 많이—예를 들어 평균 주식 보유 기간의 변화가 보여주듯이—점점 더 빠른 속도로 일어나고 있지만, 이러한 다양하고 투기적인 조작에 종속되어 있지 않은 상당한 규모의 주식자본과 연간 거래 흐름을 살펴보는 것이 더욱 타당할 것으로 보인다.

a) 미국의 장기적 부채 변동 추세

금융이 갖고 있는 무게와 중요성을 평가하기 위한 가장 단순한 방법은 GDP 대비 금융자산의 변화를 연구하는 것이다. 미국을 예로 들면(도표 1 참고), 1956년에서 2006년 사이 GDP 대비 부채 비율의 커다란 증가를 목격할 수 있는데, 1973년부터 2000년까지 일정했던 증가세가 20세기 말에 들어 천천히 가속화되었다. 1959년에서 1968년 사이 이 비율은 언제나 1.5에 가까운 수준을 유지하고 있었다. 그 이후 몇몇 아주 드물게 하락한 해를 제외하고는 그 비율은 계속해서 상승했다. 이 일련의 기간 동안 새로운 시기를 본격적으로 거론할 만한 어떠한 역사적 시점도 목격되지 않는다. 가장 최근의 기간

12 Gerald A. Epstein (ed.), *Financialization and the World Economy*, Edward Elgar, 2005.
13 [이탈리아어 옮긴이] 시장에서의 투기적 조작을 표현하기 위해 저자가 사용한 프랑스어 용어는 'rotations(회전)'이다.

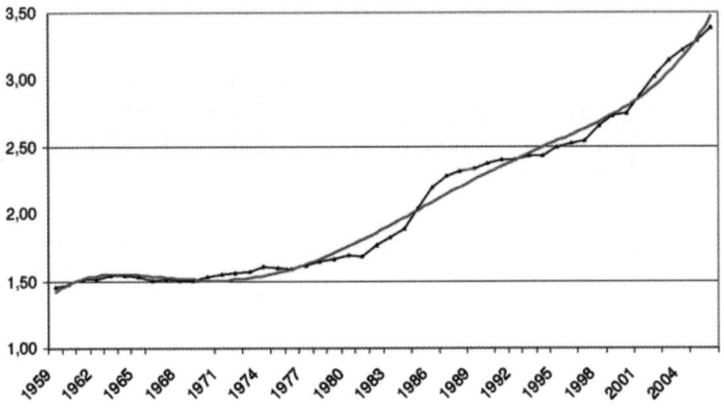

도표 1. 1959~2007년 미국의 GDP 대비 총부채 비율.
출처: 2007년 12월 6일 발표, 미국의 자금순환, 표 L4(신용 시장 대출, 전 부문, 연간총액, 사사분기액 기준. 5차 다항곡선)

이 이 비율의 가속화된 증가세를 보여주고 있기는 하지만 가장 높은 증가율을 보인 것은 1982~1987년 사이다(1983년에서 1985년 사이 3.1%에서 8.2%로 증가율을 보인다). 이와 유사한 추세가 1998년(4.4% 증가)과 2001~2003년에도 발견되지만 1960년과 2006년 사이의 기간을 통틀어 가장 높은 세 번의 증가율은 모두 1980년대에 나타났다.

이와 마찬가지로 다양한 비금융 영역 경제주체들의 부채 규모와 관련해서도 상당한 변화를 목격할 수 있다(다음 쪽 도표 2 참고). 첫 번째 변화는 첫해(1952년)와 1973~1980년의 정체기 사이 기간에 발생한다. 가계와 관련된 부채는 비금융 영역 경제주체들의 총부채액의 33%를 차지한 반면 기업의 부채는 39%를 차지했다. 1980년대 말부터 이 비율은 상당히 변화하기 시작했다. 현재 전체에서 가계와 관련된 부채가 차지하는 비율은 44%를 차지하며 기업과 관련된 부채의 비율은 32% 정도이다. 가계부채는 두 배 이상으로 증가했지만 이러한

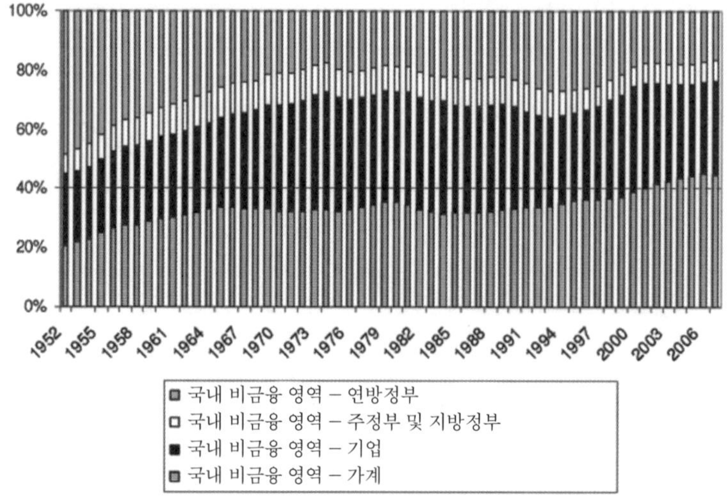

도표 2. 1952~2007년 미국의 비금융 영역 경제주체별 부채 상황.
출처: 2007년 12월 6일 발표, 미국의 자금순환, 표 D3(부문별 미불 채무, 연간총액, 사 사분기액 기준)

변화는 50년 동안 점진적으로 일어났다. 여기에 어떠한 강렬한 혹은 급작스러운 변화도 없었다. 반면에 연방정부의 국내 부채가 차지하는 비율은 눈에 띄게 감소했다. 그것은 1952년 40%에서 2007년 20% 이하로 줄어들었다.

전체 부채 규모에서 비금융 영역 경제주체들의 부채가 차지하는 비율 역시 감소하고 있다(도표 3 참고). 그것은 94.6%에서 해당 기간 말에는 63.9%로 떨어졌다. 이는 금융 영역의 부채 비율이 1952년 2.3%에서 2006년 32.2%로 증가하는 데 일조했다. 이러한 추세는 1952년 이래 상대적으로 지속적인 모습을 보이며 2000년이 지나서야 누그러졌다.

b) 기업의 순 금융투자의 변화

이러한 추세를 연구할 때 반드시 고려해야 할 변수 가운데 하나가

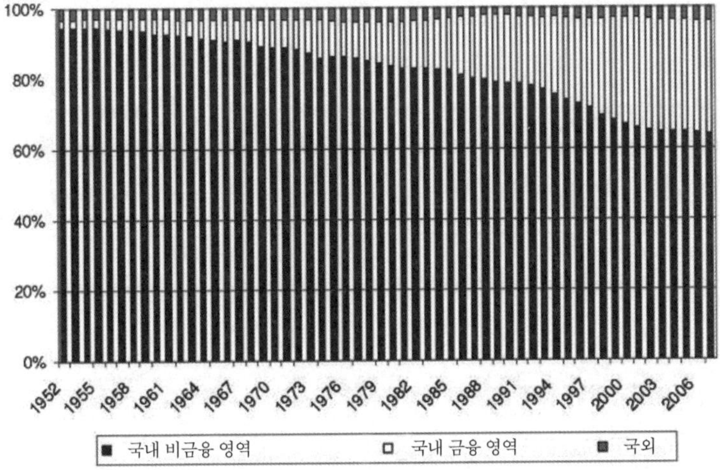

도표 3. 1952~2007년 미국의 세 주요 영역(국내 비금융 영역/국내 금융 영역/국외)의 부채 상황.
출처: 2007년 12월 6일 발표, 미국의 자금순환, 표 D3(부문별 미불 채무, 연간총액, 사 사분기액 기준)

기업의 순 금융 투자액인데 이것은 순 금융자산 매입액에서 순 부채 증가액을 뺀 양으로 정의된다. 우리는 비농업 및 비금융 기업 부문을 대상으로 순 금융 투자액을 분자로 하고 순 금융자산 매입액을 분모로 하는 비율을 계산했다(다음 쪽 도표 4 참고). 이 비율이 높을수록 기업이 금융채권을 매입할 때 채무를 질 필요가 적게 되며 동시에 기업이 자력으로 채권을 매입할 수 있는 자체 자금조달력—이는 내부에서 조달된 자금의 또 다른 특징적인 사용처인 물적자산 투자와 경쟁관계에 있다—이 커진다. 이 비율이 음의 값을 가진다면 그것은 순 부채 증가액이 순 채권 매입액보다 더 높다는 것을 의미한다. 추가적인 부채의 일부는 현금 자금 흐름으로는 온전히 다 반영되지 않는 물적자산 투자 때문이다. 1보다 낮은 양의 비율은 부채의 증가가 양의 값이라고 해도 순 금융자산 증가액보다 적다는 것을 의미한다. 이는 현금 자금의 일부가 순 채권 매입에 사용되었음을 말해 준다.

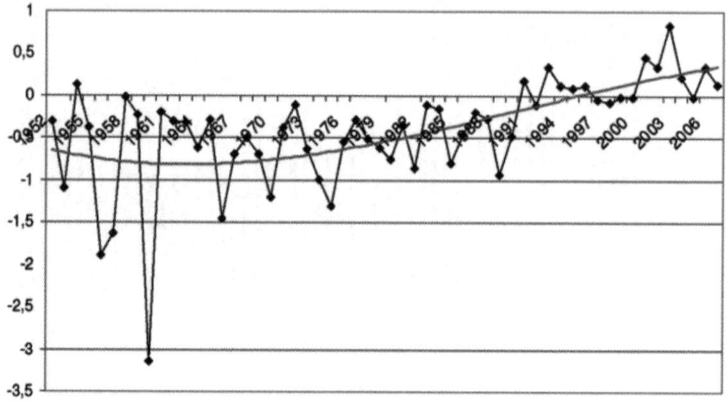

도표 4. 순 금융투자 / 순 금융자산 매입 총액.
출처: 2007년 12월 6일 발표, 미국의 자금순환, 표 F102(비농업 및 비금융 기업 부문, 연간총액, 사사분기액 기준)

오랜 기간 이 비율은 증가했다. 이 다항곡선을 통해서 그 규모를 판단해 보면 이러한 증가 추세는 1970년대 초 이래로 출현했다. 이 비율은 1993년 전까지는 거의 언제나 음의 값이었다가 1993년과 1996년 사이 그리고 2001년과 2007년 사이(약간의 음의 값으로 변했던 2005년 제외)에 양의 값을 가지게 된다. 이러한 경향이 과거의 일인 반면 최근에는 확실히 이 비율이 양의 값으로 이동하여 2001년 이후 몇 년 동안 그대로 유지되고 있다. 그러나 우리는 이러한 최근 변화를 해석할 때 신중함을 기해야 한다. 이것이 금융투자의 발전, 더욱 정확히는 주식 인수나 기업의 인수합병M&A의 확대를 의미하는가?

c) 자력 자본조달self-financing

위의 비율과 연동된 것으로 물적 자본의 자력 조달 비율은 오랜 기간 동안 평균 0.97% 주위를 맴돌았다(도표 5 참고). 1979년 이후 이 비율이 예의 평균치(0.97%) 아래에 있는 경우보다는 위에 있는 경우가 더 많았다. 가장 극단적인 값은 1980년대 초반에 나타난다. 최근 들어 가장 극단적인 값은 2000년의 비율이다(0.77%). 2000~2007년 사이의 평균값은 1952년에서 2007년 사이의 매 10년 단위의 평균값 가운데 가장 높다.

단위 기간(연도)	평균값
1952~1960	1.02
1961~1970	0.99
1971~1980	0.87
1981~1990	0.98
1991~2000	0.96
2001~2007	1.03

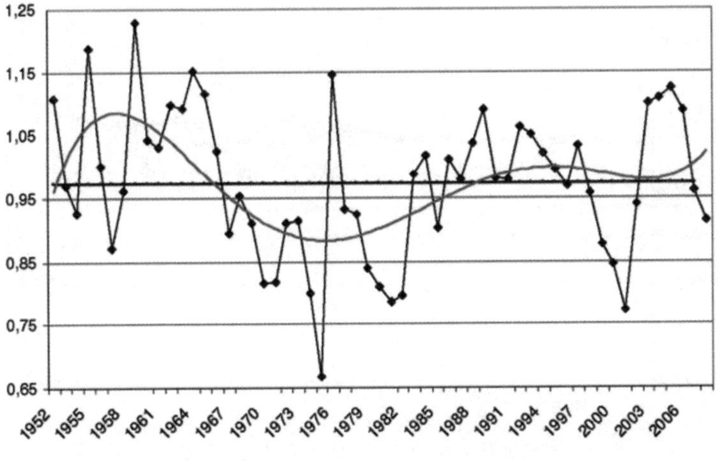

도표 5. 물적 투자의 자력 자본조달 비율.
출처: 2007년 12월 6일 발표, 미국의 자금순환, 표 F102(비농업 및 비금융 기업 부문, 연간총액, 사사분기액 기준). 비율=총 자기 자본(미국 및 해외 포함)+IVA / 자본지출 (IVA=재고 평가 조정).

d) 기업 주식 순 발행액

기업 금융과 직접 연관된 또 다른 현상은 비농업 및 비금융 기업의 주식 순 발행액이 1994년에서 2007년 사이에 꾸준히 음의 값이 되었다는 것이다(도표 6 참고). 이러한 현상이 이미 1963년에서 1968년 사이에 관찰되었기는 하지만 1979년 이래로 예외가 아니라 하나의 규칙이 되어 버렸음이 분명하다. 즉 1978~2007년의 30년 가운데 24년이 '적자 상태'였다. 이런 차원에서 역사적인 변화를 짚어낼 수 있을지도 모르겠다. 그렇지만 이러한 현상은 최근의 일이라고 할 수 있는 것이 아니며 이미 1984년에 상당히 눈에 띌 만한 수준(1997년과 같은 수준)이 되었다. 그러다가 1998년 그리고 무엇보다 2005년과 2007년 사이에 확대된 것이다.

이러한 변화는 의심의 여지없이 주식 상환, 즉 현금화 전략을 실행

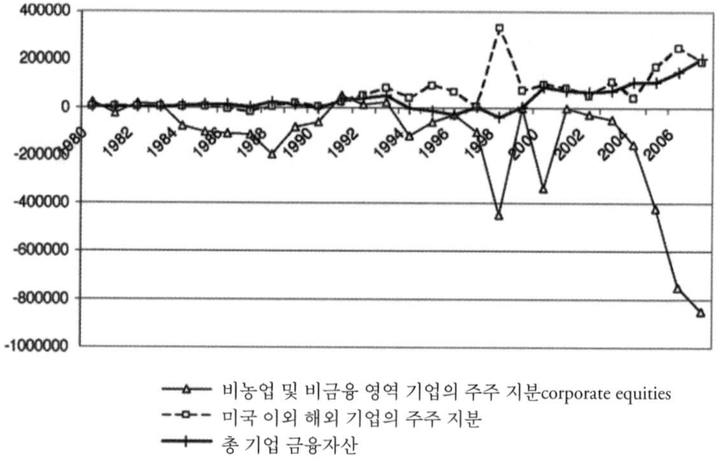

도표 6. 1980~2007년 미국에서 주식의 순 발행액.
출처: 2007년 12월 6일 발표, 미국의 자금순환, 표 F213(기업의 주주지분, 연간총액, 사사분기액 기준).

하고 주주의 이익에 몰두하는 경영 방식을 반영한다. 그렇지만 금융시장이 주식시장에만 국한되는 것은 아니다. 기업 금융의 전 지구적인 흐름(주식발행+채권발행+다양한 신용수단)이 1991년과 2002년 그리고 2005년에서 2007년 사이 두 해 동안 음의 값을 보이는 것을 보건대(다음 쪽 도표 7, 8 참고), 시야를 확대하여 전반적인 채무 감축 현상이 있음을 관찰할 필요가 있다. 그것은 본질적으로는 2000년의 경제위기 이후 두드러진 현상이다. 여기서 우리는 거대한 규모로 진행되는 기업의 부채 조정을 볼 수 있다.

e) 기업의 금융적 축적과 '실물' 축적

금융화에 대한 또 다른 접근법으로 '실물' 축적과 금융적 축적의 역할을 비교하는 것이 있다. 금융적 축적의 우월성을 입증하기 위해 많은 저자들이 금융적 투자와 비교할 때 생산적 투자의 취약성을 지적해 왔다. 이로써 이들은 이러한 취약성이란 자력 자본조달의 기회를 희생하여 더 많은 투자 배당금을 받아가는 주주 권력이 현실로 드러난 것이라고 설명하는 셈이다. 그렇다면 배당금의 변화를 추적하는 것 또한 문제가 된다.

우리는 1970년 중반 이후 미국에서 기업의 투자 비용의 (명목가치상) 증가를 목격할 수 있다(207쪽 도표 9 참고). 2000년과 2003년 사이에 이 수치는 순 감소를 보여주지만 그 직후 꾸준한 회복세를 보였다. 거시경제학적 수준에서 투자의 변화는 이윤의 변화에 의해 지탱되는 것처럼 보이지 않는다. 가장 최근의 기간(2005~2007년)을 살펴보면, 이윤은 회복되었으며 물적 투자 수준에 다시 접근했다. 이러한 재조정, 즉 이윤이 2003년 이후로 회복되었고 2006년에 7년간의 이동 평균값에 접근했다는 사실은 상대적으로 낮은 투자액의 결과로 해석될 수 있다.

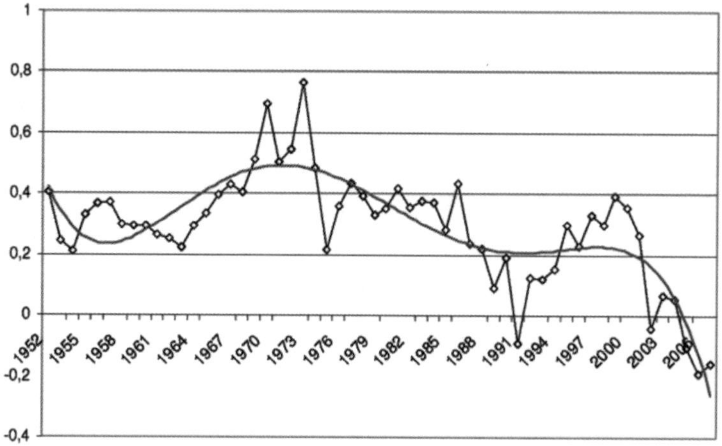

도표 7. 1952~2007년 미국의 비농업 및 비금융 기업의 순 금융 변화. 현금 흐름에 대한 비율.
출처: 2007년 12월 6일 발표, 미국의 자금순환, 표 F213(기업의 주주 지분, 연간총액, 사사분기액 기준. 5차 다항곡선).

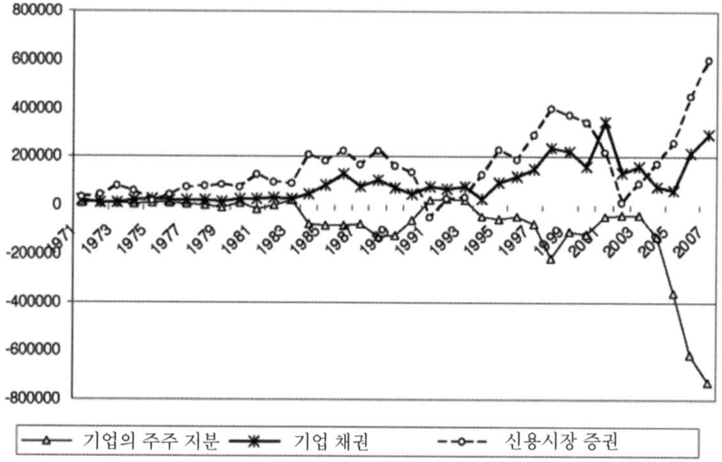

도표 8. 1971~2007년 미국 기업의 물적 재화를 위한 자금 조달(단위: 백만 달러).
출처: 2007년 12월 6일 발표, 미국의 자금순환, 표 F102(비농업 및 비금융 부문 기업, 사사분기액).

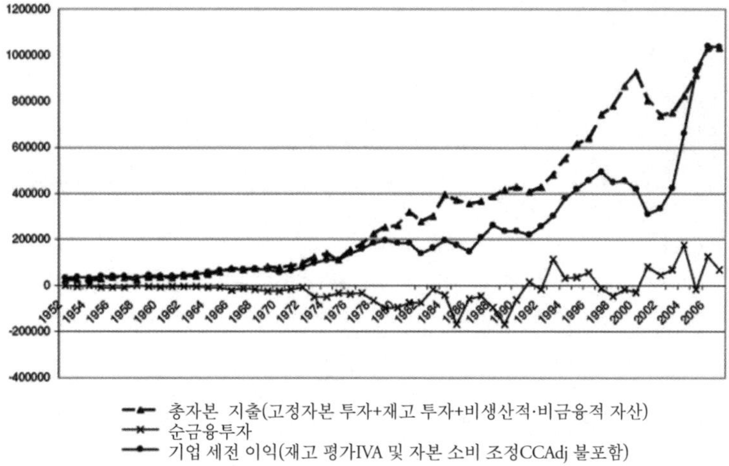

도표 9. 기업 투자, 순 금융투자 그리고 세전 이윤의 변화(단위: 백만 달러).
출처: 2007년 12월 6일 발표, 미국의 자금순환, 표 F102(비농업 및 비금융 부문 기업, 사사분기액 기준).

물적 투자와 비교해 보았을 때 금융투자의 상대적 규모는 성장했다(다음 쪽 도표 10 참고). 몇몇 예외적 시기를 제외하면 '자본지출[14]/금융자산에 투자한 지출' 비율은 과거보다 높지 않다. 세계대전 이후 가장 높은 수치는 1981년에 기록되었다(12). 최근 시기에 가장 높은 수치는 1992년(4.8) 이후로 2003년(9)에 나타났다. 역사적 경향은 2003년 이후로 역행했는데 이는 금융자산의 비중이 자본지출에 비해 증가했음을 의미한다. 장기(1952~2007년) 평균은 3.02이다. 이 비율은 (하락 경향이 있었던) 1970년 전까지는 평균치보다 다소 높았으며 그 후 오늘날까지 이 평균치보다 낮은 수준에 머물러 있다.

이러한 긴 기간(1952~2007년)이 시작되던 때 비농업 및 비금융 기업

14 [옮긴이] 고정자산에 관한 지출 중 고정자산의 가치를 증가시키고 가용연수를 증가시키는 지출.

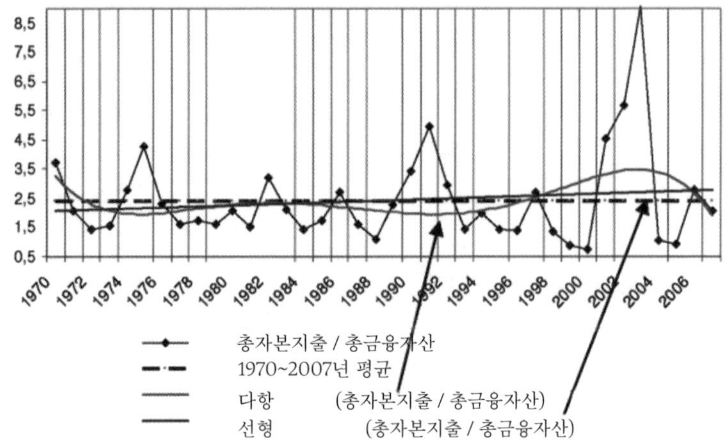

도표 10. 1970~2007년 미국의 '물적 자본에 투여된 지출 대 총금융 자산 취득' 비율. 출처: 2007년 12월 6일 발표, 미국의 자금순환, 표 F102(비농업 및 비금융 부문 기업, 연간총액, 사사분기액 기준) 비율: 총자본지출(고정자본 투자+재고 투자+비생산적·비금융적 자산)/GDP.

은 금융자산에 1달러를 투자할 때 고정자본에는 4.4달러를 투자했다. 그때 이후로 몇몇 예외적인 시기(그리고 무엇보다도 2000~2004년)를 제외하면 이 비율은 저 장기간의 평균치를 계속 밑돌게 되며 금융자산에 1달러가 투자되었다고 했을 때 고정자본에는 3달러보다 적은 돈이 투자되었다. 1970~2007년 사이의 전체 기간의 평균값은 2.43이다.

1970~2007년의 선형 그래프는 상향하는 경향을 보인다. 이는 고정자본에 투여한 지출분이 매우 장기적으로 (조금씩) 회복되는 경향이 있음을 의미한다. 우리는 1997년에서 2007년 사이 11개 년 가운데 6개 년에서 이 비율이 장기 평균(1970~2007년)인 2.4보다 낮은 것을 볼 수 있다. 그러나 1997년에서 2007년 사이의 평균값은 2.9에서 안정적으로 유지되는데 해당 11개 년 가운데 7개 년은 분명 이 수치보다 낮다. 따라서 우리는 금융자산의 상대적 증가를 목격할 수 있다. 이에 대한 정확한 해석뿐 아니라 이것이 2003년도에 나타났던 매우 최근

의 경향에서 비롯된 것인지 아닌지는 아직 결정하기 어려운 문제로 남아 있다. 어떤 급작스런 단절이나 근본적인 변화가 있었는지 제시하는 것은 어렵지만 이것에 기초하지 않고서는 어떠한 진전된 분석도 나올 수 없을 것이다.

f) 기업 투자의 변화

GDP 대비 기업의 투자지출 비율은(도표 11 참고) 6~10% 사이에서 변동을 계속한다. 장기적으로 보면 1956년에서 2006년 사이에 GDP 대비 투자 지출은 (선형적으로는) 약간 증가하는 경향을 보인다. 그러나 이 경향을 다항곡선으로 그린다면 2000년 이후로 그것은 다소 하락세를 띠고 있다(극댓값은 1980년대 중반에 나타난 9.5%이다). 또한 1970~2006년 기간 동안에는 전체적인 (선형) 경향 역시 다소 하락세

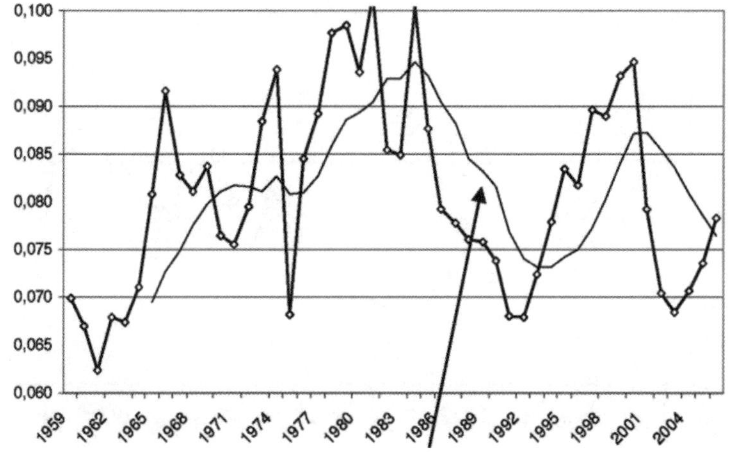

도표 11. 1959~2007년 사이 미국의 비농업 및 비금융 기업의 '투자 지출 대 GDP' 비율. 출처: 2007년 12월 6일 발표, 미국의 자금순환, 표 F102(비농업 및 비금융 부문 기업, 연간총액, 사사분기액 기준). 비율: 총자본지출(고정자본 투자+재고 투자+비생산적·비금융적 자산)/GDP.

에 있다. 최솟값은 2002년과 2003년에 나타나는데 각각 7%와 6.8%를 기록했으며 이 값들은 1975년 이전과 1991~1992년을 제외하면 한 번도 나타나지 않았다. 이에 못지않게 투자율이 중장기적 기간 동안 하락한 경향 역시 강조되어야 하는데 이러한 경향은 1980년대 동안 뚜렷이 나타나기 시작한다.

g) 배당금의 변화

배당금 문제 역시 중요하다. 그것은 기업과 주주 사이의 관계를 어느 정도 드러내준다. 우리는 비농업 및 비금융 기업의 '순 배당금 대 현금 흐름'의 비율을 계산했다(도표 12 참고). 1952~2007년 사이를 다음 세 국면으로 나눌 수 있다. 먼저 1952~1979년 사이의 기간인데

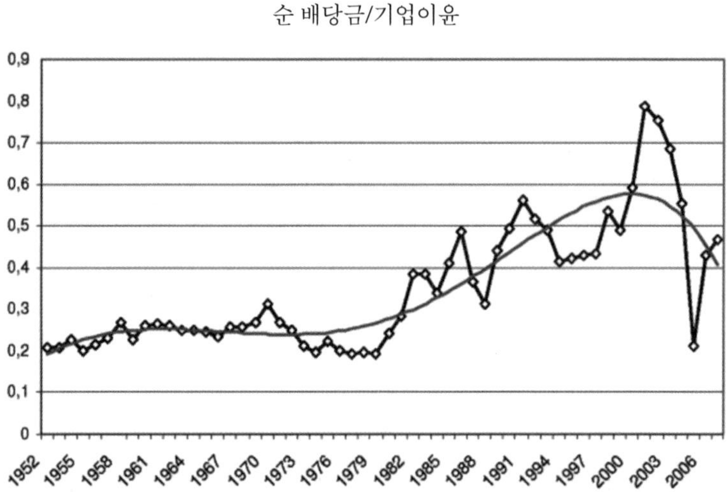

도표 12. 1959~2007년 사이 미국의 '순 배당금 대 기업이윤' 비율.
출처: 2007년 12월 6일 발표, 미국의 자금순환, 표 F102(비농업 및 비금융 부문 기업, 연간총액, 사사분기액 기준). 비율=순 배당금/세전 기업이윤. 곡선은 5차 다항곡선.

이 시기의 특징은 비율이 상대적으로 변동이 없다는 것(19%)이다. 그 후로부터 2001년까지의 기간은 이 비율이 지속적으로 성장한(78%) 기간이다. 2001년에서 2005년까지의 마지막 기간은 급격한 하락(21%)을 특징으로 하는데, 이 시기의 끝에 가서는 다시 반등세를 보인다. 이렇게 볼 때, 금융화를 알리는 신호로 간주될 수 있는 배당금 증가 경향은 포드주의의 위기와 얽혀 있는 동시에 새로운 경제의 위기에도 영향을 받은 것으로 보인다.

배당금이 지니는 상대적 중요성에 관한 정보를 충분히 이해하려면 그것을 배당을 실시하는 기업의 수에 관한 정보와 연결시켜야 한다(도표 13 참고). 우리는 1980년 이후 이 숫자가 감소하는 경향이 있음을 알 수 있다. 1980년에서 1997년 동안에 감소세는 크지 않았다가 그 후 1997년에서 2001~2002년 사이에 급격하게 감소한다. 고용 및

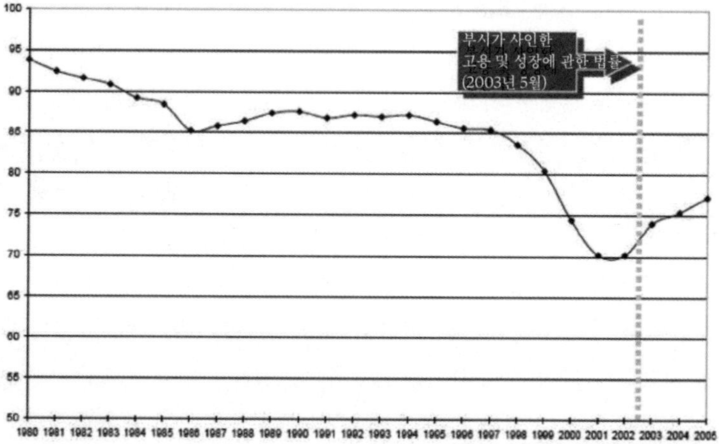

도표 13. S&P500지수 기업 가운데 배당을 실시하는 기업의 비율(퍼센트).
출처: Standard & Poor's

성장에 관한 법Jobs and Growth Act[15]이 시행되고서 이 숫자는 다시 회복세를 띠게 되는 것으로 보인다.

소결

지금까지 우리는 금융화의 경험적 확인과 관련된 몇몇 어렵고 모호한 점들을 설명하고자 하였다. 우리의 연구는 아직 일련의 체계적 해석들을 제안하고 그것들을 경험적 상황 속에서 분석하거나 타당성을 시험하는 수준의 완결된 단계에는 이르지 못했다. 지금 이 단계에서 우리가 기대하는 것은 독자들이 다음과 같은 점에 동의할 수 있으리라는 것이다. 1) 이전과 구별되는 분명한 변화를 가리키는 현상이 부재하거나 적어도 드물다는 것, 2) 이러한 현상들의 역사적 연속성을 보여줄 수 있는 장기적 관점에 관심을 가질 필요가 있다는 것.

두 번째 점과 관련된 분석적 함의는 금융화 과정이 포드주의의 위기를 포함할 수 있을 정도로 꽤 멀리 거슬러 올라가 추적될 수 있다는 사실과 관계된다. 금융자본주의의 출현이라는 명제를 주장하는 사람들은 종종 이러한 체제의 핵심 요소가 1990년대에, 특히 신경제 붐이 불었던 시기에 출현했다고 주장하는 것으로 보인다. 오늘날 이 자본주의의 출현을 명확히 보여주거나 그 출현에 있어 의미 있는 현상들 가운데 적지 않은 부분은 사실 상대적으로 장기적인 변화의 연장선에서 특히 금융시장의 자유화라는 맥락에서 발생한다. 이와 다른 중요한 변화의 경로들이 관찰될 수 있는데 이는 매우 최근의 것들

15 2003년 조지 W. 부시는 기업이윤에 대한 이중 과세를 억제하자고 제안한 한편 2008년까지 자본수익 및 배당금에 대한 과세율을 (20%에서) 15%로 낮추기로 결정했다. 저소득 계층에 대한 세율은 10%에서 5%로 낮췄다.

이다. 이 변화들은 종종 금융자본주의 혹은 금융경제가 선언된 이후에 나타났다.

인지자본주의에서 금융의 역할에 관한 네 가지 질문

a) 금융화

금융화란 무엇을 의미하는가? 우리는 양적이기보다 질적인 정의를 제시하고자 한다. 금융화가 실현되는 것은 금융의 논리가 경제의 논리에서 지배적이 될 때다. 다시 말해 (시장) 행위자들의 행동이 경제 흐름보다 자산 상태의 변화에 더 집중될 때를 말한다. 금융화는 행동들의 '자산중심화'로 옮길 수 있다. 이것은 지금까지 우리가 목격한 것들 즉 임금관계 및 기업의 금융화와 잘 부합한다.[16] 거시경제 수준에서 금융화는 자산경제의 출현이라고 옮길 수 있을, 사회 곳곳에 퍼져 있는 현상이나 다름없다. 금융화의 정의에 관한 문제를 이런 식으로 제시하는 것은 볼딩K. Boulding이 1940년대 말에 제시한, 그러니까 그다지 새롭지 않은 접근법을 다시 취하는 것이다.

b) 금융시장: 통치성의 새로운 형태

권력이 인구의 통치라는 문제를 처리하는 방식의 질적 성격을 가리키는 삶정치라는 개념으로 돌아가 보자. 이 개념은 인지자본주

16 다음을 참조할 것. Gilbert Colletis, "Évolution du rapport salarial, financiarisation et mondialisation," op. cit. 그리고 Gilbert Colletis and others, *La financiarisation des stratégies,* op. cit.

의를 주장하는 몇몇 이들에게 핵심적이다.[17]

푸코에 따르면[18] 삶정치는 자본주의 통치성의 테크놀로지를 구체화하는 원리들에 기반한다. 그것은 교육, 위생, 보건, 섹슈얼리티 등등을 관리하는 방식을 통해서 명확히 드러난다. 삶정치는 복지국가의 정치적 목표인 생명과 관련된 측면에 의지한다. 포드주의적 시기 동안 연대의 원리에 기초하여 브루노 테레가 '생명자본capital of life'[19]이라고 불렀던 것이나 포드주의와 복지국가 사이의 연합이 나타날 수 있었던 것은 삶정치의 이러한 성격 덕분이다. 반대로 개개인의 능력에 기초한 정치의 실행과 사회안전망의 민영화 경향의 결과, 포드주의 이후 시기는 복지국가의 위기로 특징지어진다. 금융화는 공공부채에 의해 가속화된다.

통치성의 관점에서 사유화(민영화)와 개인화는 다음과 같은 방식으로 설명될 수 있다. 포드주의 시기 동안 국가에 의해 강화된 삶정치는 상업적·금융적 통치성으로 대체되었고, 이제 모든 개인들은 점점 더 금융체계에 의존하게 된다. 부채를 통해, 은퇴연금 및 보험에 대한 투자를 통해 그리고 임금 저축을 금융시장으로 돌리는 것을 통해 우리는 금융화의 논리 안에 들어서게 된다. 그리고 이 논리는 각자의 삶을 짓누르는 제약들과 따르지 않을 수 없는 다양한 자산 전략들로 나타난다. 이러한 전략들이 개개인의 현재 혹은 미래의 지불 능력을 보증해 줄 수 있을지는 몰라도, 그것들은 그들의 창조적이고 생산적인 능력을 심각하게 약화시킨다. 동시에 그것들은 임금노동자의 세계를

17 다음을 참조할 것. Antonio Negri, *The Porcelain Workshop: For a New Grammar of Politics*, Semiotext(e), Los Angeles 2008.

18 Michel Foucault, *The Birth of Biopolitics. Lectures at the Collége de France 1978-1979*, Eng. trans. Palgrave Macmillan, New York 2008. [한글본] 《생명관리정치의 탄생》, 오르트망(심세광, 전혜리, 조성은) 옮김, 난장, 2012.

19 다음을 참조할 것. Bruno Théret, "État, Finance publiques et Régulation," in Robert Boyer and Yves Saillard (eds.), *Théorie de la régulation, l'état des savoirs*, La Découverte, Paris 1995.

분열증적 상황으로 몰아넣는다.

c) 금융: 자본의 새로운 탈주 그리고 적대의 새로운 형상들

금융과 관련된 불안정화는 포드주의적 위기의 결과로 발생한 것이 아니라 오히려 이 위기의 일부이다. 앞에서 제시한 경험적 분석은 최근에서야 우리 눈에 보이기 시작했으며 구조적으로 의미 있게 된 변화들이 꽤나 먼 기원과 경로를 갖고 있음을 암시한다.

이 긴 기간의 역사적 변화를 안토니오 네그리가 제안한 분석을 이용하여 추적할 수 있다. 이에 따르면 포스트포드주의로의 역사적 이행에서 첫 번째 자리를 차지하는 것은 새로운 주체성 및 노동자들의 행동이라고 할 수 있다. 이러한 사정이 (점점 더 통제 불가능하게 된) 포드주의의 위기를 낳은 주요 요인들을, 그리고 사회적 재구조화 과정을 가동시켰던 창조적 대응들을 구성했다. 1979년에 연준이 내린 결정은 포드주의의 '무질서'에 대한 (당시 안락사로 향하고 있던) '자본 측의' 정치적 응답으로 간주될 수 있다.[20] 이런 점에서 연준의 결정은 포스트포드주의의 시작을 이끌었던 사건들 가운데 두 번째 자리를 차지한다.

여기서 중요한 것은 포스트포드주의 시기 금융자본주의의 지위에 대한 이러한 분석을 어떻게 해석할 것인가이다. 다시 말해 금융은 자본의 탈주로 이해될 수 있다. 자본은 더 이상 산업에서 이전과 같은 방식과 수준으로 사용되지 않는데, 이는 자본이 더 이상 장기적 관점을 받아들이지 않는다는 의미에서 그러하다. 자본은 다름 아닌 금융시장에서 활동하며, 상당한 유동성과 탄력성을 획득했고, 따라서 한

20 연준 의장으로 임명된 지 채 두 달도 안 되서 폴 볼커Paul Volker는 연방기금 금리를 실질금리가 양수(거의 3.5%)가 될 정도로 급격히 올렸다.

곳에 장기간 고정되는 것으로부터 벗어날 수 있게 되었다. 금융을 통해서 자본이 이윤의 중요한 부분을 전유할 수 있게 된 반면 생산과 경쟁의 일상적 규칙은 근본적으로 변형되었다. 자본은 '실물'에서 충분히 멀리 떨어져 있는 곳에 자리 잡고 있다. 따라서 그것은 분리의 형태를 띠기에 이르렀다. 자본과 노동 간 적대는 새로운 형태를 취하게 되었으며 이 새로운 형태의 구조는 금융의 길고도 복잡한 여정에 따라 결정될 것이다.

d) 금융과 공통적인 것의 가치 측정

금융에는 많은 기능이 있으며 그중에는 미래에 대한 결정의 재현으로서의 기능도 있다. 포스트포드주의에서 금융은 인지적이며 따라서 공유적이고 협력적인, 한마디로 말해서 공통적인 생산 능력을 가치 평가하여 그것을 미래로 투사한다. 금융시장에서 자본 이동의 자유를 고려했을 때, 전 지구화된 생산은 마찬가지로 전 지구화된 가치 평가 체제와 직·간접적으로, 종종 복잡한 방식으로 조응한다.

근본적인 불확실성은 새로운 리스크 관리 도구의 개발을 이끌었다. 이것들 가운데 가장 잘 알려진 것으로는 '파생'상품이 있다. 이렇게 시장의 리스크를 사회화하는 것의 효율성은 이 파생상품들에 기초하여 오고 가는 정보들의 명료함과 그것에 대한 이해 정도에 따라 결정된다. 우리는 오늘날 다름 아닌 금융시장 내부에서 생산되는 추가 리스크 또한 높다는 사실에 주목할 필요가 있다.

금융시장의 기능은 판단 기준, 의견 혹은 믿음에 따른 가치 평가에서부터 시작된다.[21] 그것은 주어진 성격상 진실한 재현을 만들어 낼 수 없다. 본질적으로 금융 영역은 '실물'에 뿌리를 두고 있는 가치들

21 다음을 참조할 것. André Orlean, *Le pouvoir de la finance*, Odile Jacob, Paris 1999.

을 결코 반영하지 않는 판단과 정당화를 만들어 낸다. 이는 한편으로 가치 평가가 부분적으로는 미래의 수익을 재현하기 때문이며, 다른 한편으로 우리가 가치 측정의 위기 속에서 살고 있기 때문이다. 이것은 생산적 요소의 창조성과 그것을 식별해내는 것의 어려움, 즉 생산성의 원천을 추적하는 것의 어려움에 의해 설명된다. 오로지 전 지구 차원의 판단만이 가능하고 실현될 수 있다.

따라서 금융에 관한 어떠한 논의도 정치적 성격을 갖는다. 한편으로 여기에는 정부 당국, 전문가, 금융 관리자 등이 참여하는데 이들은 모두 '공인된' 인물들이다. 다른 한편으로 이 논의는 신뢰를 창조하고 여론을 조장하는 것을 목표로 한다. 그것은 인간의 행동에 영향을 미친다. 금융시장은 민주적으로 작동되지 않는 일종의 의견 시장인데, 이는 중개자와 전문가들이 통제 메커니즘과 미디어 영역을 독점하고 있기 때문이다. 이들은 새로운 기술 구조의 주요 행위자들이며 그들은 이 구조가 주어진 기능을 수행할 수 있도록 하는 보증자이다.

만약 금융이 언어와 마찬가지로 공통적이라면 그것이 착취의 원천이 되었다는 점을 분명히 할 필요가 있다. 금융시장 외부의 가치를 시장에서의 가치 평가에 산입하는 것[22]은 그 가치에 대한 통제력을 유지하는 방식이다.

총결

지금까지 우리는 현대 자본주의에서 금융의 역할에 대해 케인스주의적 분석을 전개해 왔다. 이 분석은 기업 영역에서 협치가 기능할 조건의 연구를 중심에 두고 권력관계에 강조점을 두는, 보다 제도적

22 이는 지속 가능한 발전, 사회적 책임 등등과 같은 윤리적 고려를 말한다.

인 분석을 보충하는 역할을 한다. 인지자본주의론은 금융자본주의의 도래라는 가설을 대체하는 대안적인 가설이 아니다. 오히려 금융화론이 정당화되고 발전의 기회를 얻는 것은 인지자본주의의 맥락 속에서이다. 인지자본주의론은 권력관계 및 제도의 역할의 연구로 되돌아가는 접근법을 어렵게 만들지 않는다. 금융의 힘은 기업의 제도적 차원을 넘어 전 지구적 평면 안에 재배치되어 다뤄져야 한다.

8 전 지구적 위기—
전 지구적 프롤레타리아화—
대안 전망[1]

카를 하인츠 로트

서문

우리는 사회-경제적 삶과 정치적 삶의 모든 선로가 새롭게 조정되는 세계사적 상황에 진입하고 있다. 이것은 나와 같은 세대들에게는 1967~1973년 이후로 두 번째로 맞게 되는 새로운 시대적 변화일 것이다. 최근 몇 주 동안의 주요 사건들과 지표들은 세계경제의 위기가 시작되었음을 가리키고 있다. 이 위기는 이미 1973년의 위기 및 그 이후부터 오늘날 사이에 있었던 1982년과 1987년 위기의 규모를 초과한다. 오늘날의 위기는 1929~1938년에 있었던 세계적 규모의 위기 및 그에 뒤이은 공황의 수준에 접근하고 있다.

우리가 이러한 거대한 과제에 어떻게 대응해야 할까? 이는 결정적인 질문이 되었다. 이 질문이 작업 중이던 논문—이 논문은 2005년 출판된 '세계의 상태'에 관한 나의 가설에 대한 비판에 응답하려는 목적을 갖고 있었다—을 완전히 새롭게 고쳐 쓴 이유이다. 나는 이 글에서 지금까지 내가 행해 온 생각과 조사 결과들을 미완성된 개요

1 서문에 소개했듯이 이 글의 원본은 독일 웹진 《와일드캣》(2008년 12월 21일 자)에 실려 있다. 이 글은 저자의 허락을 얻어 제이슨 프랜시스 맥김시가 고치고 다듬은 것이다.

상태로 제시하고자 한다. 준비 중인 책이 출간되기 전에 오고 가는 대화들 속에서 이것들을 검토하고, 정정하고 또 확장할 필요가 있기 때문이다. 첫 번째 소득이었던, 쇤도르프 마누팍투르Schorndorf Manufaktur 클럽에서 2008년 11월 27일 있었던 행사에서 오간 논의의 결과가 이미 여기에 반영되어 있다. 뿐만 아니라 《와일드캣》에서의 인터넷 집단 토론, 12월 13일 있었던 인터벤지오니스티쉬 링케Interventionistische Linke, IL[2]에서 주최한 세미나 그리고 개인적 친구들과의 대화의 결과 역시 마찬가지로 반영되어 있다. 이런 식으로 많은 약점들, 불분명했던 쟁점들, 미비점들이 수정되었지만, 시간 부족으로 인해 이 초고에서는 몇몇 주요 반대 주장들만 다룰 수 있을 것 같다. 이 점에 대해 독자 여러분의 이해를 구한다. 그래도 여기서 내가 제시하는 주장들이 나의 분석상의 접근법과 개념적 제안들의 기초를 충분히 해명해 줄 수 있기를 기대한다. 논쟁에 참여하여 비판을 통해 도움을 준 이들 뿐 아니라 큰 격려를 보내준 이들 모두에게 감사를 표한다. 근 몇 년 동안 이토록 광범위하며 건설적인 대화는 처음이었다.

1. 새로운 세계 경제질서

a) 지금까지의 경과

21세기의 첫 번째 세계 경제위기는 2006년 자동차 산업의 구조적 과잉생산의 위기에서 그리고 미국, 영국, 아일랜드, 스페인의 부동

2 [영어판 옮긴이] 인터벤지오니스티쉬 링케IL는 여러 단체 및 개인, 사회운동 프로젝트의 네트워크로 2005년 독일에서 결성되었다. (자율주의적 그리고/혹은 '포스트자율주의적' 단체들, 반파시스트 그룹들 그리고 반제국주의 단체들이 속해 있는) IL은 2007년 6월 독일 하일리겐담에서 열린 G8 정상회담에 반대하는 대중 시위를 조직한 이들 중 하나였다.

산 위기에서 시작되었다. 그것은 전통적인 부작용과 함께 새로운 형태의 투기적 부작용을 낳으며 자본관계의 한층 더 넓은 확장을 가져왔던, 유례없는 6년간의 전 지구적 호황에 마침표를 찍었다. 더 이상 이러한 성장이 가능하리라 생각하기 힘들게 되었다. 주택, 아파트, 기업 자산의 부풀려진 가격은 급격히 떨어졌으며, 이 가치 하락으로 인해 이러한 자산을 담보로 한 주택담보대출(모기지)과 그 파생상품은 위태로운 상황에 놓이게 되었다. 여기에 더해 미국, 유럽의 몇몇 국가 그리고 일본의 자동차 기업은 뚜렷한 매출 급감을 경험했다. 이것은 가장 높은 자본집약도를 가진 산업생산 영역에게도 세계적 규모의 위기가 시작되었음을 알리는 것이었다.

이 위기는 2006년에서 2007년으로 접어드는 시기 금융 영역에 침입하기 시작했다. 개인 부동산 및 상업용 부동산 가격의 하락은 세계적 규모의 주택담보대출 위기로 번졌다. 지역 주택담보대출 은행(모기지 뱅크)은 대규모 평가절하로 인해 적자를 냈으며, 2007년 6월 미국 투자은행 베어스턴스Bear Stearns가 자사 헤지펀드 가운데 두 개를 청산하여 현금화했는데, 이러한 일은 처음 있는 것이었다. 이들 악화 상태에 있던 미국 주택담보대출들 대부분이 불투명한 신용파생상품들(부채담보부증권Collateralized Debt Obligation, CDO)을 구성하고 있었고 이 상품들이 전 세계로 팔려나갔기 때문에, 이것들의 가치하락과 이와 연관된 위험 프리미엄risk premium의 상승은 전 지구적 연쇄 반응을 낳았고, 여기에 영국, 아일랜드, 스페인의 주택담보대출 위기마저 겹쳤다. 서브프라임 위기는 2007년 여름에 정점에 달했다. 독일 뒤센도르프의 독일산업은행IKB이나 작센주의 작센LBSachsen LB 은행이 겪은 유동성 부족 사태뿐 아니라 스위스의 유니버설 은행[3]인 UBS의 대규모 평

3 [영어판 옮긴이] 유니버설 은행이란 한 은행이 투자와 소매 금융 모두를 다루는 것을 말한다.

가절하 및 투자 손실 사례에서 드러나듯이, 은행들이 겪고 있는 문제가 모두 위기의 심장부인 앵글로색슨 지역에서 기원하는 것이었음에도, 붕괴될 위험에 처한 은행들을 구제하기 위한 첫 번째 조치가 사건의 주변부에서 취해졌다는 사실이 이 위기가 전 지구적 성격을 갖고 있음을 즉각적으로 명확히 보여준다.

2007년 이후로 대여섯 차례 충격파가 지나가는 동안 주택 금융대출 위기는 전 세계 규모의 금융위기가 되었다. 2008년 9월 경 그것은 금융체계 전체를 잠식하게 되었다. 2008년 3월, 미국의 투자은행 베어스턴스와 영국의 주택담보대출 대부기관 노던락Nothern Rock 은행이 파산했다. 이어서 그 전해에 독일이 최초로 구제 조치를 취한 이후 영국과 미국 역시 사상 처음으로 대규모 국가개입을 단행했다. 노던락 은행은 정부의 포괄적 지원 보증을 받았고, 베어스턴스는 유니버설 은행인 JP모건체이스에 의해 인수되었으며, 미국의 중앙은행 격인 연준은 부실 증권의 정리와 차환 조치를 계획했다.

9월에는 한층 더 심한 충격이 뒤따랐다. 그 달이 시작하면서부터 미국의 가장 큰 주택담보대출 기관인 패니메이와 프레디맥은 광범위한 정부 지원을 통해서 가까스로 파산에서 벗어나 자본을 확충할 수 있었다. 이에 뒤이어 그달 중순에는 투자은행인 리먼브라더스가 파산했으며 다른 한편으로 또 다른 투자은행인 메릴린치는 유니버설 은행인 뱅크오브아메리카로의 긴급 매각을 통해 살아남게 되었다. 그러나 그 후 몇 달간을 살펴보면, 치명적 타격을 입고 상업은행으로 변신하거나 상업은행과의 합병을 통해서 시장에서 사라진 것이 비단 투자은행만은 아니었다. 시장의 지배적 보험사들 역시 위협을 받았는데, 이는 일주일 후 있었던 미국 최대 보험사인 아메리칸인터내셔널 그룹AIG의 사실상의 파산에서도 분명히 드러난다. 대부분 특수 신용 파생상품들(신용부도스와프Credit Default Swap, CDS)에서부터 파산이 시작되었다. 신용부도스와프는 장외에서 맺어지는 쌍무계약으로서 채권 구매자들이 발행자의 파산 위험에 대비하여 자신을 보호할 목적으로 전 세계적으로 사용했다. 어떠한 중앙 청산소central counterparty도 없으며 전통적인 재보험 교환 규정reinsurance regulation의 구속도 받지 않는 신용부도스와프는 높은 위험과 연결되어 있다. 그때까지 전 세계적으로 적어도 미화 60조 달러에 해당하는 신용부도스와프가 유통되었으며, 만약 예를 들어 AIG와 같은 주요 기둥 중 하나가 무너지기라도 한다면 이것은 치명적 연쇄반응을 가져올 수 있었다. 사실 AIG는 그때까지 1,530억 달러에 이르는 일련의 정부 자금 지원책에 의해 지탱되고 있었다. 그러나 이와 관계없이 2008년 9월의 주택담보대출 위기가 (최소 600조 달러에서 최대 1천조 달러로 추정되는) 전 지구 파생상품 시장의 핵심 부분에 끼친 영향은—이전의 경제 신장 주기의 결정적 추동력이었던—금융 영역이 빠져나올 수 없는 수렁을 향하고 있다는 것을 보여주었다. 2008년 9월, 국제 금융체계 전체가 요동쳤으며 상업은행이든 1970년대에 탄생한 투자펀드(헤지펀드, 사모펀드, 연금펀드 등)이든 너나 할 것 없이 똑같은 정도로 영향을 받았다.

그러나 사실상 모든 세계적 규모의 은행이 대규모 평가절하 및 영업손실을 겪고 있는 것에서 명백히 드러나듯이 이 충격은 그 세력이 줄어들지 않은 채로 여전히 지속하고 있다. 점증하는 위탁 악성 자산에 대한 정부보증, 부족해진 자산을 채우기 위한 공적자금의 투입 그리고 금융자본 영역에서 국가가 주식 보유를 지속적으로 늘리는 것과 같은 것들은 사실상 모든 선진국들에서 이미 착수되었고 또 앞으로도 계속해서 각 정부의 주요 의제가 될 각종 구제 조치들이다. 2007년 여름 이후로 각 정부는 중앙은행을 통해 계획적으로 금리를 낮추고, 붕괴된 은행 시장에 유동성을 공급하며, 부실 증권 및 대부기관을 규제가 행해지는 공적 영역으로 흡수하는 등의 수단을 통해 통화시장 및 자본시장이 계속해서 굴러가도록 하기 위한 노력을 기울여 왔다. 최근 자료가 보여주듯이 금융 펀드로부터 '경화hard currency' 및 국채와 같은 '안전한 도피처'로의 대규모 자산 이동 그리고 그에 따른 전 세계적 신용 고갈을 멈추는 것은 아직까지도 불가능하다. 이유는 단순하다. 주택담보대출 어음 및 신용파생상품의 손실은 신용카드·리스·백화점 카드 채무의 악성화로 이어지기 때문이다. 이 채무의 규모는 아직까지 알려져 있지 않지만, 이미 한때 미국 최대 상업은행이었던 시티그룹Citigroup의 사실상의 붕괴를 초래했을 정도다. 전 지구적 금융·신용 위기의 끝은 여전히 보이지 않으며 이 위기가 그것과 나란히 진행되기 시작했던 구조적·산업적 부문의 위기를 더욱 악화시키면서 마치 천천히 번져 나가는 불길과도 같이 세계 경제체계의 모든 부분에 영향을 미치고 있는 상황이다.

신용 경색과 자본 도피 움직임이 확산됨에 따라 2008년 9~11월의 '검은' 4분기 동안 벌어진 사건들은 전 세계 금융시장, 즉 주식, 채권, (옵션 및 선물 거래와 같은) 주식 파생상품의 형태로 장기 자본 대출이 거래되는 자본 재생산 영역에도 영향을 미쳤다. 증권 가격의 하락은 처음에는 구조적으로 약한 기업들, 특히 자동차 산업 기업들의 시장 가격을 끌어내렸고 이후 구조적으로 그리고 지리적으로 거의 모든 상장자본으로 퍼져 나갔다. 그해(2008년) 초부터 미국, 유럽 그리고 일본의 주가는 평균 35%에서 40%가량 하락했다. 9월과 10월의 격변은 지난 세기의 세계 경제위기를 떠올리게 했다. 그해 가을에는 신흥국의 주식시장에 이 충격이 온전히 전해지기 시작했는데, 이 나라들에서 자본 손실이 너무나 급격히 늘어나서 일체의 투기적 과대 평가가 사라지게 되었을 뿐 아니라 금융자산이 대규모로 파괴되는 국면이 시작될 정도였다. 소위 말하는 브릭 국가(브라질, 러시아, 인도, 중국)의 주식시장은 전년 동월 대비 60~70% 하락했다.

세계경제가 위기로 떨어지게 된 세 번째 결정적인 요인은 1차 상품 가격의 전 세계적 폭락이었다. 폭락은 식품 및 에너지 가격이 크게 상승한 이후인 2008년 7월에 시작되었는데, 이는 (투기에 기초한) 가격 거품에서 (위기에 전형적인) 가격 대폭락으로의 전환이라는 고전적인 패턴을 그대로 보여주었다. 현재 원유 가격은 가장 높았던 배럴당 147달러에서 40달러 밑으로 떨어졌으며 공업용 금속과 농업에서 사용되는 원자재(면 등등)의 가격은 절반으로 그리고 기초 식품(쌀, 옥수수, 곡물)의 가격은 3분의 1 수준으로 떨어졌다. 귀금속은 여전히 상품 선물시장에서 가까스로 이전 수준을 유지하고 있지만, 금 가격조차 경향적인 감소세를 보이고 있다.

이러한 경과를 염두에 둔다면 수송 가격 역시 급감한 것이 그다지 놀랄 만한 일이 아닐 텐데 많은 경우 이 가격이 1차 상품 가격의 중요한 구성요소이기 때문이다. 가장 주목할 것은 전 지구 운송체계의 주요 수단인 해상운송으로, 특히 몇몇 영역에서 그 가격이 원가 훨씬 이하로 떨어진 것인데 그 범위와 속도가 심지어 지난 세기의 세계 경제위기 당시와 맞먹을 정도였다. 로테르담에서 대만 사이의 화물료는 2008년 초 컨테이너당 2,500달러였지만 10월에는 400달러로 떨어졌고, 11월 들어 산적 화물을 위한 가장 큰 화물선의 특별 요금은 2007년 활황기 동안의 최고 요금의 11분의 1 수준으로 떨어졌다. 이는 상품 가격이 재차 하락하게 했을 뿐 아니라 또 다른 중요한 결과를 낳았다. 그해 여름까지 해상 항만 물류체계는 수용 능력과 기반시설의 대규모 확대를 기대하며 그에 따른 준비를 하고 있었다. 그러나 이제 그것은 그 중심부까지 동요를 겪고 있으며 지난 몇 주 동안 중국, 한국, 일본, 베트남의 주요 조선소가 맺은 선박 건조 계약의 적어도 80%가 취소되었다.

이와 나란히 자동차, 건축 그리고 부동산 영역의 구조적 과잉생산 능력의 위기가 심화되었다. 미국 자동차 산업의 '빅 3' 가운데 두 기업—제너럴모터스와 크라이슬러—은 파산 직전에 처해 있다. 그러나 크리스마스를 한 주 앞두고 이들에게 긴급 자금 지원을 승인해 줌으로써 부시 행정부는 그들에게 2009년 3월까지 파산을 유예해 주었다. 이와 동시에 미국 자동차 산업 노동자들의 역사적 성취는 오늘날 깨끗이 쓸려 나가는 중이다. 어쨌든 현재 이 부분의 위기는 자동차 산업 전반에 미치게 되었다. 심지어 매우 노동집약적이며 기술적으로 혁신적인 생산방식을 갖고 저공해 제품을 생산하는 시장 선도적인 '모델' 기업들의 경우조차 매출이 약 20~30%가량 하락했다. 대부분 시간제 및 계약직 등등이던 노동자들은 이미 공장에서 사라졌으며 정규직은 노동시간을 더 짧게 하는 대신 더 장기간 일할 수 있기 위해 더 긴 크리스마스 휴가를 보낸다. 자동차 산업 가운데 대기업 이하 수준에서는 이러한 임시방편조차 나타나지 않았으며 신문에는 온통 중·소 하청업체들의 급작스런 공장 폐쇄에 관한 기사가 가득하다.

이 모든 경향들은 신용 비용의 증가와 관련이 있는데 이 둘은 서로 강화하고 확대한다. 2008년 삼사분기 이래 북미, 유럽 그리고 일본의 소위 '삼각' 지역은 경기후퇴를 겪는 중이다. 미국, 영국, 스페인에서 대량실업이 급격하게 증가했으며 이러한 추이는 이제 범대서양 지역을 넘어 모든 선진국의 경제로 확장되는 중이다. 이러한 대량실업에 상응하여 금리와 이윤율의 급격한 하락이 발생했는데 이는 신용 비용의 증가 및 대출 주문의 급격한 감소와 더불어 투자 프로젝트의 급격한 감소를 초래했다. 다른 한편으로 이것은 수출의 가파른 감소를 가져왔고, 이에 따라 이 삼각 지역 가운데 가장 수출집약적인 국가들—일본, 독일, 스위스—은 자국의 수출 손실에 맞서 그 손실분 이상으로 수입을 줄이는 것으로 대응했는데, 결국 이런 식으로 세계경제 쇠퇴의 악순환이 시작된다.

이러한 대규모 수입 억제 조치들로 인해 (이 단계에 들어 완전히 무르익은) 삼각 지역의 위기는 2008년 10월부터 신흥국 및 개발도상국에게까지 번질 정도가 되었다. 이 위기가 덮치기 전까지 이들은 삼각 지역으로의 수출에 기대어 경제발전을 도모하는 한편 이에 따른 무역 불균형은 (적어도 이때까지는) 외환보유액의 축적을 통해 보상될 수 있었다. 이제 이러한 불안정한 상황이 별안간 끝나 버렸다. 전 세계에 걸쳐 더욱더 경색되는 신용, 붕괴되는 주가, 하락하는 1차 상품 가격 그리고 이에 더한 수출 영역의 손실 등이 모두 뒤섞여 하나의 폭발물이 되었다. 이것의 폭발은 외환 보유고에 의지하고 국가채무를 늘리는 것을 통해서 일시적으로 유예되고 있었다.

그러나 브릭 국가들은 미국일 수 없으며 멕시코, 한국, 인도네시아, 헝가리 혹은 우크라이나와 같은 두 번째 등급의 신흥국들은 더더군다나 그렇다. 여전히 의심할 여지가 없는 기축통화국으로서 미국은 대부자들로부터 그 어떤 해명도 요구받지 않고서 거대한 국제수지 적자 및 빚더미를 지탱해 나갈 수 있다. 신흥국의 경우에 외환보유액 감소, 국제수지 악화, 혹은 재정적자 증가가 일어나는 순간, 국제투자자들은 이들로부터 자본을 회수했다. 뒤따라 막대한 평가절하가 뒤따랐고 이로 인해 국제 통화시장에 폭발적인 소용돌이가 불어닥쳤다. 이에 더해 주로 동남아시아, 남미 그리고 중앙유럽·동유럽의 경제에서 구조적 적자와 과잉부채의 다양한 현상들이 점점 더 가시적이 되고 있다. 늦가을 이후 이것들은 처음으로 사실상의 국가파산을 초래했으며 이는 헝가리, 파키스탄, 라트비아, 우크라이나와 북대서양의 섬나라인 아이슬란드에 영향을 미쳤다. 이러한 나라들에서 위기의 사회적 결과가 극적으로 강렬하게 나타나고 있기는 하지만 미국에서도 또한 가계들이 그들의 주택이나 임대 아파트로부터 강제적으로 퇴거당함으로써 도시 전체에 '문이 내려지는' 상황이 벌어지고 있다. 캘리포니아주에서 실시한 임박한 파산을 막기 위한 자본 확충 프로그램은 실패하고 말았다.

전 지구적 관점에서 지금껏 GDP의 급격한 추락을 피할 수 있었던 것은 각국 정부 및 자본주의 중심부의 권력 블록에 의한 (무려 최대 7조 달러로 추산되는) 금융 지원과 같은 대규모 정치적 개입과 경기조정 프로그램의 광범위한 도입을 통해서였다(중국, 유럽연합, 미국, 일본). 통화의 동요 역시 (비록 상황이 매우 급속히 변할 수도 있겠지만) 어쨌든 달러화가 오늘날까지 놀랍도록 안정세를 유지함으로써 꽤 잘 관리되고 있다. 이것은 세계체제의 전략적 핵심인 부채자-대부자 축, 즉 미국-중국 축이 계속해서 기능하기 위한 전제조건이다. 그럼에도 불구하고 위기는 이미 1973년의 규모를 넘어섰으며, 비록 앞으로 몇 달 동안 성공적으로 억제될 수 있다고 해도 그것은 자본주의 세계체제에 새로운 착취 주기와 새로운 시대를 가져올 것이다. 그렇지만 단기적 관점에서 안정화를 기대하기는 다소 힘들어 보인다. 정치적으로 추동된 금융적 긴급구제 조치들의 첫 번째 국면은 통화주의적 사고와 연관되어 있었고 실패로 끝났는데, 이는 이 조치들이 경제적 반혁명의 입안자인 밀턴 프리드먼의 생각과 너무나도 긴밀히 연결되어 있었기 때문이다(그는 1929년 세계 경제위기의 확산이 거의 전적으로 연준의 잘못된 통화정책 탓이라고 비난했다). 값싼 통화 기조, 신용량 증대 그리고 무이자의 유동성 공급으로는 자산 소유자 및 기업들이 점점 더 신용 대부나 투자를 중단하고 은행과 기금 운용자들이 그들의 통제 아래에 있게 되는 것을 막을 수 없다. 마찬가지로 케인스주의적인 면이 있는 경제부양책이 효과를 거둘 것인지도 불확실하다. 이 부양책은 아직까지 전 지구적으로 조정되어 있지 않으며, 가장 강력한 신용 대부국과 수출국들(일본, 중국, 유로존 국가들)에 의해 빠르게 그리고 거대한 규모로 밀어붙여질 필요가 있기 때문이다. 또한 국가예산으로 '악성' 채무와 개인 채무를 다소간 완전히 흡수하는 것에 대해서 투자자들은 이것이 이제는 분명해진 기금 및 은행 운용자들의 실패와 전략적 실수를 철저히 규명하는 것이 아니라 그것들을 수면 아래로 감추려는 것이라면서 시큰둥한 반응을 보인다. 게다가 이것은 단지 위기의 메커니즘을 느리게 할 수 있을 뿐 그것을 멈출 수는 없다. 왜냐하면 자산 소유자들이 오랫동안 연준을 미국 재무부가 제공한 수단을 통해 거대한 투자 브로커처럼 행동하는 일종의 커다란 헤지펀드로 생각해 왔기 때문이다. 따라서 그들이 '미국Uncle Sam'을 더 이상 믿을 만하지 않다고 평가하는 것은 시간 문제일 뿐이다. 그렇다고 그들이 투자할 만한 다른 어떤 곳이 있는가? 지금 당장 눈에 들어오는 전략적으로 중요한 새로운 경제 영역은 없으며 신흥국의 경제가 선배 나라들이 세계경제를 견인하는 데서 겪는 어려움을 끝내 줄 수 있으리라는 희망(즉 미국의 전략적 대부자로서 중국) 역시 사라져 버린 지 오래다.

b) 현 위기의 본질적 속성

지금까지 최근의 위기 주기를 불러 온 다양한 요인들이 어떻게 점차 동조화되었는지를 보여주고자 했다. 그러나 세계경제의 꼭대기에서 2년 전에 시작된, 이제 전 지구적 경제회로의 모든 영역과 모든 영토에 도달한 저 느리게 번져 나가는 불길의 주요 원인은 무엇이었을까? 이 과정 안의 몇몇 중요 결절점들을 짧게 훑어본다면 이것들이 다음과 같은 세 가지 주요 특징들로 수렴될 수 있음을 알 수 있다. 첫째로 현 위기는 전 세계 과잉 자본축적의 위기로서 이는 자본의 모든 외양 및 형태들에서 드러난다. 생산 산업은 평균 25%가량 과잉축적되었으며(자동차 산업은 훨씬 더하다) 전 지구적 운송 산업은 약 30~35%가량 그리고 은행 및 금융 영역은 적어도 50%가량 그러하다. 둘째로 이러한 과잉축적은 전 지구적 대규모 과소소비와 나란히 진행되는데, 이는 자본이 중심부 지역에서는 대중의 소득을 후퇴시키고, 신흥국 시장에서는 매우 낮은 임금을 이용하여 평균 이상으로 성장하며, 남반구 저개발 지역(슬럼 도시들, 지하경제)에서는 정책적으로 대규모 빈곤을 굶주림에 의한 집단학살 직전의 상태로 방치하는 것에 기인한다. 비록 위기가 시작된 선진 지역의 하층 계급이 다양한 부채 수단을 통해 소득 손실을 가까스로 벌충할 수 있었다 해도 최하위층은 지속적으로 이로부터 배제되었다. 사회적 노동이 지닌 생산력의 커다란 증가와 비교했을 때, 생산력 발전과 소득 사이의 격차는 심지어 미국, 영국 그리고 스페인에서조차 노동계급에게 심하게 불리한 방향으로 계속 벌어졌다. 셋째로 그럼에도 불구하고 세계경제의 중심 지역에서 값싼 통화와 값싼 신용의 금융정책이 과잉생산과 과소소비의 상호작용을 보충했음에도, 이것은 단지 위기의 발발을 몇 년 늦췄을 뿐이었다. 저임금 영역이 확장되고 고용 조건의 불안정화가 중산층에게까지 미치게 되면서 수백만의 사람들이 빚을 지게 되었고, 이것의 규모는 적어도 무려 12조 달러에 이를 정도이다(무소득자의 주택담보대출, 신용카드 부채, 할부 및 리스 부채, 학자금 대출 등등). 이 메커니즘은 하층 계급에게서 뽑아 올린 신용 부채를 전 세계적으로 다각화한 덕분에 꽤 오랫동안 기능할 수 있었다. 그러나 그것은 2006년을 거치면서 더 이상 외부화할 수 없는 한계에 도달했고 그것이 오래 기능한 만큼 더욱더 급작스럽게 금융체계 전체를 끝모를 수렁으로 끌고 내려갔다. 따라서 이 메커니즘은 사실 (건축·자동차 산업 및 이와 연관된 하청 산업뿐 아니라 정보기술 및 철강 산업에까지 이르는) 핵심 경제 부문에서 기존의 구조적 왜곡과 과잉생산을 강화하는 것이었으며, 1차 상품 가격의 하락에서 나타나듯이 유통 영역에서 그리고 신용경색의 강화에서 나타나듯이 주식시장에서도 그것은 새로운 세계 경제위기를 야기했다. 그 결과로 자산 소유자들의 전 세계적 투자 중단은 이제 모든 주요 자본 영역에 영향을 미치고 있다. 왜냐하면 그들의 투자 이윤율이 고작 몇 달을 거치는 사이 속속들이 하락하고 있기 때문이다.

2. 이전의 주기(1973~2006년)

현 세계 경제위기의 내적 동학, 진행 전망 그리고 가능한 결과들에 대한 보다 명확한 그림을 얻기 위해서 1973년에서 2006년에 걸친, 이전의 전 지구적 경기주기의 주요 특징들을 간략하게 검토할 필요가 있다. 우선 작업은 1973~2006년의 경제주기의 주요 특징들을 해명하는 데 국한될 것이다.

a) 전형적인 장기파동[4]의 성격

이 주기는 수년간 지속된 공황을 낳은 1973년 세계 경제위기로 시작되었다. 이 위기는 1967년에서 1973년 사이에 전 세계적으로 일어났던 노동자의 저항 및 사회적 저항 그리고 이에 더한 세계 통화 위기(달러의 금 태환 중지, 변동환율제로의 이동)와 1973년의 오일 쇼크(제4차 중동전쟁)에 의해 야기되었다. 이어지는 몇 년 동안은 노동계급의 투쟁에 따른 임금의 하방 경직성에 맞서 인플레이션 정책이 널리 사용되었고, 이로 인해 이 위기는 소위 말하는 스태그플레이션으로 변화되었다. 이후 35년 내내 5년 주기의 활황기가 반복되었는데, 이 활황기를 중단시켰던 몇몇 심각한 위기들이 있었다. 1982년의 2차 오일 위기, 1987년 미국 위기, 1992~1993년 일본 위기, 1997~1998년 동아시아 및 러시아 위기 그리고 2000~2001년 '신경제'의 붕괴 등. 1989년에서 1991년 사이에 결정적인 단절이 있었는데 이는 소련의 붕괴와 중국의 부상이다. 만약 이 사건들이 가져온 갑작스럽고 강력한 경기팽창의 추동력이 없었다면 이 마지막 장기파동은 훨씬 더 일찍 끝났을 것이다. 또 하나, (위기로 이끌 수 있는) 과잉축적과 줄어든 대중소득 간의 상호작용에 주로 2001~2006년의 마지막 활황기에 집중된 신용팽창이 겹쳐진 덕분에 현 위기가 몇 년간 늦춰질 수 있었다.

4 [옮긴이] 콘트라티예프 파동: 구소련의 경제학자 니콜라이 콘드라티예프가 1920년대에 주장한 이론. 서방 자본주의 경제에서 철도, 전기와 같은 대발명이 50년 주기로 나타나기 때문에 한 나라의 경기도 40~60년을 주기로 호황과 불황이 반복된다는 것이 골자다.

b) 위기를 이용한 공격과 전 세계 노동계급에 대한 과도한 착취

1970년대 말까지 자본은 '위기'라는 형태의 공격을 통해 전 세계 노동계급의 후퇴를 강제했다. 1980년대 동안 지속되었던 강렬한 계급투쟁에도 불구하고 주변부·신흥경제국·선진 중심부 지역의 노동계급은 확연한 (재)프롤레타리아화 과정에 종속되었다. 이 문제에 관해서는 이 글의 뒷부분에서 더욱 자세히 다룰 것이다. 여기서는 이것이 낳은 경제적 결과가 중요하다. 즉 자본과 자본축적에 비해 대중의 소득은 상대적으로나 절대적으로나 모두 하락했으며 이 과정은 이 주기가 끝날 때까지 저고용 전략을 체계적으로 사용함으로써 유지되었다. 모든 일시적·지역적 불황에도 불구하고, 또 몇몇 신흥 경제 지역(특히 한국과 남미)에서 나타났던, 그 자체로 새로운 산업노동계급의 형성 과정이기도 했던 격렬한 계급투쟁들에도 불구하고, 자본의 핵심부는 주기적 활황기 동안 커다란 이윤과 높은 이율을 거두어들일 수 있었다. 노동계급에 대한 억압 및 과도한 착취 그리고 노동계급의 가장 주요한 부문을 빈곤화하여 '워킹 푸어'로 빠뜨리는 것은 이와 반대되는 모든 경향에도 불구하고 이 시기 장기파동의 주된 특징이었다. 그러나 이 특징은 또한 이 파동의 붕괴의 원인이기도 했다. 단지 이 붕괴는 새로운 천년의 '미친' 첫 10년 동안의 신용 호황에 의해 유예되었을 뿐이었다.

c) 새로운 기술들

이 파동의 또 다른 결정적·내적 특징은 자본의 기술적 지배력의 강화였다. 1973~2006년의 '콘드라티에프 파동' 동안 자본은 대규모 기술적 혁신을 통해 전략적으로 중요한 몇몇 영역에서 자본의 유기적 구성을 낮춤(그리고 상대적 임금을 지속적으로 낮춤)으로써 이윤율을 증대할 수 있었다(이러한 기술적 혁신에는 컨테이너를 통한 운송체계의 변형과 표준화, 컴퓨터 과학 및 정보기술을 통한 소통 구조의 변화, 생산시설의 초소형화 및 로봇화, 개별적으로 계측·모니터링되던 부품들의 모듈화 등등이 있다). 이 주기에 일어난 한층 더 압축된 노동과정, 실질적 포섭을 위한 새로운 기술적 도구의 도입, 피착취자의 주체적 차원의 창조성의 배치와 활용 혹은 노동의 조직화를 통한 관리 경영 명령의 전체화('전원 참가 생산설비 보전Total Productive Maintenance') 등의 수단을 통해 착취율이 얼마나 더 증가했는지에 대한 신뢰할 만한 자료는 아직까지는 없다. 그러나 우리는 이전 주기 동안 '사회적 노동자'의 총생산성이 연 2.5~3%의 증가율을 보이며 적어도 총 두 배 이상 성장했다고 확신할 수 있다. 물론 이에 참여한 노동자들에 대한 어떤 보상도 없이 말이다.

d) 세계시장 및 전 세계적 분업의 갱신된 확장

이미 말한 바 있듯이 자본자산 영역 및 자본시장의 확대는 또 다른 중요한 외재적 요인이었다. 이 확대는 1990년대 초에 정점에 이르렀다. 이 시기 동안 콜카타의 한 고물상의 아들[인도의 철강왕 락시미 미탈Lakshmi Mittal을 가리킨다_옮긴이]은 폐허가 되다시피 한 동유럽이나 주변부 국가의 특수 경제 지역에 투자해 철강 제국을 세울 수 있었다. 이것은 많은 사례 중 하나일 뿐이다. 결정적 요소는 이러한 확장의 지리적 과정과 새로운 형태의 국제분업의 결합이다. 이러한 새로운 형태의 분업은 고정자본의 소형화, 새로운 정보기술 그리고 운송 비용의 대대적인 감축에 의해 가능했다. 주로 대도시에 개발·디자인·마케팅 본거지를 두고 가치 창출 연계망을 통해 운영되는 전 지구적 네트워크 기업의 설립이 가능하게 되었다. 이에 따라 분할된 노동과정은 착취가 비열할 정도로 심한 지역들로 분배된 뒤 다시 서로 연결될 수 있었다.

e) 새로운 세계경제의 축: 워싱턴-베이징

새로운 형태의 전 세계 분업이 실제로 이 주기의 결정적인 전략적 축이었다는 사실은 1990년대 초 세계경제에 커다란 영향을 끼치며 조용한 공생관계에 접어든 가장 핵심인 두 국가, 즉 미국과 중국의 경제를 보자마자 분명해진다. 이들 두 나라의 공생관계는 다음과 같은 관계로 구성되어 있으며 지금도 그러하다. 즉 한쪽이 열심히 일하고 저축하는 동안 다른 한쪽은 저쪽의 생산물을 미친 듯이 소비한다. 물론 이는 매우 모호한 그림이기는 하지만 다음과 같은 결정적 사실을 반영한다. 자본주의적 발전을 따라잡는 과정에서 중국의 전제주의적 정부는 자국의 노동자·농민 및 이주노동자를 전 세계와 연결된 작업대 앞에 묶어 두고 그들의 생산물을 선진 중심부 지역(특히 미국)에 매우 값싼 가격에 수출하는 대신 지불 약속(국채)을 받는 것에 만족했다. 그리고 미국 편에서는 이 덕분에 신용팽창을 통한 저임금 정책에서 기인하는 빈곤화 과정—이것은 결국 다시 전 세계로 흘러나갔다—을 은폐할 수 있었다. 이런 식으로 중국과 미국으로 연결된 작업대는 더욱 진전되어 중국은 미국의 주요 은행이 되었고, 이들은 좋건 싫건 서로 묶여서 달러의 폭락이 두 파트너 모두를 붕괴시킬 정도가 되었다. 왜냐하면 당분간 중국 중앙은행이 가장 많은 달러화로 된 외환보유액(2조 달러)을 갖고 있고 약 1조 달러에 달하는 미국 재무부 채권을 떠맡고 있는 상황에서 만약 달러화의 통제 불가능한 붕괴가 발생한다면, 미국은 국제적 자본 이탈로 인해 국가파산에 처하는 한편 미국에 대한 신용 대부국으로서 중국의 지위도 급격히 약화될 것이기 때문이다. 이토록 끔찍한 시나리오가 아니라고 해도 이 정도 규모로 왜곡된 채무자-대부자 관계는 극복하기 힘든 문제로 보인다. 그렇지만 이제 이것은 어떤 식으로든 해결되어야 할 문제가 되었다. 간단한 계산만으로도 미국의 상대적 과잉소비의 쇠퇴—이는 이미 진행 중이며 동시에 미국 국민은 초기 저축률(GDP 대비 5%)로 회귀하고 있다—를 이에 상응하는 양의, 무역수지의 양방향의 왜곡을 극복해줄 중국 국민의 소비 증대를 통해 상쇄하는 것이 얼마나 어려운지 알 수 있다. 이러한 상쇄가 가능하려면 현재 매우 낮은 수준에 있는 중국 국민의 소비가 즉시 약 40%가량 증가해야만 한다. 이는 거의 불가능해 보이지만 중요한 사실을 부각한다. 전 세계 규모의 경기조정적(그리고 체계 보강적) 위기 해결의 지렛대가 그 어디보다도 먼저 중국에 놓여 있다는 점 그리고 어떠한 혁명적 대안이 개입되지 않는다면 위기의 심화와 이에 뒤따라 일어날 부채-공황은 무엇보다 현재 진행 중인 '차이메리카' 기획의 경과에 의해 결정될 것이라는 점.

f) 금융시장 및 신용시장의 전 세계적 팽창

전 세계적 착취·가치 창출 네트워크의 재구조화 및 세계화는 금융체계의 국제적 팽창이 없었다면 불가능했을 것이다. 유동환율제는 달러화의 계속적 지배가 유지되면서 초국가적 통화시장(유로달러 시장, 오일달러 시장, 아시아 달러 시장)이 구축되는 결과를 가져왔다. 이를 발판으로 새로운 통화 및 신용 도구들이 환율, 끊임없이 요동치는 상품가격 그리고 주식시장의 불안정성으로부터 오는 위험을 막기 위한 울타리hedge로 발전했다. 그전까지 은행과 산업체들 사이에 존재했던 '적정한moderate' 신용관계는 중기 수익성에 기반하고 있었다. 그것은 이제 초단기 수익에 기초한, 점증하는 자본자산 소유자층의 독재 체제로 대체되었다. 그들은 투자펀드라는 새로운 영역을 발전시켜 모든 경제·거래 영역에 최대의 자산·채무 산출이라는 엄격한 규칙을 부과했다. 이것은 전체 경제체제 및 각종 자본의 모든 국면의 '금융화'를 낳았으며, 평균 자본 수익률을 20~25%로 증대시켰지만, 이에 상응하는 리스크 및 불안정성의 증가도 동반되었다. 동시에 팽창되는 금융영역은 하위계층 및 중간계급까지 신용체제에 편입시켰는데, 이들은 노동 및 소득 조건이 갈수록 불안정해지는 상황에서 어느 정도의 삶의 수준을 유지하기 위해서 이를 받아들여야만 했다. 추가적으로 이러한 새로운 금융 영역에 의해 초래된, 사회적 재생산의 내부 과정으로까지 확장된 자본의 새로운 차원이 발전되기 시작했다. 나는 이것을 '요금자본주의fee capitalism'라고 부르고자 한다. 이는 공적으로 소유되며 대부분 공동체의 것인 여러 자원들의 수탈을 통해 재생산을 위한 일상의 필수품(마실 물부터 시작하여 에너지, 의료 그리고 생명과 연관된 모든 기타 위협으로부터의 보호)을 상품으로 변형하고 자본의 이윤을 만들어 냈다.

g) 자본주의적 사회 생산·재생산을 위한 물질적 기초의 파괴 심화

이 주기의 마지막으로 중요한 외재적 요인은 경제체제의 자연적 기반의 증가하는 파괴이다. 이것은 직접적 생산과정 및 운송 네트워크의 거대한 질적·양적 팽창의 결과일 뿐 아니라 이와 나란히 남반구 저개발 지역에서 대규모 가난이 주변화된 결과이기도 하다. 점점 더 이러한 주변화가 아직 개발되지 않은 생태계의 보고로 밀려 들어오는 한편 반대로 신흥국의 새로운 정권과 중간계급은 메트로폴리스의 환경 범죄를 그대로 따라하기 시작했다. 이 주기가 전 세계의 노동력 자원을 양심의 가책 없이 무자비하게 사용했던 것과 마찬가지로, 이제 생태계 착취가 가차 없이 극단적으로 행해진다. 오늘날 자본의 생산을 '생태적'이게 하려는 상당한 노력이 있다는 것에는 의심할 여지가 없지만 그것은 아직 바닷물 속 한 방울 잉크에 불과하다. 그럼에도 날로 커져 가는 환경 인식에서 나온 이러한 작은 노력으로도 생태적 경향을 너무 늦게 따라간 혹은 아예 따라가지 못한 산업, 예컨대 자동차 산업에 심각한 구조적 위기를 불러일으키기에는 충분했다.

3. 앞선 세계 경제위기와의 차이점과 유사점

현재의 위기 과정을 제대로 이해하려면 이전 주기의 주요한 내재적·외재적 요인에 대해 생각해 보는 것이 필수적이다. 그러나 눈앞에 보이는 바의 위기 현상은 이후의 경과와 가능한 결과에 대해 추측은 몰라도 그것을 생각할 수단은 제공하지 않는다. 따라서 산업적 단계의 자본주의 사회가 발전한 시기 동안, 즉 지난 150년 동안 가장 컸던 세계 경제위기를 보충적으로 훑어보는 것이 도움이 될 것이다. 이를 위해 현재의 세계 경제위기와 앞선 세계 경제위기 사이의 차이점과 유사점을 비교해 보고자 한다. 이는 오늘날의 복잡한 구조와 현상들을 다루려고 할 때 생각의 실마리를 이어 나가기 위한 중요한 방법일 것이다.

a) 1857~1858년의 세계 경제위기

1857~1858년의 세계 경제위기는 (당시까지 발전해 왔던) 자본주의를 동시다발적으로 쥐고 흔들었던 첫 번째 위기였다. 위기는 미국에서 시작되었는데 당시 자본주의적 발전의 선도 영역이었던 철도에 대한 막대한 규모의 투기가 심각한 위기를 초래했다. 곧 그것은 영국과 북독일의 상업도시들뿐 아니라 스칸디나비아 지역, 프랑스 그리고 남동 유럽 지역으로 퍼져 나갔다. 이 위기는 영국 최초의 그리고 거대한 경기순응적pro-cyclical 활동들에 의해 악화되었고, 세계무역을

망가뜨리는 것으로 이어졌으며, 결과적으로 당시 산업 및 기반 시설의 중심부(셰필드, 버밍엄, 맨체스터, 루르 강 지역, 프랑스 북부 그리고 세계 철도 건설 기획 등등)까지 침투하기에 이르렀다. 위기가 일어나기 얼마 전, 크림전쟁(1853~1856년)부터 시작하여 자본주의는 막대한 무역 확장을 이뤄 냈고 지리적으로도 커다란 확장(캘리포니아·멕시코·호주의 식민지화, 인도에 대한 영국 지배의 심화, 중국의 강제 개항)을 경험했다. 이런 점들에 근거하여 마르크스는 1857~1858년에 대서양을 가로지르는 노동자 혁명이 일어날 것이라고 예견하였다. 그러나 그는 곧 자신이 틀렸음을 알게 되었다. 위기의 결과는 1858년 동안 대부분 극복되고 팽창과 번영의 새로운 시기가 시작되었으며 이는 1870~1871년 전까지 계속되었다. 당시 사람들은 이 위기 과정이 이후까지 미친 지대한 영향을 강조했지만 뒤의 세계 경제위기들에 비해 그것은 다소 맹아적인 것이었다.

b) 1873~1895년의 대공황

이 대공황은 소위 '설립자들의 파산Gründerkräch'으로 시작되었다. 이는 자본축적 면에서 당시 선진경제를 따라잡는 중이었던 몇몇 중심 지역들에서 동시적으로 발생했는데, 그중 특히 새롭게 설립된 독일제국과 합스부르크 왕가에서 시작되어 후에 영국 그리고 무엇보다도 미국으로 번졌다. 대공황은 1879년까지 지속되다 장기 공황으로 바뀌었고 1895년이 되어서야 끝났다. 세계체제 속에서 각국 경제는 서로 매우 다른 방식으로 이 공황의 충격을 극복해 나갔다. 미국의 경우, 서구의 식민지화가 급격하게 완성되었고 거대 기업(트러스트)이 설립되어 화학·전자 산업과 같은 새로운 첨단기술 영역의 발전에서 주도적 지위를 차지했다. 독일제국 역시 '설립자들의 파산' 충격이 극복된 후 이와 유사한 과학집중적인 2차 산업화를 완성했다. 이렇게 산업적 착취·축적의 광범한 재구축을 위한 기초가 마련되었으며 그 대부분이 독일과 미국에서 이루어졌다. 노동계급이 '대중 노동자'가 되어 기계 리듬 및 공장의 지배에 종속됨에 따라 노동계급의 장인적 기술은 폐기 처분되었다. 이런 의미에서 이 위기는 엄청나게 빠른 속도로 기술적·노동 조직화적 관점에서 산업적 착취 과정의 재구성을 밀어붙인 첫 번째 세계 경제위기였다. 노동과 자본의 관계는 완전히 새로운 기초에 놓이게 되었으며 1905년 이 관계는 세계 노동계급의 저항, 즉 첫 국제적 반란 및 혁명적 생디칼리슴(세계산업노동자조합 Industrial Workers of the World)에 맞닥뜨리게 되었다. 그 사이 영국과 프랑스는 그들의 식민지 제국을 재정비했다. 특히 빅토리아 시기 영국은 주변부 지역의 생활경제를 기아 재앙이 일어날 정도로 파괴하여 수백만의 인명을 빼앗았고 이 지역의 '제3세계'화를 가져왔다.

c) 1929~1932년의 세계 경제위기와 1939~1940년의 대공황

지난 세기의 세계 경제위기에 관한 수십 년 동안의 광범위한 연구에도 불구하고 아직도 풀리지 않은 많은 문제들이 존재한다. 우리가 확신할 수 있는 것은 이 위기의 거대함이 많은 부분 1896년 이후 기묘하게 진행된 경제성장 주기에 기인한다는 점이다. 즉, 1차 세계대전이 전 지구적 경기하락세가 진행되기 시작했던 바로 그때 발발했다는 것이다. 따라서 이 주기는 세계적 전쟁 호황에 의해 연장되었으며 1916~1921년의 세계 노동자 혁명이 패배하고 대규모 하이퍼인플레이션이 극복된 이후, 21세기 처음 10년의 광풍의 시기와 매우 유사한 '황금의' 20세기의 모습으로 다시 등장했다. 즉, 이 세기는 최근의 시기와 마찬가지로 과도한 주식·신용 투기, 낮은 대중 소득 그리고 산업화된 농업 및 현대적 산업자본 영역의 과잉축적으로 특징지어졌다.

위기는 주요 농업 상품가격의 하락과 함께 국제 농업 위기로 시작되었으며, 이어서 1929년 10월에는 미국 주식시장으로 번졌고, 미국이 사실상 경제의 모든 부분에 걸쳐 보호무역주의적 관세를 부과하는 법을 시행하면서 세계적으로 보호무역주의의 흐름을 촉발한 1930년 이후, 세계무역의 붕괴를 초래했다. 그 후 이 위기는 산업 영역 전반으로 퍼져 나갔다. 그것은 1931~1932년부터 유럽에서 시작되어 주요 통화들의 평가절하 경쟁으로 이어진 은행 위기에 의해 더욱 악화되었으며, 그 결과 GDP가 반토막이 났고 모든 산업국가에서 실업률이 25~35%에 이르게 되었다. 이어질 공황을 극복하기 위한 모든 시도는 실패했는데 심지어 미국의 '뉴딜 정책'마저 그러했다. 상황은 전 지구적 경제전쟁이라고 할 상황에까지 이르렀는데 이는 파시스트 축의 핵심 국가, 즉 독일, 이탈리아, 일본의 군사 및 확장 정책에 의해 격화되었다. 이러한 대위기는 1938년 이후에야 2차 세계대전의 군비경쟁과 군수산업을 통해 극복되었는데, 유럽에서 시작되어 1940년 이후 미국으로 이어졌다. 이 위기의 이러한 파국적 결과는 결코 피할 수 없는 것이었다. 따라서 이와 같은 사실은 현재 날로 확장되는 위기에 관한 토론에서 우리의 과제가 현 상황이 새로운 세계 경제전쟁으로 전화되는 것을 막는 한편 세계체제의 사회주의적 변형의 지렛대로 사용될 수 있을 위기 극복 방안을 제안하고 끝까지 밀고 나가는 것임을 깨닫게 해 준다.

4. 전 지구적 프롤레타리아화

위 과제에 집중하기 전에 우리는 이 위기에서 빠져나올 길, 즉 다시 자본주의적 야만으로 이어지는 것이 아니라 사회주의적 변형의 전망으로 확대될 수 있는 길을 마련할 힘이 누구에게 있는가를 물어야 한다. 그들은 살아남기 위해 자본주의적 축적·조절 기계에 자신의 노동력을 팔거나 양도해야만 하는 계급들과 계층들일 수밖에 없다. 즉, 아무것도 소유하고 있지 않으며 끊임없이 변화하는 전 지구 노동계급의 다중우주multiverse를 형성하는, 이 땅의 모든 이들 말이다.

a) 역사적·방법론적 전제

이러한 접근법은 전혀 자명하지 않으며 따라서 나는 이에 대해 좀 더 자세히 설명하고자 한다. 이것은 '일국적'이고 '유럽중심적'인 관점의 노동사 서술에 대한 비판과 마르크스주의적 노동 및 계급 이해의 진전된 성과들로부터 나온 전 지구 노동계급에 대한 새로운 관념에 기초한다.

i) 전 지구적 프롤레타리아화 및 탈프롤레타리아화de-proletarianization

전 지구적 관점의 노동사는 노동사 가운데서도 가장 역사가 짧은 분과에 속하지만 그럼에도 몇몇 중요한 결과물을 낳았다. 이제 노동계급의 형성은 그 시작부터 전 지구적 맥락 속에서 이루어졌음이 이해되고 있다. 그 형성 과정은 18세기 후반 대양과 대륙을 가로지르는 사회적 반란 과정 속에서 시작되었다. 이 반란에서 싸웠던 이들은 노예 노동자(카리브인Caribbean)들과 더불어 상선 및 해군에 강제로 징집된 선원들, 식민지에 이주한 자영 노동자들(소작농과 수공업자) 그리고 공방과 공장의 프롤레타리아들이었다. 1775~1776년 일어난 이러한 평민들의 봉기는 영국의 식민 지배에 반대하여 일어난 북아메리카 혁명전쟁의 방아쇠를 당겼을 뿐 아니라 또한 지역 노동계급의 형성에 지대한 영향을 미쳤다. 이 모든 사실에 대한 인식을 통해 마침내 노동사 연구의 유럽중심주의적 한계와 범대서양권에 고착된 시야—

이는 이 분야 최고의 학자들, 예를 들면 톰슨E.P. Thompson마저 빠져 버렸던 문제였다—를 극복할 수 있게 되었다. 18세기 후반 이러한 노동계급 형성의 첫 국면이 시작된 이래 세계의 서발턴 계급의 프롤레타리아화 및 상대적 탈프롤레타리아화의 특수한 국면들이 있었다. 이러한 국면들은 부분적으로는 자본 팽창에 앞서 나타나기도 했고(대륙간 정치적·사회적 이주) 또 부분적으로는 그것에 뒤따라 일어나기도 했다. 상대적 탈프롤레타리아화의 마지막 국면은 1950년대 및 1960년대 복지국가에 의해 지배되었던 축적 주기 동안 나타났는데 여기에는 주변부 지역의 일시적 탈식민화가 동반되었다. 1973년 이후 그것은 재프롤레타리아화의 새로운 물결에 의해 대체되었다. 이에 관해서는 더 많은 논의가 필요할 텐데, 위기가 시작되는 시점의 전 지구 노동계급의 내적 구성이 많은 통찰점을 제공해 주기 때문이다.

ii) 전 지구 노동계급의 다중우주

전 지구 노동계급의 구성 상태를 보면 '이중으로 자유로운' 임금노동이 지배적인 것은 아니다. 오히려 18세기 후반부 이래 전 지구 노동계급은 다양한 층을 가진 일종의 다중우주를 구성했다. 이 다중우주 안에서 대규모 산업 임금노동은 중요한, 일시적으로는 정치적으로 지배적인 역할을 차지했지만, 그것이 프롤레타리아의 나머지 모든 부분들을 흡수할 가능성 그리고/혹은 그 부분들을 순전한 산업예비군으로 전환할 가능성이 있었던 적은 없다. 오늘날 전 지구 노동계급은 대량빈곤·대량실업, 소규모 자영농의 자급농업, 자영 노동(소규모 농민, 수공업자, 영세상인, 공식적으로는 자영업자인 지식노동자들), 산업노동 그리고 모든 종류의 자유롭지 않은 노동관계들(노예, 부채 노예, 저임금 미숙련 노동자coolie, 계약직, 군인 혹은 투옥된 자들의 강제노동, 예를 들어 독일의 하르츠 4[5] 실업수당의 수혜자 같은 이동의 자유를 빼앗긴 메트로폴리스의 워킹푸어에 이르기까지)로 이루어진 오각형으로 구성되어 있다. 다양한 지구 지역에서 이 다섯 부분들 사이의 양적 비율은 매우 상이하다. 이러한 전 지구 노동계급의 부분들 사이에는 유동적 전이와 네트워크가 존재하는데, 이를 구성하는 흐름은 주로 한편으로 프롤레타리아/소규모 자영농 가족 단위 사이, 다른 한편으로 대륙을 가로지르는 하위문화들 사이의 대규모 이주에서 합류된다. 청년 마르크스의 말을 참조하여 우리는 무산자 계급propertyless class이야말로 사회적·경제적·성적·인종적 평등을 가져올 수 있는 행위자라고 가정할 수 있다. 이는 이 계급만이 소유의 일반적 폐지를 통해 삶의 실천적 활동들로부터 소외와 (소외된 힘, 즉 자본으로서 삶 앞에 등장하는) 대상화된 노동으로부터 소외라는 이중의 인간 소외를 극복할 수 있기 때문이다. 바로 이 점이 프롤레타리아의 다중우주에서 나타나는 균질화 및 합류 과정에 우리가 주목하는 이유이다. 따라서 이는 단지 임금노동 폐지만의 문제가 아니다. 그것은 또한 대다수의 사람들이 살아남기 위해 자신의 노동력을 양도해야만 한다는 사실로부터 기인하는 모든 종류의 착취 및 억압의 폐지의 문제이기도 하다.

b) 전 지구 노동계급의 현 상태

개념적 전제들에 대해서는 이쯤 해 두자. 이제 문제는 다음과 같

5 [영어판 옮긴이] '하르츠 프로젝트Hartz project'는 페터 하르츠Peter Hartz가 위원장이었던 '노동시장개편위원회Kommission für moderne Dienstleistungen am Arbeitsmarkt'가 제출한 노동시장 개혁안을 가리킨다. 이 위원회는 2002년 8월 독일 사민당의 게르하르트 슈뢰더가 총리로 있었던 정부에 이 보고서를 제출했다. 네 부분으로 나뉘어 있던 이 위원회의 개혁안은 2003년에서 2005년 사이에 거의 대부분 법안으로 만들어졌다. 이 하르츠 4 법안은 2005년 1월부터 발효되어 각종 사회보장책 및 실업 보조금을 완전히 개혁했다.

은 것들이다. 지난 주기의 전략적 저고용 및 강화된 착취를 겪으면서 계급 구성 및 계급 파편화의 내적 과정은 어떤 모습을 띠었는가? 오늘날 전 지구 노동계급의 기초적 생활필수품은 무엇이며 이 계급이 현재 나타나고 있는 대량실업과 대량빈곤의 국면에 직면하여 어떻게 이것들을 확보해낼 수 있는가? 이 계급은—혹은 적어도 이 계급의 중요 부분은—이러한 방어적 입장을 넘어서 사회적 부의 사회적·평등주의적 재전유를 의제로 설정할 힘을 가질 수 있을까?

i) 남반구 저개발 지역의 자급농 가족

오늘날 남반구 저개발 지역과 몇몇 중요 신흥국의 자급농 가족은 여전히 전 지구 노동계급의 대다수를 차지한다. 28억 명이 여기에 해당하며 중국만 해도 그중 7억 명이 존재한다. 그들의 재생산은 차야노프[6]식의, 가족에 기초한 자급경제 형태로 이루어진다. 이것은 복잡한 구조를 가지며 마을 공동체 및 부조 체제와 얽혀 있다. 그들은 점점 더 위험으로 내몰리고 있으며 비농업 영역으로부터의 정기적 혹은 비정기적 노동 수입(대륙 내 그리고 대륙을 가로지르는 이주노동)을 통해서만 생존을 영위할 수 있다. 지난 주기 내내 벌어졌던 가장 비옥한 농지의 기계화된 대규모 농장으로의 변형, 기후 변화의 영향 그리고 토지 수탈 등으로 인해 이 집단의 생존의 토대는 갈수록 침식되었다.

ii) 대규모 이주와 이주노동

지난 수십 년 동안 수억 명의 사람들이 대규모 빈곤 및 내전의 야

6 [영어판 옮긴이] 협동농업 이론을 만들어 낸 동시에 매우 재능 있는 작가이기도 했던 러시아의 농업경제학자 알렉산드르 차야노프를 가리킨다.

만적 상황을 피해서 혹은 고향에 남아 있는 자급농 가족을 먹여 살리기 위해서 대륙 안팎을 넘나들며 이주를 거듭했다. 중국 내부의 대규모 이주, 동남아시아 및 남아시아에서 걸프만 지역으로의 대규모 이주, 아프리카에서 지중해 지역을 거쳐 남유럽으로의 이주, 동유럽에서 서유럽으로의 이주, 남아메리카 및 중앙아메리카에서 북아메리카로의 이주 등이 있었다. 선진국과 많은 신흥경제국의 하층민 가운데 10~20%는 이주민으로 구성되어 있다. 시간이 지나 이러한 이주 흐름들이 서로 중첩되게 되었고 이에 따라 새로운 일상문화가 형성 중인데, 이러한 문화는 국경을 초월하고 다언어적이며 매우 지적인 특징을 갖고 있다. 이러한 문화들 속에서 다문화적 정체성을 향한 경향과 자신의 인종적 정체성을 고수하려는 노력 또한 서로 중첩된다. 지난 수십 년간 프롤레타리아화 과정의 양상을 결정적으로 규정했던 것은 바로 이러한 경향들이었고 오늘날 이 경향들은 전 지구적 계급구성의 가장 중요한 참조점 가운데 하나이다.

iii) 대량 빈곤과 슬럼 도시의 지하경제

생계를 꾸려 나가던 농촌이나 내전 지역에서 떠나온 사람들 모두가 신흥경제국이나 선진국에 영구히 정착할 수 있었던 것은 아니었으며, 이들 중 일부는 심지어 잠시나마도 그곳에 정착할 수 없었다. 오늘날 이 전 지구적 잉여인구는 주변부 지역과 신흥 경제 지역의 슬럼 도시에서 살아간다. 이 슬럼 도시의 가난한 대중은 학살에 가까운 굶주림과 대규모 전염병의 벼랑 끝에 몰린 채 지하경제 안에서 생존을 지탱하고 있다. 그들은 극단적 형태의 과도 착취에 직면해 있다. 이는 주로 자유롭지 못한 노동관계 혹은 공식적으로는 '자영' 노동관계를 통해 이루어진다. 이는 도시의 거대한 밀집 지역에 거주하는 약 수십억의 사람들에게도 해당된다. 이들은 남반구 저개발 지역 메트로폴리스의 교통로 및 뱃길을 따라 살며 비참한 삶을 근근이 연명해 나가고 있다. 이 빈자들은 점점 더 해안과 사막 지역으로 내몰리고 있으며 이에 따라 자연재해의 위협을 받게 된다. 농촌 생계 경제들 간의 이동과 대규모 이주의 통로는 날이 갈수록 불안정해지고 있다. 현재의 전 지구적 위기가 이러한 거대한 슬럼화 과정을 한층 더 가속할 것이라는 두려움은 정당하다. 그리고 도시의 대규모 빈곤이 또한—공개적인 동시에 숨겨져 있는 노숙자 쉼터와 실업자를 위한 무료 급식소 등등과 같이—남반구 저개발 지역의 많은 도시에서 특징적 모습이 되기 시작했음을 가리키는 현상들이 이미 나타나고 있다.

iv) 신흥 경제 지역의 새로운 산업 노동계급

지난 20년 동안 신흥 경제 지역의 새로운 산업 노동계급의 발전은 전 지구적 계급 구성을 결정적으로 바꿔 놓았다. 가장 최근의 두 경제 주기를 거치면서 이 계급은 상당한 양의 임금 상승을 위해 싸우고 또 그것을 얻어 낸 한편으로 첨단기술을 습득하는 집중적인 과정을 빠르게 통과했다. 1980년대와 1990년대 동안 낮은 기술 수준의 산업 부문은 점점 더 구 산업 중심부에서 이웃 주변 국가들로 이전되었다. '전 세계로 연장된 작업대'의 노동계급 역시 이 부문을 따라 이동했는데 특히 섬유 및 각종 소비재 산업은 이를 잘 보여준다. 오늘날 거의 완결된 핵심 산업 부문(선박·자동차·전자·화학·섬유 산업)의 이전과 함께 구 산업 중심부와 이들 신흥 경제 지역 사이의 기술적 차이가 균등화됨에 따라 세계체제의 신흥 경제 지역과 선진 지역 사이의 계급 구성의 양극은 서로 접근해 가고 있다. 이것은 노동계급의 다중우주 가운데 불안정노동 부문에도 해당된다. 즉, 신흥국에서 이 부분의 수가 감소하는 반면 선진국에서 그 수는 상당한 증가를 보인다.

v) 구 산업 중심부에서 노동계급의 상대적 탈산업화 및 불안정화

지난 수십 년 동안 삼각 지역(미국, 유럽, 일본)의 산업 임금노동자 부문은 눈에 띄게 줄어들었다. 동시에 그 기술적 구성은 모든 제조업 및 서비스업을 장악하고 변형시킨 기술적 혁신의 결과 극적으로 변화했다. 이런 식으로 저항적이며 특히 투쟁 경험이 많았던 이 부문의 노동계급(예를 들어 인쇄공 혹은 전통적 항만 노동자 등) 가운데 많은 수가 사라지거나 혹은 그 수가 줄어들어 경제 규모가 큰 국가들에서조차 몇십만에 불과하게 되었다. 이와 나란히 불안정한, 공식적으로는 '자영' 노동이 메트로폴리스적 국가들의 계급 구성에서 핵심적 요소가 되었다. 최근 몇 해 동안 노동 수입의 감소는 대규모 산업의 소위 핵심 노동력을 포함하여 노동계급의 모든 부분에 영향을 미쳤다. 임금노동에 참여해 살아갈 수밖에 없는 인구의 4분의 1은 장시간의 초과 노동에도 불구하고 더 이상 빈곤 수준 이상의 삶을 유지할 수 없게 되었다.

vi) 전 지구 노동계급의 균질화 경향과 파편화 경향

전반적으로 지난 경제주기 동안 전 지구 노동계급의 균질화 및 파편화 경향은 서로 어느 정도 균형을 이루게 되었다. 세계체제의 모든 지역에서 영세농 자급경제는 결정적 위기라 할 수 있을 상태로 완전히 주저앉아 버렸고 이는 대규모 이주와 전 지구적 잉여인구의 형성을 촉발했다. 이러한 과정이 전 지구 노동계급을 변형시켜 이제 대륙들과 문화들을 가로지르는 사고방식mentality을 특징으로 하는, 새로운 전 지구 노동계급이 출현하게 되었다. 반대 방향에서 전개된 균질화 과정은 노동계급의 임금 및 산업 부문에 의해 시작되었는데, 이는 주로 이제는 완결된 산업적 대량생산의 '주변화'에 기인한다.

그러나 같은 시기에 이러한 균질화 경향 못지않게 중요한 파편화 경향 역시 존재했다. 전 세계 차원에서 노동 및 삶의 조건이 악화되어 왔다고 해도, 프롤레타리아의 삶의 수준의 지역적인 차이는 상당히 더 벌어졌다. 슬럼 도시의 하수구와 쓰레기 더미 주위에서 살아가는 사람들의 삶의 조건은 메트로폴리스 지역의 다문화적이고 불안정한 노동자들의 삶의 조건과는 엄청나게 다르다. 이에 더해 우리는 '부정적' 균질화 요소들을 볼 수 있는데, 예를 들면 종교의 구원 약속에 점점 더 많은 사람들이 집착하는 것이나 마피아적 방식의 후원에 종속되는 것과 같은 것이다. 이러한 현상은 전 세계 규모의 가부장적이며 민족정치적ethno-political 후퇴의 경향을 강화한다. 이러한 경향을 과소평가하지 않는 것이 각별히 중요한 까닭은 이러한 경향이 미래의 행동 범위를 상당히 제약하기 때문이다. 이것은 우리에게 짐이 되는 유산이다. 예를 들어 1979~1980년 이란에서 시아파 이슬람교 사회주의적·혁명적 세력은 아야톨라 분파에 의해 그 뿌리까지 뽑혔다. 몇 년 후 이슬람 조직은 중동에 남아 있는 좌파의 핵심 그룹들을 학살하는 한편 가부장적이며 반동적인 사회구조 속으로 그 지역의 가난한 사람들을 순치시켰다. 또 미국에서는 사양산업에 종사하는 하층계급이 전도사들에 의해 지배되는 일이 벌어지고 있다. 그리고 슬럼 도시에서는 사회안전망과 최소한의 교육제도와 같은 기본적인 것들이 수억 명 이상의 신도를 가진 천년왕국Chiliastic 교회들에 의해 유지되고 있다. 심지어 유럽에서조차 전통적 노동운동이 노동계급을 버리는 일이 벌어졌다. 그 결과를 마르세유의 사례에서 볼 수 있는데, 마르세유에서 사회당이 빠져나간 이후 점점 더 많은 수의 2세대 이주노동자들이 국민전선(극우 정당)의 복지정책으로 마음을 돌리게 되었다. 의심의 여지없이 이 모든 사정은 좌파가 노동계급의 일상적인 현실 안으로 복귀하는 것—이는 현 위기의 출현으로 인해 시급한 문제가 되었다—이 더욱 어려워졌음을 의미한다. 그러나 다른 대안은 없다.

그리고 내게는 이러한 선택이 허황된 것으로 보이지 않는다. 이 위기가 시작되기 전부터 우리는 이미 투쟁과 저항의 수가 눈에 띄게 증가하고 있음을 알아챌 수 있었다. 이 투쟁과 저항에서 참여자들은 서로 연대하며 결합했고, 평등주의적 행동 방식을 발전시켰으며, 더 욱더 활발하게 위기의 사회적 비용을 떠맡는 것을 거부했다. 이 가운데에는 중국의 주강 삼각주 지역 사업장의 노동자들 전체가 벌인 대규모 저항이 있다. 이들은 급작스런 공장 폐쇄와 임금체불에 거세게 저항하고 있다. 중국 서부의 농촌 지역에서도 열기가 고조되고 있는데 자의적인 토지 수탈과 자연 및 생계의 파괴에 맞선 국지적·지역적 봉기가 점점 더 빈번해지고 있다. 뿐만 아니라 지구의 선진 지역에서도 새로운 여명을 알리는 사건들이 날로 증가하고 있다. 시카고(미국)와 슐레스비히홀슈타인(독일)의 경우 자동차 산업 하청기업들의 급작스런 공장 폐쇄에 맞선 공장 점거 운동이 우리의 관심을 끌었다. 프랑스, 이탈리아, 그리스에서는 청년들이 교육 기회의 박탈에 맞서 싸우고 있다. 특히 이러한 박탈로 인해 자신이 가진 자질에 따라 전문직의 삶을 살 전망이 급격하게 악화되기 때문이다. 이 모든 사회적 불만의 분출을 거치면서 위기에 대한 의식들이 성장하고 날카롭게 벼려지고 있으며, 이것은 '너희들이 초래한 위기의 대가를 우리가 지불하지는 않을 것이다!'라는 슬로건 아래에서 균질화되기 시작하고 있다. 이러한 기본적인 연대의 감정을 대규모 공장의 노동력으로까지 확대하는 것, 불안정 노동자부터 '핵심 인력'에까지 이르는—노사협의회 혹은 노동조합에 의해 지지되는—해고의 위계적 사슬을 부수어 버리는 것이 가능할까? 적어도 우리는 그러려고 노력해야 할 것이다. 다음과 같은 슬로건 아래에서 말이다. "주 3일 노동? 그거 멋지군. 근데 임금은 직업 종류에 상관없이 모든 사람에게 주 5일 치 선부가 주어져야 하겠는데. 왜냐면 우리가 공장을 인수하고 자주관리를 하려면 나머지 이틀 치도 필요하거든."

이 모든 것에 더해 위기에 처했던 기존 핵심 지역, 즉 미국, 유럽, 그리고 동아시아에서 대량실업의 새로운 물결이 밀어닥치고 있는 것으로 미루어 볼 때, 우리는 위기로 인한 전 지구적 프롤레타리아화가 또다시 급증할 것이라고 예상할 수 있다. 다시 수백만 명이 사회적 나락으로 굴러떨어지게 될 것이다. 이에 맞서 어떻게 대응할까? 그들이 더 이상 잃을 것이 없게 되었을 때, 프롤레타리아 가정과 그들 주위의 사회적 집단들 그리고 프롤레타리아 다중우주를 이루고 있는 여러 겹의 부분들의 손에 다양한 선택지가 주어질 것이다. 그들은 생존권을 확보하고 평등주의적 사회를 가져오기 위하여 반란을 일으킬 수 있다. 그러나 그들은 또한 예를 들어 다른 프롤레타리아 집단들을 희생시키면서 자신의 생존을 담보하기 위해 가부장적 폭력을 부활하거나 민족적 충돌을 재무장시키는 등의 방식으로 개인적·가족적·사회적 자기파괴의 길을 택할 수도 있다. 세 번째로 그들은 비프롤레타리아 계급의 이익을 보장하는 데 프롤레타리아의 사회적 잠재력을 제멋대로 갖다 쓰는 행정부 전제주의나 새로운 지도자에 그들의 두려움과 좌절을 투사시킴으로써 정치적 후퇴의 길을 택할 수도 있다. 이 세 가지 가능한 경로와 대조적으로 국가개입을 통해 위기 극복을 추구하는 개혁 프로젝트에 만족하는 것도 가능하겠다. 이러한 개혁 프로젝트는 자본주의적 사회구성체를 갱신할 막대한 잠재력에 기반을 둔 형태, 즉—제한된 형태로나마—최소한의 프롤레타리아의 이해관계를 고려에 두는 형태의 것일 수 있다. 그렇다면 전 지구적 경제위기의 조건 속에서 우리는 어떻게 균질화 및 해방의 평등주의적 경향들을 길러 낼 수 있을까?

5. 이행 프로그램의 개요

a) 예비적 고찰

우리는 잃을 것 없는 저 사람들이 자동으로 혁명적으로 집단화될 것을 기대하면서 위기 동학의 가속화 및 심화에 기대를 거는 급진 좌파적 관점을 지닌 사람들을 따라서는 안 된다. 위기와 혁명의 개념적 자동성automatism은 적어도 지난 세기 대공황의 결과에 의해 틀렸음이 입증되었다. 게다가 우리는 식민지 해방 과정에 대한 분석으로부터 비판의 무기가 자칭 전위의 입장에서 무기의 비판으로 변형되면, 기대했던 해방을 낳는 것으로 귀착되지만은 않으며 오히려 종종 새로운 지배계급을 낳고 피바람 부는 내전으로 그 방향이 틀어져 버리고, 결국 해방적 목표가 그 반대의 것으로 둔갑하고 이후 수십 년 동안 그것의 물질적 기초가 박탈되어 버리는 결과를 가져왔음을 배운 바 있다. 우리는 세계 경제위기가 다극적 열강들 사이의 세계 경제전쟁 그리고 그것이 초래할 대규모 전쟁으로 변형되는 것을 막기를 원한다. 동시에 우리는 폭력에 초점을 둔 감정적이며 종말론적인 혁명에 대한 기대로부터도 벗어나고자 한다. 왜냐하면 프롤레타리아의 혁명에 대한 요구가 내전으로 전화한 계급 충돌 속에서 익사할 수 있기 때문이다. 사회의 급격한 몰락이라는 현실과 위험에 처한 사람들에게 선택의 폭은 사라진다. 이러한 관점을 간디식 비폭력 시민불복종으로 오해해서는 안 된다. 생존의 물질적 기초와 생산수단, 주택 그리고 공공재의 전유를 확보하기 위한 자기조직적인 대중의 투쟁은 프롤레타리아적 폭력의 사용 없이는 생각하기 힘들다. 이러한 측면은 새롭게 등장하고 있는 계급 충돌의 다른 구성요소들 만큼이나 각별히 숙고되고 또 집단적으로 통제되어야만 한다.

이러한 모든 이유들로 인해 해방적 전망은 사회적 변형의 분석에 기초를 둔 관점을 필요로 하며 이러한 관점과 직접행동 프로그램이 연결될 수 있어야 한다. 이 위기가 자본주의의 개혁적 갱신 혹은 세 가지 가능한 야만적 상황—내적인 자기파괴, 내전 그리고 자본주의적 세계 경제전쟁이 새로운 세계대전을 야기하는 것—을 초래하는 것을 막기 위해, 프롤레타리아의 자기해방이라는 관점이 다음 두 층위의 행동 모두에서 견지되어 양자를 결합할 수 있어야 한다. 첫 번째 단계는 현재 진행 중인 경기조정 프로그램을 근본적 차원에서부터 더욱 첨예하게 하는 것을 목표로 하는 행동들이며, 두 번째는 이로부터 출발해 자본주의 사회의 혁명적 변형의 기획을 개시하기 위한 프로그램이다.

b) 위기 극복을 위한 개혁주의 프로그램의 실시와 첨예화

i) 반드시 자본 소유자가 위기의 대가를 치러야 한다

행동의 첫 번째 단계로 우리는 중국, 유럽연합 국가들, 미국 그리고 일본에서 현재 금융체계에 제공되고 있는 정부보증과 대규모 경기 부양 프로그램의 방향을 거꾸로 해야만 한다. 현재 여기에 쓰이고 있는 7조 달러 가운데 더 많은 부분이 전 세계 빈민들, 남반구 저개발 지역의 소규모 자영농들, 신흥국과 선진국의 실업자 및 불안정 노동자들 그리고 노동계급의 생존을 지키는 데 쓰이도록 재조정되어야 한다. 이것은 노동조건의 균등화를 동반한, 임금 삭감 없는 노동시간의 급격한 단축과 결합되어야 한다. 사회안전망이 구축되거나(중국과 다른 신흥국 및 개발도상국의 경우) 혹은 다시 개선되어야 한다(실업수당을 평균 수입의 4분의 3 수준으로 올리기, 축소된 연금 및 연금 수령 자격을 회복시키기, 교육의 확대, 대중의 필요에 맞게 보건 영역을 재구축하기 등). 이러한 변형은 재정적자를 한층 더 늘리는 것을 통해서가 아니라 백만 달러 이상의 자본자산 소유자와 연간 15만 달러 이상의 수입자에 대한 누진세 부과와 (5천만 달러 이상의) 대량의 자본자산에 대한 징세를 통해 이루어져야만 할 것이다.

이러한 대규모 하향식 부의 재분배는 비록 그것이 위기를 극복하기 위해 대중의 소득을 늘림으로써 과잉축적과 과소소비의 균형을 맞추려는 케인스주의적 개혁주의 시도에 의지하는 면이 있다 하더라도 결코 위기 주기의 보편적 안정화를 목표로 하는 것이 아니다. 노동계급의 욕구 및 필요와 '대중 구매력'이라는 경제적 범주 사이에는 환원할 수 없는 질적 차이가 존재하며, 이 차이는 무산자 계급에게 그들이 점차 균질화됨에 따라 권력 집단의 경기조정적 개혁 정책을 원래의 의도 이상으로 밀어붙이도록 할 기회를 준다. 이를 달성하기 위해 전 지구적으로 상호 조정된 대규모 행동뿐 아니라 이에 못지않게 전 세계적으로 정보를 공유하는 캠페인 또한 필수적이다. 이것은 기존 체계의 한계 내에서 움직이는 경기조정적 위기관리 정책을 옹호하는 일체의 기획 및 집단들과의 제도적 유착을 피해야만 할 것이다.

ii) 새로운 전 지구 통화와 고정환율제 재도입

동시에 우리는 새로운 전 지구 통화를 지지해야만 한다. 이것은 상이한 경제 수준의 모든 국가들을 대표할 수 있는 통화 바스켓으로 구성된다. 여기에서 시작해 고정환율제를 다시 설립할 수 있을 것이며 이를 통해 평가절하와 평가절상 사이에 균형을 유지하고, 통화준비금의 기준을 세우며, 상호 간 무역수지를 안정화할 수 있을 것이다. 이런 식으로 과잉축적된 세계 금융체계의 많은 부분이 사라지게 될 것이다. 게다가 점점 더 나락으로 미끄러져 들어가는 워싱턴과 베이징 사이의 아슬아슬한 공생관계 또한 극복될 수 있을 것이다.

iii) 경제 구조조정 프로그램을 민주화하기

셋째로 나날이 발전하는 전 지구에서 벌어지는 대규모 투쟁과 관련하여 우리는 민주적으로 선출된 노동자들로 이루어진 평의회가 세계경제의 굵직한 구조조정 과정에 처음부터 참여하는 것을 지지해야만 한다. 이러한 노동자평의회가 준관리자와도 같았던 관료주의적 노동자 조직(노동조합과 노사협의회)을 대신하게 될 것이다. 향후 몇 주 혹은 몇 달 이내에 자동차 산업의 구조조정이 가장 중요한 문제가 될 것이다. 따라서 일어날 수 있는 공장 점거에 맞추어 전 세계적인 자동차 산업 노동자 연합을 만들어 내는 것이 시급한 것으로 보인다. 여기에서 노동시간의 급격한 단축 및 평등한 노동조건을 위한 투쟁(특히 핵심 노동력과 아웃소싱된 임시직 노동자들 사이의 격차를 폐지하는 것)을 공해를 일으키지 않으며 '재사회화된' 교통수단의 가속화된 개발을 향한 요구와 결합해야만 한다. 이 운동이 얼마나 성공적인지에 따라 노동계급이 얼마나 자주적으로 위기의 해법을 발견할 수 있을지 그리고 자본주의 세계체제의 자본 집중적 부문에서 나타나는 탈지구화적 보호주의 노선을 기선 제압할 수 있을지 결정될 것이다. 동시에 자동차 산업 노동자들의 이러한 움직임은 주변 부문(에너지, 운송 부문)에서 대규모 운동이 개시되고 그들과 함께 행동 목표를 상호 조정할 수 있는 기반을 형성할 것이다. 또한 이 모든 것은 시작부터 전 지구적으로 연결되어 있으며 아마도 사회적 삶과 재생산의 집단적 자치를 위한 준비 과정으로서 기능할 대규모 학습 과정의 개시를 의미할 것이다.

c) 지역적, 국제적 그리고 전 지구 수준에서: 혁명적 변형 프로그램을 위한 첫 번째 토대

i) 세 가지 기본 전제조건

경기조정적 개혁 프로그램을 요구하고 첨예화하는 것은 혁명적 변형 과정을 향한 길을 여는 것으로 이어져야 한다. 이는 해방 및 사회적 자율을 향한 발본적 변화의 욕망을 만들어 낼 집단적 학습 과정을 가능하게 한다. 사회주의로의 이행은 그것이 전 세계 대중의 욕구가 될 때에만 가능할 것이다.

이 과정에는 시간이 필요하다. 확실히 수년은 걸릴 것이다. 그러나 변형 과정 자체는 그것을 되돌릴 수 없을 만큼 멀리 진행되기까지 또한 수십 년에 걸쳐 이어질 것이다. 이 단계에서 재전유한 생산수단에 대한 생산자들의 직접·자주 관리는 계급지배의 복귀를 불가능하게 만들 평등주의적이며 풀뿌리 민주주의적인[앞으로 '민주주의'는 이러한 의미로 사용된다_영어판 옮긴이] 구조를 만들어 낼 것이다.

첫 번째 근본적 전제조건은 민주주의적 구조개혁의 실행이다. 여기에는 예컨대 직접적이며 소환 가능한 위임의 원칙(노조신임자회 Vertrauensleutekörper[7] 모델)에 따라 노동조합을 재조직하고 탈관료화하며 지도부의 준관리자급 연봉을 삭감하는 것 그리고 상향식 포괄적 국가 해체 과정의 첫 단계로서 지방정부를 민주주의적으로 재조직화하는 것이 포함된다.

둘째, (세수의 60%가 지방자치단체로 들어가는 스위스의 경우처럼) 세

7 [옮긴이] 노조 신임자는 독일의 노동조합 관련 제도 가운데 하나로 기본적으로 산별노조 체제인 독일에서 산별노조 혹은 기타 초기업 노조와 개별 사업장을 연결하는 매개체이면서 소속 사업장 내에서는 노동자들의 이익을 대변하는 대변자 역할을 한다. 보다 자세한 설명은 박귀천, 〈독일의 노조신임자 제도〉, 《법학논집》, 18권 3호, 2014를 참조할 것.

수가 지역 기관들로 흘러 들어가도록 재조정되어야 한다. 일단 이것이 이뤄진다면 사람들이 자신의 근로소득세를 스스로 관리하는 데 관심을 갖게 될 것이며, 민주주의적 학습 과정도 정당한 자기 이익의 추구와 결합될 수 있을 것이다.

셋째, 민주주의적 자치를 구성하는 데 필요한 가처분 시간과 자원을 창조하기 위해서 노동시간의 획기적 감소와 동시에 소득 증가 및 균등화를 추구해야만 한다. 이렇게 민주주의적 자치의 주체는 단지 사회주의화 과정을 밀어붙일 뿐 아니라 또한 아래에서부터 시작되는 권력기관(국가)을 폐지하는 과정에서 '정치적 계급'과 작별하게 될 것이다.

ii) 지역적 차원: 민주주의에 기초한 사회적 재전유

이러한 세 가지 기본 전제조건으로부터 지역적 수준의 자율화를 향한 예비 과정을 시작하고, 또 그것을 지역적으로 분할된 노동력과 결합하며, 계급 구성의 지역적 특징에 관해 탐구하는 계획에 착수할 수 있게 될 것이다.

만약 이러한 일들이 이루어진다면, 현재로서는 불가능해 보이는 일들을 대중이 욕망하게 될 것이다. 지역 민주주의의 실행자로서 이들은 삶을 위해 필요한 생산수단을 자신의 지역에서 전유하고 그것을 자신의 필요에 맞게 조정해 나가기 시작할 것이다. 슬럼 도시들의 상하수도 체계, 무토지자·소규모 자영농에게 유리한 토지의 사회화, 나아가 주택 및 지역 기업들의 사회화 등이 그 예다. 동시에 이들은 공공재의 사회화(기금, 교통, 교육, 보건, 저축은행 등의 사회화)에 착수할 것이다. 사회적 삶의 이러한 자립적 지역 자치에 기초해 정치·경제적 관리자 엘리트들을 몰아내고 전문가 및 관료들로 이루어진 카스트 제도가 새롭게 등장하는 것을 막을 사회적 자율성의 기관들이 성장하게 될 것이다. 동시에 이러한 국지적 수준의 사회화 각각은 지역적, 대륙 내적 그리고 대륙적 수준에서 서로 연결될 것이다.

iii) 국제노동자연맹international worker's federation 설립

장기적으로 이러한 국지적이고 지역적인 변형은 이와 동시에 일어나는 국제 접속체들의 건설 없이는 실행 가능하지 않을 것이다. 이 접속체들은 앞서 말한 초국가적 노동조합이 경제의 전략적 부분들을 자기 조직화 과정 속에 통합하는 가운데 출현할 것이다. 그 시작부터 이 노동조합은 현재 발전 중인 국지적·지역적 민주주의적 기관들을 전 지구 규모에서 상호 연결하며 총파업을 이용하여 반혁명의 공격으로부터 이 기관들을 보호하는 일을 맡게 될 것이다.

자치를 향한 변형의 기간에 초국가적 노동조합은 경제 가운데 세계적 규모로 작동하는 부문에 집중하여 지역적 생산·재생산 체제 너머로 확장되어야 하는 동시에 지역 평의회 민주주의의 물질적 기반을 마련하고 세계 경제체제의 핵심 산업, 특히 국제 운송망뿐 아니라 미디어, 정보기술 등등의 영역에서 노동자들의 대항력을 확립해야 한다. 일단 자동차 산업이 사회화된다면, 전 지구적 운송 영역은 일종의 견본 모델처럼 기능할 수 있을 것이다. 이 영역이 조직화와 투쟁의 측면에서 (예를 들어 국제운수노조연맹ITF와 트럭 기사들의 파업, 항공 및 철도 산업에서의 파업 등) 각별히 풍부한 경험을 보유하고 있기 때문이다. 그렇게 되면 ITF에 남은 일은 스스로를 민주화하고 전 운송 영역으로 확장하는 일일 뿐이다.

iv) 세계자율연맹World federation of autonomy

첫 번째 평의회 민주주의 기구들과 노동자 연맹들이 건설되기 시작하자마자 그것들은 평의회 민주주의 기구들과 국제노동자연맹들의 접속체로 기능할, 세계자율연맹의 설립에 다가갈 수 있을 것이다. 이 세계 연맹에서 각 (아)대륙의 평의회 민주주의 기구 및 연맹의 대표단들은 동등한 대의권을 행사하게 될 것이다. 그것은 생존의 물질적 기초, 즉 음식과 에너지, 소득, 교육 및 의료의 공급의 지리적 불균형을 바로잡기 위하여 일련의 재건 및 변형 기구들을 설립할 것이다. 다른 기구들은 전 세계 군비 축소를 실현하는 데 집중할 것이며 다른 한편 생태계를 회복하고 인류의 능동적 삶의 과정으로서 물질적 생산을 자연적 과정과 조화를 이루도록 하는 데 힘을 쏟을 것이다. 이에 더해 갈등 처리 특별 기구는 자본주의 체제 밖에서 성장했던 권력구조(가부장적 지배, 민족 갈등, 인종주의)의 극복 또한 목표로 할 수 있을 것이다.

v) 전 지구 자율연합Global association for autonomy

정말로 많은 고민 끝에, 세 가지 수준에서 동시에 작동하는 전 지구적으로 연결된 연합이라는 형태로 전 지구 자율연합이라는 구상의 밑그림을 제시하고자 한다. 이 연합은 전위를 자처하는 간부 조직이 되어서는 안 된다. 연합은 프롤레타리아 다중우주와 대화하는 가운데 이 구상의 유용성을 시험하면서, 그것을 비판하고 교정하고 개정하고 확장하며, 그에 따라 이 구상을 자신의 것으로 만들어 온 사람들의 자유롭고 민주주의적인 연합이 되어야 한다. 이러한 활동들에서 얻어지는 경험과 학습 과정은 이 모델의 지속적 수정을 수반할 것이다. 프롤레타리아 다중우주가 전 지구적 자율로의 이행을 불가역적인 것으로 만들자마자 이 연합은 해체될 것이다.

이런 의미에서 연합의 설립을 위해 다음 세 가지 이행이 우선 동시에 추진되어야 한다. 첫째, 모든 대륙에서 국지적 혹은 지역적 수준의 활동 단체가 설립되어야 하며 그것들을 가로지르는 공통적 의사소통 및 선전 네트워크(인터넷, 지역 미디어)가 설립되어야 한다. 둘째, 이 연합은 핵심 산업 영역의 초국가적 노동자 연맹의 구성에 참여해야만 한다. 셋째, 그것은 위기의 사회적 영향에 각별히 주의를 기울이는 전 지구적 사회 보고서social report 형태의 분석을 개시해야 한다. 이와 나란히 개념적 분석틀 및 이에 따른 가능한 활동 선택지들이 제시되고 끊임없이 개정될 수 있어야 한다.

6. 전망

이러한 제안들이 과장되고 유토피아적으로 보일 것이다. 그렇지만 나는 구체적 유토피아란 근본적 변화의 역사적 시기에 적절하게 응답하는 것에서 비롯된다고 생각한다. 이것이, 느닷없이 나타나는 행동의 기회를 우리 시야에서 가리고 "마치 악몽처럼, 살아 있는 자들의 머리를 짓누르"는 "모든 죽은 세대들의 전통"(마르크스)으로부터 우리를 해방시켜 줄 것이기 때문이다. 그렇지만 누가 이 행동을 실천에 옮길 것인가? 어떻게 우리가 새로운 '정치적' 계급 구성에 대한 개념적·조직화적 차원의 기획과 무산자들의 다중우주의 사회·문화적 현 구성 상태 사이에서 새로운 변증법을 제시할 수 있을까? 지난 주기에 있었던, 우리를 믿지 못하게 만든 패배와 전략적 오류를 보고도 누가 우리에게 그럴 권리를 줄 것인가?

그러나 우리가 새로운 세계-역사적 상황에 진입하고 있다는 것, 즉 전략적 창이 새롭게 열리고 있고 그래서 카드가 새롭게 섞이는 상황에 있다는 것 또한 떠올려 보자. 오늘날 우리에게 우리의 아들딸, 조카들이 1967년에서 1973년 시기에 무엇을 했는지 물어보는 것처럼, 이후 세대들은 지금의 젊은 세대들에게 2008년에서 2012년의 위기와 공황의 시기 동안 어디서 무엇을 했는지 물을 것이다. 어떤 일도 일어나지 말라는 법은 없다. 내년 봄 중국의 소규모 자영농 농민과 노동자들이 1990년대 이래 그들을 세계 경제 엔진의 중심축(부채-대부 관계의 축으로서의 워싱턴-베이징 축)에 쇠사슬로 감아 두었던 국가 전제주의를 끝장 내는 일이 벌어질 지 누가 알겠는가? 그렇게 되면 달러화는 즉시 바닥을 칠 것이고 우리는 다음과 같은 두 가지 사태에 직면할 것이다. 먼저 세계 경제위기가 20세기 위기의 수준 이상으로 급속도로 심화될 것이다. 두 번째로 위기의 첫 번째 국면에서 지금까지 웅크리고 있었던 새로운 행위자, 즉 전 지구 노동계급이 세계-역사의 무대에 등장할 것이다. 중국 혹은 기타 지역에서 임박한 대중 반란이 실패하거나 1970~1971년의 터키, 1973년의 칠레, 1976년의 아르헨티나 혹은 1979년의 이탈리아에서보다 훨씬 더 폭력적인 반혁명에 의해 진압되는 일이 벌어질 수도 있다. 이는 날로 첨예화되는 세계 경제전쟁이 결국 새로운 대규모 세계전쟁의 개시를 통해서만 해결되는 식의 시나리오로 이어질 것이다. 혹은 아마도 그러한 전쟁으로의 확대가 일어나지 않고 워싱턴-베이징 축이 위기를 관리하고 국가개입적 계급 타협의 새로운 국면을 도입하는 것에 성공할 수도 있겠다. 그렇지만 이 경우 새로운 선택 가능한 행동들이 나타날 것이다. 노동과 자본 사이 적대의 새로운 주기가 시작될 것이기 때문이다. 우리는 이러한 좀 더 '부드러운' 위기의 결과에 대비해 설득력 있는 동시에 사회적 평등과 진보를 위한 프로젝트와 분리될 수 없는 대응을 준비해야만 한다.

무엇도 전과 같지 않으리: 금융위기에 관한 열 가지 테제[1]

1. 오늘날의 금융위기는 자본주의 체계 전체의 위기이다

오늘날의 금융위기는 체계 자체의 위기이다. 그것은 1990년대에 시작되어 오늘날까지 계속되고 있는, 자본주의 체계 전체의 위기이다. 이는 금융시장이 오늘날 인지자본주의의 고동치는 심장이라는 사실에 근거한다. 금융시장은 축적 활동을 금융적으로 뒷받침한다. 즉, 금융시장에 끌어들여진 유동성은 지식의 착취 및 전통적 경제 영역 외부의 통제를 목표로 하는 생산 재구조화를 보상한다.

나아가 금융시장은 포드주의 맥락에서 (국가의 재정적자 지출을 통해) 케인스 승수가 했던 역할을 자본이득의 분배를 통해 오늘날의 경제체계에서 하고 있다. 그러나—고전적 케인스 승수와는 달리—이는 소득분배의 왜곡을 초래한다. 또 이러한 승수가 효과가 있으려면 (즉, 1보다 크려면) 금융적 토대(즉 금융시장의 확장)가 끊임없이 성장하고 미실현 자본이득accrued capital gain이 평균 임금 하락분—이는 1975년 이후로 약 20%가량이었다—보다 평균적으로 높아야 한다. 반면 소득 양극화는 바로 이 금융적 토대 성장의 기초인 부채의 채무불이행

1 이 글은 우니노마데에 의해 조직되어 2008년 9월 12, 13일 볼로냐에서 있었던 금융위기에 관한 세미나로 시작되어 오늘날[2009년을 가리킨다_옮긴이]까지도 계속되고 있는 집단 토론의 결과물이다. 마르코 바세타Marco Bascetta, 페데리코 킷키, 산드로 메자드라, 크리스티나 모리니, 안토니오 네그리, 지지 로제로Gigi Roggero, 카를로 베르첼로네 등이 참여했으며 안드레아 푸마갈리가 논의를 모아 글로 작성했다.

위험을 증가시키며 임금의 중간값을 낮춘다. 여기에 첫 번째 모순이 놓여 있으며 이 모순의 효과는 오늘날 우리 눈앞에 나타나고 있다.

세 번째로 금융시장은 노동소득 가운데 점점 더 많은 부분(사회적 국가를 통해 공중보건 및 공교육으로 이전되는 소득을 포함해 특히 퇴직금과 사회보장연금)을 강제적으로 재조정하여 사회보장 및 복지의 주요 공급자로서의 국가를 대체한다. 이러한 관점에서 금융시장은 삶의 재생산 영역의 사유화를 대표한다. 따라서 그것은 **삶권력**을 행사한다.

따라서 금융위기는 현 자본주의적 삶권력 구조의 위기이다.

마지막으로 금융시장은 자본주의적 가치화, 즉 사회적 협력의 착취 및 일반지성으로부터의 지대 추출이 안정적으로 이루어지는 장소이다(테제 2 참고).

이러한 점들을 고려할 때 실물 영역과 금융 영역이 분리되기란 어려운 일임을 이해해야만 한다. 그 증거는 이윤과 금융지대의 구별이 사실상 불가능하다는 것이다(테제 8 참고).

2. 오늘날의 금융위기는 자본주의적 가치화 측정의 위기이다

인지자본주의의 출현과 함께 가치화 과정은 물질적 생산과 연결된 모든 양적 측정 단위를 잃게 된다. 그러한 측정은 상품 생산에 필요한 노동의 함량에 의해 정의되었으며 그 측정 가능성은 생산의 물질성과 생산에 필요한 시간에 기초해 있었다. 인지자본주의가 출현하면서 가치화는 다양한 형태의 노동에서 작동되는 경향이 나타났는데, 이러한 노동은 실제로 인정된 노동시간을 넘어 갈수록 삶의 모든 시간과 겹치게 된다. 오늘날 자본주의적 축적의 기초를 구성하는 가치에는 노동가치뿐 아니라 지식, 정동, 사회적 관계의 가치 그리고 상상적인 것과 상징적인 것의 가치 또한 있다. 이러한 삶정치적 변형의 결과는 노동가치의 전통적 측정의 위기 그리고 그와 결부된 이윤 형태의 위기이다. 가능한 '자본주의적' 해결책은 시장가치의 역학을 통해 사회적 협력 및 일반지성의 착취를 측정하는 것이다. 이런 식으로 이윤은 지대로 변형되고 금융시장은 노동가치가 결정되는 장소가 된다. 즉, 노동가치는 금융시장에 의해 발생할 미래 수익에 대한 기대의 주관적 표현에 불과한 **금융가치**financial-value로 변형되고 바로 이런 식으로 금융시장은 지대에 대한 소유권을 주장하는 것이다. 현재의 금융위기는 적어도 인지적 협치의 구성에 실패한 현 자본주의 맥락에서 금융이 노동을 측정할 척도를 구성할 수 있다는 환상이 깨졌음을 드러낸다. 따라서 금융위기는 또한 자본주의적 가치화의 위기이기도 하다.

3. 현 위기는 인지자본주의가 발전한 지평 안에 있다

전통적으로 자본주의적 생산의 세계에서 위기 현상은 다음의 두 주요 범주로 분류되었다. 기존 역사적 국면의 핍진乏盡함에서 유래하여 변화의 잠재적 전망을 열어 줄 조건을 보여주는 위기 혹은 역사적 국면의 변화 결과로 발생하는, 새로운 사회·경제적 패러다임이 지배적이 되는 데 어려움을 겪음에 따라 발생하는 위기. 전자는 '포화의 위기'로 불려 왔고 한편 후자는 '성장의 위기'로 불려 왔다.

이 모델에 따르면 현재의 위기는 1970년대의 위기와는 다르게 그리고 1929년의 위기와 유사하게 '성장의 위기'로 규정될 수 있을지 모른다. 우리는 이 위기의 조짐이 나타났던 시기를 1990년대 초, 즉 인지자본주의의 특징들이 구성되기 시작하고 포드주의-테일러주의적 패러다임(혹은 '포스트포드주의')의 마지막 국면이 종말을 고했을 때로 잡을 수 있다.

사실 대기업적 생산모델 그리고 1929년의 위기 및 2차 세계대전으로부터 탄생한 케인스주의 정책에 기초했던 포드주의-테일러주의적 패러다임의 되돌릴 수 없는 위기는 1970년대 후반 이래 줄곧 심화되고 있었다.

1980년대, 다시 말해 소위 포스트포드주의 시기 동안에 포드주의의 극복을 알리는 서곡이 된, 그러나 지배적인 헤게모니적 패러다임을 건설할 수는 없었던 다양한 사회모델과 생산모델이 존재했다.

1990년대 초, 즉 1987년에 일어난 금융 붕괴와 1991~1992년의 경기불황 (그리고 그 사이사이에 있었던 베를린 장벽 붕괴 및 1차 걸프전쟁) 이후 인지자본주의의 새로운 패러다임이 오늘날의 그 영향력과 불안정성을 온전히 보이며 나타나기 시작했다. 생산 및 노동의 변형과 함께 금융시장의 역할이 이런 맥락에서 재정의되는 동시에 국민국가 및 케인스주의적 복지의 역할 역시 구조적으로 수정되었다. 이는 이전의 역사적 단계에서와 같은 공적 개입이 이제 쇠퇴하게 되었음을 의미했다.

현 금융위기는 최근 15년 동안 발생했던 위기들에 이어진 것으로 인지자본주의가 오늘날까지도 자신에게 부여하고자 노력하는 (축적과 분배의) 조절 메커니즘이 얼마나 비일관적인지를 체계적·구조적으로 드러낸다.

그렇지만 현재의 위기를 '성장의 위기' 관점에서 이야기한다고 해서 현재의 국면이 긍정적이고 사회적으로 만족스러운 방식으로 '자동적으로' 극복될 것임을 지지하는 것은 결코 아니다. 사실 현재로서는 이러한 위기의 탈출 전략을 생각해내는 것이 여전히 불가능할 뿐더러 끊임없는 변화는 위기의 본성이기도 하다. 현 위기는 과거의 위기들과 달리 더 이상 '활황-위기-투쟁'을 따라 직선적으로 이어지는 경제순환의 하강 국면에 국한되지 않는다. 1929년의 경우 위기는 뉴딜과 2차 세계대전에 힘입어 포드주의적 조절 패러다임을 통해 극복되었다. 오늘날 이러한 전망은 주어질 수 없다(테제 9 참고). 자본주의적 축적이 공통적인 것의 포섭의 형태로 재생산되는 곳에서 위기는 사실상 영구적인 과정이 된다. 이에 따르면 경제순환이라는 범주 자체가 노동의 변형, 자본이 생산순환을 위로부터 조직하는 것의 불가능성 그리고 전 지구화에 의해 결정되는 시·공간 축의 변동이라는 관점에서 근본적으로 다시 사유되어야 한다. 경제-금융위기가 이토록 짧은 시간에 연달아 발생하면서—몇 개만 예로 들자면 1997년 동아시아 위기서부터 2000년 나스닥의 폭락 그리고 현재[2008년]의 부채체계 및 서브프라임 위기—경제순환 동학의 재구축을 (단지 사후 처방에 불과한 것마저) 불가능하게 만들었다는 점이 이러한 사실을 보여준다. 이는 많은 길이 열려 있음을 의미한다. 그 가운데 올바른 길을 선택하는 것은 변형의 의지와 사회운동의 정치적 행동에 달려 있다.

4. 금융위기는 삶정치적 통제의 위기, 즉 체계적·구조적 불안정성을 보여주는 협치의 위기이다

현재의 금융위기는 축적·분배 과정의 금융에 기초한 제도적 협치가 가능하지 않음을 보여준다. 지난 몇 달 동안 착수된 (사후적) 협치 시도는 현재 진행 중인 위기에 거의 어떤 영향도 미치지 못했다. 약 556조 달러(이는 전 세계 GDP의 11배에 맞먹는다)에 해당하는 파생상품이 유통 중에 있다는 국제 결제은행의 추정만 보더라도 협치에 대해 달리 생각하기 어렵다. 지난 한 해 동안 이 파생상품의 가치는 40% 이상 감소했으며 이는 200조 달러 이상의 유동성을 증발시켰다. 악성 자산은 '바이러스적' 방식으로 유통되고 있으며 그것들이 어디에 둥지를 틀고 있는지 알아내는 것은 말 그대로 불가능하다.

한편 지금까지도 세계적으로 실행되고 있는 신규 유동성 공급을 위한 통화적 개입은 5조 달러 이상을 넘지 않는다. 이는 바닷물에 물 한 방울 더하는 격으로, 손실을 보충하고 후퇴 경향을 되돌리기에 구조적으로 불충분한 양이다. 이로부터, 유일하게 가능한 협치의 정치는 신뢰의 분위기를 조성해 나가는 것, 즉 소위 '여론'의 움직임에 영향을 미칠 수 있는 현실적 그리고/또는 잠재적 제도·조직들을 최대한 고려하여 언어와 관습의 차원에 영향을 미치는 것뿐이라는 결론이 나온다. 그럼에도 불구하고 이 위기의 실제적 무게—이것은 금융시장의 동학을 가장 잘 알고 있는 금융 종사자들조차 양적으로 측정이 불가능하다—의 '과장'에 맞서 각종 사기 행위들을 적발해내거나 신뢰를 불어넣겠다고 생각하는 것은 완전히 불충분하며 실행 불가능해 보인다.

따라서 협치의 위기는 단지 '기술적' 위기일 뿐 아니라 가장 중요하게는 '정치적' 위기이기도 하다. 우리는 이미(테제 1) 금융시장이 경제의 팽창과 실제적 성장을 뒷받침할 수 있는 조건이 금융적 토대의 끊임없는 확장이라는 것을 보았다. 다시 말해 전 지구의 부 가운데 금융시장으로 흘러 들어가도록 조정된 몫이 계속 증가해야만 하는 것이다. 이것은 부채-신용관계가 부채를 진 사람 수의 증가를 통해서든(금융시장의 외연적 확대) 기존 금융거래를 먹잇감으로 삼는 새로운 금융도구들의 개발을 통해서든(금융시장의 내연적 강화) 계속해서 확장되는 것을 함축한다. 파생상품은 바로 이 두 번째 방식의 전형적 예다. 어떤 요소를 고려하든 금융시장의 확대에는 부채의 증가와 동시에 투기 활동 및 그와 연관된 위험의 증가가 동반된다. 이는 인지자본주의의 토대를 구성하는 요소로서 금융시장의 역할에 내재한 동학이다. 펀드 운용사 혹은 은행의 탐욕으로 인해 투기가 과열되고 있다고 말하는 것은 어떠한 의미도 없으며 우리의 시선을 이 위기의 진정한 구조적 원인으로부터 다른 곳으로 돌리게 할 뿐이다. 무엇보다 인구 중 높은 리스크를 가진 부분이 부채 관계로 깊이 끌려 들어가기 시작할 때, 그 필연적 최종 결과는 점증하는 부채가 결국 지속 불가능하게 되는 것이다. 즉, 이 높은 리스크의 인구층은 노동 불안정화의 결과로 부유한 사회적 계급이 주식 수익의 배당을 통해 얻고 있는 **부의 효과**

를 누릴 수 없는 조건에 처한다. 따라서 부동산담보대출에서 발생했던 채무불이행 위기의 기원을 현대 인지자본주의의 모순들 중 하나에서 찾을 수 있다. 축적과정을 계속 발전시키기 위해 금융적 토대를 확장해야 할 필요성과 불평등한 소득분배 사이의 화해 불가능한 대립 말이다. 이렇게 얽혀 있는 모순은 사회적 주체들—그것이 개인이든 하나의 계급으로 정의될 수 있든—의 삶의 많은 부분이 자본주의적 포섭으로 환원될 수 없다(자본주의적 포섭을 초과한다)는 사실이 여실히 드러난 것이나 다름없다. 이 초과는 오늘날 다양한 행동으로 표현된다(기업의 위계 문화에 대한 여러 형태의 불복종에서부터 영토적 통치에 반대하는 공동체에 이르기까지, 또 지배적 사회 관습에 의해 부과된 삶형태의 명령에서 벗어나려는 개인적·집단적 탈주와 나아가 노동 세계에서 자기조직화 형태의 발전 그리고 남반구 저개발 지역의 슬럼 및 메갈로폴리스에서, 서구의 메트로폴리스에서, 동남아시아 및 남아메리카의 가장 최근 산업화된 지역에서 일어난 전통적 혹은 새로운 형태의 착취에 맞서 날로 새로워지는 반란에 이르기까지). 이 초과는 지구 곳곳에서 단일한 목소리로 이 위기의 대가를 치를 일은 없을 것이라고 선언한다. 현 자본주의의 극복 불가능한 불안정성 또한 이 초과의 결과이다.

5. 금융위기는 일방주의의 위기이자 지정학적 재평형의 순간이다

현 위기는 금융화 과정에서 앵글로색슨 지역의 주식시장이 차지했던 중심적 지위와 미국의 금융 헤게모니를 의심스럽게 만든다. 따라서 이 위기로부터의 탈출은 필연적으로 금융의 무게중심이 동쪽으로 그리고 부분적으로는 남쪽(즉 남아메리카)으로 이동하는 것으로 나타날 것이다. 이미 무역 통제력과 생산성의 차원에서, 즉 실질적 차원에서 지구화 과정은 생산의 중심이 계속해서 동양 및 남반구 저개발 지역으로 이동하고 있음을 보여주고 있다. 이러한 관점에서 볼 때, 현재의 금융위기는 인지자본주의 확산의 첫 번째 국면의 특징이던 비정상적 현상, 즉 기술력과 인지노동이 인도 및 중국으로 이동하는데도 서구가 여전히 금융의 헤게모니를 보유하는 현상을 끝낸다. 동양의 국가들(중국과 인도), 브라질 및 남아메리카의 발전이 서구 거대 기업들의 해외 이주 및 탈지역화에 의해 견인되었던 한에서 인지자본주의적 명령의 두 주요 방식, 즉 통화-금융의 통제와 기술의 통제 사이의 이상 긴장dystonia은 발견될 수 없었다. 신흥 산업국들이 서구와 일본의 기술적 지배력을 위기에 빠뜨리기 시작한 것은 1990년대 말에 들어서야 나타난다. 이는 지식의 모방·보급 능력에 기초한 생산모델로부터 이미 진행 중이던 '인적자본'의 형성으로 시작된, 지식의 생산·전유·축적과정을 촉진하는 생산모델로의 이행을 통해 이루어졌다. 태국 바트화의 평가절하로부터 시작되어 특히 (구소련의 아시아 국가들을 포함해) 아시아와 남아메리카의 주식시장을 강타했던 1997년 금융위기로 인해 앵글로색슨 금융시장은 그들의 우위를 전 지구 수준에서 다시 한번 과시할 수 있었지만, 그렇다 해도 이것이 기술적-생산적 지배력이 동쪽으로 이동되는 것을 지연시키지는 못했다. 그리하여 전 지구 지리 경제적 평형에 첫 번째 모순이 발생했다. 즉, 금융에서 우위를 차지하고 있는 서구와 '실물' 경제 및 무역에서 우위를 점하고 있는 동양이라는 모순이다. 이것은 새천년의 첫 5년 동안 아프가니스탄과 이라크에서 지속된 전쟁에 의해 사실상 깨졌던 불안정한 평형이며, 도하(2001년 11월)에서 칸쿤(2003년 9월)과 홍콩(2005년 12월)에 이르기까지 그 많은 국제무역에 관한 정상회담이 실패하게 된 바탕에 깔려 있는 것도 바로 이 불안정한 평형이었다.

그럼에도 불구하고 점증하는 미국의 (국내 및 대외) 부채와 점점 더 높은 위험도의 신용관계를 통해서 금융시장을 확장해야 할 필요성은 가뜩이나 불안정한 이 평형상태를 오래 지속될 수 없게 만들었다. 현재의 금융위기는 앞서 말한 공간적 이상 긴장 상태에 종지부를 찍었다. 기술적 우위와 금융적 우위는 지경학적 수준에서 다시 하나로 합쳐지는 경향을 보이는 중이다. 그 결과 삶경제적 축적의 패러다임으로서의 인지자본주의가 중국, 인도 그리고 남반구 저개발 지역에서조차 헤게모니적이 되고 있다. 분명히 말하는데, 이것이 자본주의적 가치화 과정의 확장을 가능하게 하고, 자본에 의해 지배받고 착취받는 노동력이 계속해서 새로운 형태로 재구성되도록 하는 상이한 시·공간 사이의 근본적 차이가 더 이상 존재하지 않는다는 것을 의미하지는 않는다. 또 나이로비든 뉴욕이든 상하이든, 무차별적으로 여기저기 다 들어맞는 만능열쇠와 같은 이론을 만들어 내는 것 역시 불가능하다. 오히려 여기서 핵심은 상이한 장소들, 지역들 그리고 대륙들 사이의 근본적 차이점들에 대한 이해 자체가 인지자본주의를 구성하는 생산 체계들, 시간성들 그리고 주체의 노동 경험들의 혼종적 교차 속에 다시 응축되어야만 한다는 것이다.

6. 금융위기는 유럽연합 건설의 경제적·정치적·사회적 난관을 여실히 보여준다

통화 차원의 유럽연합 건설이 추구했던 목표 가운데 하나는 발생 가능한 금융위기를 막아 줄 방어막을 제공할 수 있는 강력한 통화를 건설함으로써 통화시장의 투기적 혼란으로부터 유럽의 국가들을 보호하는 것이었다. 실제로 1996~1997년과 2000년의 위기 동안 유로화의 존재는 국제 투기가 반유럽의 기치 아래 결집하는 것을 늦췄다. 그러나 이러한 사정도 금융위기가 미국 헤게모니의 중심부에서 시작되어 주요 서구 투자사들을 무릎 꿇리고 '실물' 경제에마저 영향을 끼치기 시작했을 때 끝나 버렸다.

위기에 직면하여 전 세계 통화 당국과 주요 정부 가운데 절반이 내놓은 답은 신용과 부동산 부문에 뚫린 구멍을 틀어막기 위해 가능한 최대의 유동성을 공급하는 것이었다. 그러나 그러한 개입 조치들—막대한 양의 공적자금을 동원하여 실행된 조치들—은 유럽적 차원의 어떤 계획도 없이 행해졌다. 거의 오로지 기술적 차원의 상호조정만이 있었을 뿐 어떠한 정치적 차원의 상호조정도 없었던 것이다. 그 결과는 유럽 각국이 구체적으로는 제멋대로 그리고 서로 다른 방식으로 움직인 것이었다. 현실에서 그들은 어느 회원국으로부터도 영향받지 않고 예산을 편성할 권한을 가진, 전 유럽적 차원의 재정 정책을 위한 합의를 창출해내려는 고민 없이 오로지 통화적 연합에만 집중했던 것의 대가를 치루고 있다. 현재 금융위기의 실제적 파급효과를 완화할 수 있는 상호조정된 재정 개입을 위한 도구들은 누락된 상태다. 이는 (정치적 유럽연합은 말할 것도 없고) 경제적 그리고 사회적 유럽연합의 건설에 실패했음을 보여주는 또 하나의 징후이다.

7. 금융위기는 신자유주의 이론의 위기를 가리킨다

현재의 금융위기는 자본주의 체계의 구조적 불안정성과 그러한 불안정성에 대처할 수 없는 자유시장 이론의 무능력을 보여준다. 신자유주의적 사고를 지배하는 경전에서 시장의 자유로운 작동은 효율적 축적과정뿐 아니라 개인의 기여와 노력에 따라 수입의 올바르고 균형 잡힌 분배를 보장한다. 사회적 불평등은 경제주체들의 자유롭게 표현된 선호에 기반한 선택의 사후 결과로 존재한다.

그러한 작동 방식은 다음 두 원리에 입각한다.

첫 번째 원리는 경제적 과정은 전적으로 교환 활동 속에서 이루어지며(배분allocation), 이 활동에서 소비자(경제적 수요)가 공급을 결정한다는 것이다. 이는 생산 능력이 인공자원이 아니라 천연자원에 기초하여 그 정의상 한계를 지니고 있고 희소성에 종속되어 있다는 생각에 기반한다.

이러한 생산에 대한 배분 과정의 우위는 경제활동이 결정되는 유일한 장소가 시장임을 함축하는데, 그런 생각의 기초에 **소비자주권**이라는 원리가 있다. 이 원리는 '**개인 주권**'이라는 말로 곧장 옮길 수 있는데, 이에 따르면 모든 개인은 단독으로 자신에 관한 결정을 내리며(자유의지의 원리) 사회적 가치는 오로지 각각의 개인들이 내리는 가치 평가에 기초해서만 결정되어야 한다(개인주의의 우선성). 그러나 소비자주권은 개인 주권을 단순히 소비 행동의 차원으로만 축소시킨다. 즉, 저 유명한 자유의지는 자유로운 소비로 드러날 뿐 결코 절대적 자유가 아니며, 개인의 개별적 지출 능력과 시장을 이용할 가능성에 의해 제약을 받는다. 그 결과 화폐 자원을 갖고 있지 못해 시장에서 재화나 서비스의 수요를 만들어 낼 수 없는 (예를 들면 많은 이주노동자들과 같은) 사람들은 경제적 관점에서 존재하지 않는 것과 마찬가지가 된다. 현실에서 실제로 중요하게 고려되는 것은 수요—개인들 각각이 그들의 필요를 충족하기 위해 욕망하는 재화와 서비스 전체로서의 수요—가 아니라 수중의 현금으로 표현되는, **지불 능력이 있는** 수요이다. 돈이 없어 시장에서 충족될 수 없는 욕망은 사실의 차원에서는 존재하지 않는 것이 된다. 대부분에게 소비에 이용할 수 있는 돈—이것은 소득에 의해 제한된다—이 임금노동에 달려 있기 때문에, 우리는 **노동조건이 개인의 실제적 자유의 정도를 결정한다**고 결론 내릴 수 있을 것이다.

이와 긴밀히 결부된 두 번째 원리는 산업적-포드주의적 자본주의의 위기 및 삶경제적 자본주의로의 변형의 결과로 소유자 개인주의가 지배적이게 되었음을 긍정한다. 모든 경제 행위자는 자신의 소비 및 투자 선택에 책임을 지고 단독으로 행위한다고 간주된다. 금융 측면에서 이는 국가부채가 개인의 부채로 환원되는 것을 의미한다. 정치적·경제적 차원에서 이러한 이론적 접근법은 재정지출을 통해 정부가 수요 증대에 나서는 것을 금지하고 개인의 부채에 기초한 사적 소비가 정당하다는 생각을 뒷받침한다. 자본주의 체계가 축적의 경제인 한에서, 이것이 언제나 부채에 기초한 화폐경제라는 것을 깨닫게 되면서, 1929년 경제위기 이후 국가는 공공부채를 관리할 책임과 함께 최후의 대부자 역할을 맡아 왔다(케인스주의의 적자지출 정책). 이와 달리 포드주의에서 인지자본주의로의 이행은 소유자 개인주의라는 명목하에 2차 세계대전을 겪으며 얻어 낸 사회적 권리를 금융적으로 민영화(개인화)하는 방식으로 공공부채를 개인의 부채로 전환하는 것을 특징으로 한다.

신자유주의 이데올로기의 위기는 자원 생산 및 배분의 효율적 메커니즘으로서 자유시장의 실패 그리고 소득 재분배의 메커니즘으로서의 금융시장의 실패에 기초한다. 첫 번째와 관련하여 우리는 자본주의 역사상 유례없는 금융과 기술의 집중화를 목격했다. 그것도 자유경쟁을 전혀 해치지 않으면서 말이다. 두 번째 경우 재분배와 관련된 금융시장의 협치는 완전히 실패한 것으로 드러났다.

8. 금융위기는 인지자본주의에 내재하는 두 가지 모순적 원리, 즉 전통적 형태의 노동 보수의 불충분성과 소유 구조의 유독성을 보여준다

현 금융위기로 나타나는 현대 인지자본주의의 구조적 불안정성을 고려할 때, 다양한 재분배 방식은 인지자본주의에서의 달라진 가치 생산과 적절한 관계를 맺을 수 있도록 재정의될 필요가 있다.

노동 영역에 국한해 말하자면, 인지자본주의에서 노동의 보수가 삶의 보수로 바뀌어야만 한다는 점을 인정할 필요가 있다. 그 결과 새롭게 시작되고 있는 갈등은 지속적으로 필요한 (케인스주의식으로 말해) 더 높은 임금을 향한 투쟁만이 아니라 노동 계약상의 노동활동 유형과는 상관없이 보장되는 소득의 지속성을 위한 투쟁이 된다. 포드주의-테일러주의 패러다임의 위기 이후 삶과 노동시간은 쉽사리 구별되지 않는다. 노동 세계에서 가장 심하게 착취받는 사람들은 자신의 삶 전체를 노동에 투하하는 사람들이다. 이는 첫째로 서비스 영역, 특히 이주 노동력의 경우에 나타나는 노동시간의 연장을 통해 발생한다. 즉, 3차 산업 영역에서 노동활동에 소비되는 노동시간의 많은 부분은 정식 근무시간 중 사용되지 않는다. 임금이 생산적이라고 인정되는 공인된 노동의 보수라면, 개인의 소득은 특정 영역에서의 삶 및 사회적 관계에서 나오는 수입(노동, 가사, 보조금, 있을 수도 있을 지대 등)의 총액이며 이것이 삶의 질을 결정한다. 노동과 삶의 분리가 존재한다면 임금과 개인 소득 사이의 개념적 분리 역시 존재할 수 있을 것이다. 그러나 삶의 시간 전체가 노동에 투하될 때 소득과 임금 사이의 경계는 흐려지는 경향이 있다.

문제는 임금 투쟁이 특정 부문에 갇힌 저항일 뿐이라고 또는 반대로 소득 투쟁이 단순한 이데올로기적 가정일 뿐이라고 치부하면서 양자를 대립시키는 것이 아니다. 오히려 여기서 정치적으로 중요한 것은 생산의 변형에서 그리고 새롭게 구성된 노동의 주체적 차원의 구체성에서 시작하여 이 두 투쟁의 선순환적 결합에 관해 다시 생각해 보는 것이다.

노동과 삶이 중첩되는 경향이 있으며 그에 따라 임금과 소득 역시 중첩되는 경향이 있다는 엄연한 사실이 제도적 조절 장치의 한계 내에서는 아직까지 고려되지 않고 있다. 다른 관점에서 기본소득이 자본주의의 새로운 경향에 적합한 제도적 조절장치의 한 요소에 해당한다고 주장할 수 있을 것이다. 그러나 여기서 우리의 관심은 사회정의에 관한 이론에 끌려 들어가는 것이거나 생산의 합리성에 대한 인식이 사라졌다고 불평하는 것이 아니며, 자본주의로 하여금 자신의 위기를 극복하게 해 줄 조절장치가 부재하다고 불평하는 것은 더더욱 아니다. 소득은 무엇보다 변화된 현대 자본주의의 전장戰場, 즉 적대적 주체성의 형성 과정을 구성하는 정치적 기획의 한 요소이다. 이런 관점에서 보았을 때 기본소득은 재분배가 아니라 직접적 **분배**의 한 방식으로 생각될 수 있다.

재분배와 관련된 두 번째 측면은 생산 영역에 관련된 것으로 특히 지적재산권이 수행하는 역할의 문제이다. 지적재산권은 자본이 일반지성뿐 아니라 사회적 협력을 전유할 수 있도록 해 주는 도구들 가운데 하나이다. 지식은 사회적 협력에 의해 생산되는 공통재이다. 그러므로 지식을 혁신적 활동과 노동생산성 증가를 위해 사용한 것으로부터 나온 잉여가치는 단순히 물적·개별적 자본(즉, 한 사람이든 혹은 한 기업체든 하나의 독립체로 정의되는 자본가의 것으로 여겨질 수 있는 자본)의 투자로부터 나오는 과실이 아니라 사회적 영역 전체에 축적되어 있으며 어떠한 한 기업가의 주도적 활동으로부터도 독립적인 사회적 자산(혹은 몇몇 경제학자들이 말하는 '사회적 인적자본')의 사용에 기초한 것이다. 따라서 이러한 상황에서 이윤율은 투자 수준과 한 기업의 가치를 규정하는 자본 보유량 사이의 단순한 비율이 아니라 존재하는 '사회적' 자본에 의해 규정되는 '다른 어떤 것'이 된다. 다시 말해 이윤의 점점 더 많은 부분이 지식과 같은 공통재를 사적 목적으로 착취하고 전유하는 것에서 나오는 한, 그것은 부분적으로 **지대**와 닮게 된다. 사회적 영역과 교육에서 나오는 지대라고 할 수 있을 이 지대는 지적재산권과 지식 소유권의 행사에 의해 주어진다.

오늘날, 케인스가 《일반이론》 마지막 장에서 했던 말을 가져와 이렇게 주장할 수 있을 것이다. '토지가 희소하기 때문에 토지 소유자가 지대를 얻는 것과 마찬가지로, **지식**이 희소하기 때문에 **지식** 소유자가 **이윤**을 얻는 것이다. 그러나 토지가 희소한 데 본질적인 이유가 있을지도 모르지만 **지식**이 희소한 데는 그런 본질적인 이유가 없다.'[2]

2 여기서 우리가 인용한 케인스의 대목은 《일반이론》의 마지막 장이다. http://www.marxists.

그렇지만 동시에 최근 몇 년간, 다양한 자유주의 이론가들이 장기적인 관점에서 보면 지적재산권이 혁신의 과정을 방해할 위험이 있다고 하면서 이를 축소하거나 심지어 폐지하자고 주장해 왔다. 그들은 인지자본주의가 웹 2.0에 의해 미리 구현된 바 있고 구글과 마이크로소프트의 충돌에서 그 전형적 사례를 찾을 수 있는, 일종의 '소유 없는 자본주의propertyless capitalism'가 되어야 한다고 말한다. 자본이 위로부터 사회적 협력을 조직하는 일에 애를 먹게 될 때, 그것은 사회적 협력을 뒤쫓고 사후에 그것을 포획할 수밖에 없다. 그 결과 축적과 잉여가치의 주요 부분이 금융화 과정을 거치게 된다. 이것이 금융자본주의와 밀접한 사람들이 '자본의 코뮤니즘'이라고 정의한 것이다. 그러나 자본주의는 소유 없이 작동할 수 있을지는 몰라도 확실히 통제를 포기할 수는 없다. 비록 이 통제가 인지노동의 잠재력을 계속해서 가로막는 것이라도 말이다. 바로 여기에서 생산력과 생산관계 사이의 전통적 모순이 완전히 새롭게 재정의된다.

이윤과 지대의 뒤섞임은 다음과 같은 사실, 즉 인지자본주의에서 축적과정이 산업적-포드주의적 자본주의에서는 잉여가치를 생산하는 활동으로도 또 추상노동으로도 이해되지 않았던 인간 활동들을 자신의 내부로 흡수하면서 축적의 토대 자체를 넓혀 왔다는 사실에서 연원한다.

이러한 관점에서 1929년의 패러다임 차원의 위기 직후에 케인스가 내놓았던 정치 경제적 제안들은 인지자본주의에 고유한 새로운 요소들을 고려하여 새롭게 작성될 수 있을 것이다.

org/reference/subject/economics/keynes/generaltheory/ch24.htm 원문은 이렇다. "토지가 희소하기 때문에 토지 소유자가 지대를 얻는 것과 마찬가지로, 자본이 희소하기 때문에 자본 소유자가 이자를 얻는 것이다. 그러나 토지가 희소한 데 본질적인 이유가 있을지 모르지만, 자본이 희소한 데는 그런 본질적인 이유가 없다." [한글본] 《일반이론》, 452-453쪽. 여기서 우리는 '자본'을 '지식'으로, '이자'를 '이윤'으로 바꿨다.

당시의 고임금 정책은 오늘날 기본소득으로 바뀔 수 있는 한편 케인스가 말한 지대 수취자의 안락사는 지적재산권에서 나오는 지대를 얻을 수 있는 자리에 있는 사람들(즉 인지 지대 수취자)의 안락사로 바뀔 수 있을 것이다. 여기에 가치화 과정에서 공간, 지식 그리고 금융 흐름이 수행하는 역할에 대한 고려를 놓치지 않으면서 과세의 토대를 새롭게 산정할 수 있는 재정 정책이 동반된다. 이상적 그림을 그리는 것은 아니지만, 이는 적어도 새로운 **공통적인 것의 제도** 조직화를 위한 사회적 충돌의 형태와 가능 조건에 관해 새로운 사유가 전개될 사회적 긴장의 영역이 어디인지 보여준다.

케인스의 제안이 투자의 사회화라면 이에 상응하는 인지자본주의의 특징은 생산의 사회화라고 할 수 있다. 이는 오늘날 유연화되고 아웃소싱된 생산의 통제와 명령을 가능하게 하는 지렛대인 기술 및 금융의 점증하는 집중에 맞서는 것이다. 따라서 투자 흐름의 토대가 되는 이러한 집중에 개입하는 어떠한 정치 프로그램도 소유 구조에 영향을 미치고 자본주의적 생산관계 자체를 그 뿌리부터 무너뜨리는 것이다.

따라서 인지자본주의 시대의 사회적 협정의 내용을 구성할 가능한 '개혁주의적' 제안은 지적재산권 지대의 안락사를 가져올 지적재산권의 지배력 감소와 기본소득에 기초한 새로운 임금관계의 도입에 국한된다.

9. 현 금융위기는 새로운 뉴딜을 계획하는 개혁주의 정치로는 해소될 수 없다

현 상황에서 새로운 사회적 협약(혹은 뉴딜)을 이루기에 충분한 어떠한 경제적·정치적 조건도 존재하지 않는다. 따라서 그것은 순전한 환상일 뿐이다.

포드주의적 뉴딜은 다음과 같은 세 가지 조건에 기초한, 일단의 제도적 배치(큰 정부)의 결과였다. 1) 타국과 협의하기는 하지만 원칙적으로 타국으로부터 독립적인 경제정책을 수립할 수 있는 국민국가, 2) 생산성 수익을 측정할 수 있고 그에 따라 수익이 이윤과 임금으로 재분배되는 것을 조정할 가능성, 3) 기업가의 이해관계와 노동계급의 이해관계를 (각각의 자유 재량의 여지를 배제하지 않으면서) 하나의 이해관계로 담아낼 수 있는 상호 인정되며 제도적 수준에서 정당화되는 사회적 구성요소들 사이의 산업적 관계.

오늘날의 인지자본주의에서는 이 세 조건 가운데 어느 것도 존재하지 않는다.

[독립적인 경제정책을 세울 수 있는_옮긴이] 국민국가의 존재는 생산의 세계화 및 금융의 전 지구화 과정에 의해 위기에 빠지게 되었으며 이는 국민국가의 지식·정보·전쟁 장치에 대한 기술적 통제력이 쇠퇴하는 가운데 초국가적 제국 권력이 형성되는 바탕이 된다.

인지자본주의에서 우리는 경제 및 사회 정책을 위한 고려 단위로서 국민국가 수준을 넘어서는 지리적·공간적 단위를 적어도 상상해 볼 수 있다(그리고 미국, 브라질, 인도 혹은 중국과 같은, 오늘날 전 지구 차원에서 주도적 위치에 있는 나라들이 전통적인 유럽식 국민국가와 매우 다르게 대륙적 규모의 공간이라는 것은 우연이 아니다). 이러한 관점에서 보면 유럽 공동체를 뉴딜이 실행될 사회·경제적인 공적 공간을 새롭게 구성하려는 것으로도 볼 수 있다. 그러나 현재 상황을 보면 유럽연합의 건설은 금융시장 동학에 휘둘리지 않고, 자율적이며 독립적인 공적·사회적 공간을 창조할 가능성을 부정하는 것으로 보이는 재정적·통화적 정치 노선에 따라 진행되고 있다(테제 6 참조).

생산의 동학은 비물질적 생산과 인간의 인지적 능력의 참여에 갈수록 더 의존하고 있으며 이에 따라 전통적인 기준으로 그것을 측정하는 일은 더욱 어려워졌다. 사회적 생산성을 측정할 때 따르는 이러한 어려움으로 인해 임금-생산성 연동에 기초하여 임금을 조절하는 것이 가능하지 않게 된다.

기본소득에 대해서는 다양한 영역으로부터 반대와 회의가 제기되었다. 첫째로 기업가는 기본소득이 기초 생활을 볼모로 한 협박의 효력과 강제노동에 대한 의존을 줄이는 한에서 그것을 전복적인 제안으로 간주한다. 둘째로 몇몇 반대자들은 만약 기본소득이 어떤 조건도 없이 오직 앞선 생산적 활동의 직접적인 보수라고 이해—그 자체로는 올바른 이해—된다면, 그것은 그 재원이 공공 재정에 의해 마련되는데도 공공에 의해 통제되지 않을 위험이 있다고 주장한다. 대신 그들이 보기에 소유의 관점에서 받아들일 만한 것은 사회안전망의 개혁이다. 비록 그 규모가 (가능하다면 유연한 사회안전성flexsecurity 논리에 따라 '불안정' 노동자들까지 포함할 정도로) 확장되어야 하겠지만. 그러나 사실상 이것은 (기본소득이 그렇듯) 직접적 분배 수단이 아니라 '재분배' 수단이 될 것이다. 다시 말해 사회안전망은 이미 한번 직접적 분배를 거친 소득을 옮기는 것으로, 그것을 광범위하게 개혁한다 하더라도 노동 보수 체계에는 조그마한 흠집도 내지 못할 것이다. 다음으로 사회안전망은 지급의 제한 및 조건에 종속되어 있기 때문에 노동력의 차별화 및 파편화를 가져오는 요소가 될 뿐 아니라 '노동 복지work-fare'를 지향하는 사회정책에 완전히 부합될 것이다.

다른 한편 노동조합의 입장에서 보면 기본소득은 노동조합이 존재 원리로 삼는 노동 윤리와 갈등한다.

마지막으로, 그러나 위의 것들 못지않게 중요한 것으로, 우리는 기업가 영역과 노동조합 모두에서 사회적 대의代議 형태의 위기를 목격하는 중이다. 단일한 조직 모델이 더 이상 유효하지 않게 됨에 따라 자본과 노동 모두에서 파편화가 발생하게 된다. 전자, 즉 자본은 (종종 위계적 하청 관계에 묶여 있는) 중소기업의 이해관계, 초국적 대기업의 이해관계 그리고 통화 및 금융시장에서의 투기 활동, 유통·운송·에너지·군수·연구개발 등의 독점에서 나오는 이윤 및 지대의 전유를 두고 쪼개진다. 특히 상이한 전략과 시간성을 가진 산업자본, 상업자본, 금융자본 사이의 갈등으로 인해 그리고 지리경제적·지정학적 영향력의 측면에서 일국적 자본과 초국가적 자본 사이의 갈등으로 인해, 일정 수준의 자본가 계급이 지닌 의향의 동일성을 만들어 내고, 그들의 공유된 목적을 결정하는 것이 매우 어렵게 된다. 자본의 이해관계 각각을 가장 잘 결합해낼 수 있는 요소는 (다양한 기원을 갖는) 단기 이윤의 추구이다. 이것은 포드주의적 자본주의의 시대와는 달리, 진보적 개혁 정책의 형성을 사실상 불가능하게 한다.

반대로 노동 세계는 법적 관점에서뿐 아니라 무엇보다도 '질적' 관점에서 그 어느 때보다 파편화된 것으로 보인다. 임금 산업노동자의 형상이 전 세계 많은 곳에서 나타나고는 있지만 서구에서는 그 숫자가 줄어들고 있다. 이는 수많은 각양각색의 비정규직 및 불안정 노동자, 이주노동자, 프리랜서 그리고 자영업자 형상의 출현으로 이어졌다. 이들의 조직화 능력 및 자기 표현 가능성은 이들의 노동조건 협상이 주로 개별적으로 이루어진다는 점, 포드주의 시기에 형성된 조합 구조를 전용할 수 없다는 점으로 인해 점점 더 제한되고 있다.

이 모든 것의 결과로 인지자본주의에서 그 특징인 불안정성을 줄일 수 있는 제도적 개혁 정책의 가능성이란 존재하지 않는다. 어떠한 혁신적인 뉴딜도 불가능하다. 사적 소유에 의해 파괴되었고 공적 공간에서 작동이 멈춘 복지체계를 재전유함으로써 사회운동과 자율적이면서도 제도적인 실천에 의해 밀어붙여지는 식의 뉴딜이 아니라면 말이다. 다양한 신자유주의 이론가들이 제안했듯이 기본소득에 기초한 임금 조절에서부터 자유로운 지식 유통에 기초한 생산에 이르기까지, 지금까지 우리가 말한 수단들이 반드시 자본의 축적 및 포섭 체계와 양립 불가능한 것은 아니다. 그러나 이러한 수단들로 새로운 사회적 갈등의 장이 열리고 공통적 부의 재전유가 시작될 수 있을 것이다. 그리고 이는 자본주의적 생산체계의 근간, 즉 노동 강제, 협박의 도구이자 한 계급이 다른 계급을 지배할 수 있게 해 주는 도구로서 소득 그리고 (과거에는 기계였다면 오늘날에는 지식도 포함되는) 생산수단의 사적 소유라는 원리의 침식을 가져올 것이다.

다시 말해 인지자본주의에서 케인스에 기원을 두고 있지만 축적의 새로운 과정의 특징에 맞게 변형된 실현 가능한 사회적 타협이란 오로지 **이론적 환상**일 뿐이며 정치적 관점에서 보자면 실행 불가능한 것이라고 단언할 수 있다.

인지자본주의의 안정적인 구조적 패러다임을 보장하기에 충분히 유효한 개혁 정책—이것은 주로 자본과 노동 모두에게 만족스러운 매개 형태를 만들어 내는 것과 관련된다—은 오늘날 그 윤곽조차 그릴 수 없다.

따라서 우리는 사회적 동학이 개혁주의적 실천들 그리고 무엇보다 개혁주의적 '이론들'이 발전할 여지를 허용하지 않는 역사적 국면에 있는 것이다.

그렇다면 이론을 인도하는 것은 실천이기에 투쟁만이, 다중의 운동을 만들어 낼 수 있는 능력만이—언제나처럼—인류의 사회적 진보를 가능하게 해 줄 것이다.

초국가적 차원의 강력한 투쟁의 재개만이 현재의 위기 상태를 극복할 수 있는 조건을 만들어 낼 수 있다. 우리는 분명한 역설에 직면해 있다. 개혁주의적 전망을 새롭게 열고 자본주의 체계의 상대적 안정성을 다시 한번 구축하기 위해 바로 그 자본주의적 명령 구조의 중심축을 바꿔 버릴 수 있는 혁명적 공동 행동이 필요한 것이다.

따라서 우리는 자본주의 이후의 사회를 상상하기 시작해야만 혹은 더욱 바람직하게는 위기에 놓인 복지를 위한 투쟁을 공통적인 것의 제도의 즉각적인 조직화로 새롭게 정립하기 시작해야만 한다. 이것이 정치적 매개 형태들의 기능을 완전히 제거하지는 못할 것이다.

그러나 분명, 대의제 구조로부터 이 기능들을 빼앗아 자율적 실천들의 구성 권력의 형태로 흡수할 것이다.

10. 현재의 금융위기는 사회적 충돌의 새로운 장면을 열어 준다

전통적으로 사회주의는 더 우월한 발전의 합리성을 통해 자본주의에 고유한 불안정성을 변증법적으로 극복하여 자본주의를 그것의 주기적 위기로부터 구해 내는 것으로 제시되어 왔다. 달리 말해 그 구조상 자본주의가 유지할 수 없는 진보의 약속을 이행하는 책임을 떠맡아 왔다. 오늘날, 사회주의와 자본주의 각각이 노동, 기술 그리고 생산의 면에서 객관적으로 더 우위에 있다고 주장하며 서로 꼭 닮은 모습을 보였던 시대는 다행스럽게도 끝났다.

다시 말하지만 우리의 행동만이 우리가 살아가도록 강제되는 불공정한 사회체계를 부술 수 있으며, 동등한 삶의 기회와 자유를 위한 물질적 기초를 키워 나갈 수 있다. 경제위기의 상황은 명백하다. 다시 한번 명령 형태들을 계속해 압박하는 것은 저항의 차원이다. 부동산 담보대출금을 갚을 수 없어 처음에는 당황하지만 곧 적어도 3년간은 자신이 사는 집에서 쫓겨나지 않을 권리가 있음을 깨닫는 사람들이 있다. 금융시장에서 많은 수익을 얻을 수 있다고 약속하는 대중매체나 조합의 선전에도 불구하고 주식시장이라는 괴물을 결코 믿지 않고 그들의 퇴직금을 투자펀드에 집어넣지 않는 사람들이 있다.

그러한 행동들이—저항과 불복종을 표현하는 다른 많은 행동들과 더불어—특히 중요해지는 것은, 소유자 개인주의의 수사修辭가 혜택과 충성스런 행동에 기초하여 일종의 상상적인 사회적 연대감의 도움으로 설립할 수 있었던 눈에 보이지 않는 사회적 통제망에 균열이 생겼음을 보여주기 때문이다.

그러한 신호들 가운데 중요한 것이 이탈리아의 '온다 아노말라'

운동[3]으로부터 나왔다. 이 운동이 소득과 공통적인 것의 복지welfare of the common라는 주제를 들고 나왔다는 것은 매우 중요하다. 그들의 활동은 순전히 이론적 주장이나 전위적인 정치적 입장에 국한되지 않았다. 즉 지식 생산을 둘러싼 충돌과 탈계급화 및 불안정화에 맞선 싸움을 중심으로 사회가 개편되는 가운데 소득 문제가 중요 쟁점으로 널리 공유된 것이다. 소득 문제는 운동에서 구체적 목표들(예를 들어 인턴 제도와 직업훈련 프로그램에서부터 비정규직 연구원들에 의해 수행되는 많은 교육 업무에 이르기까지 대학의 기업화를 가능하게 했던 무상노동에 대해 돈, 즉 임금을 요구하는 것)로 나타났으며 이런 식으로 임금 문제는 탈이데올로기적이게 되었다. 따라서 온다 아노말라 운동에서 임금이라는 주제는 '너희들이 초래한 위기의 대가를 우리가 지불하지는 않을 것이다!'라는 슬로건에 구체적 의미를 부여하면서 현 위기 상황에 알맞는 정치 프로그램이 되었다.

지식의 상품화에 대한 비판, 학습 시간과 생산 시간의 차이가 점점 더 흐려지는 경향—바로 이로부터 학습 시간에 대해서 보수가 지불되어야 한다는 요구가 나온다—에 대한 인식, 사회적 협력과 일반지성의 기초를 구성하는 물질적·비물질적 재화들에 접근할 권리의 요구, 사회적 관계 및 협력의 새로운 서사이자 지평으로서 공통적인 것의 생산은 결국 '공적 대 사적'이라는 이분법을 넘어선다. 요컨대 이러한 것들은 체계의 위기를 행동과 제안을 위한 가능성의 공간으로 전복할 수 있는 정치적 과정의 윤곽을 그릴 때도 매우 유용한 요소들이다.

유럽의 상황만 보더라도 최근 몇 달 동안 일어났던 많은 저항의 신호들이 있다. 그리스에서 일어난 봉기와 스페인, 프랑스 그리고 독

3 [영어판 옮긴이] 온다 아노말라onda anomala—'이상한 파랑freak wave'으로 해석될 수 있다—운동은 이탈리아에서 대규모 재정 삭감과 공립대학 사유화의 위협을 담은 구조조정 조치가 있었던 2008년 가을에 터진 학생운동이다.

일에서 일어나 교육 영역을 휩쓸었던 사회운동들 외에도, 우리는 또한 코펜하겐, 말뫼, 리가 및 그 밖의 유럽의 메트로폴리스들에서 다른 사회문제들을 두고 발생한 많은 갈등적 긴장 상황들을 열거할 수 있다.

여기서 관건은 '자본의 코뮤니즘'의 '일반지성의 코뮤니즘'으로의 전복, 즉 현 사회의 살아 있는 힘으로서 그리고 공통 복지의 구조를 발전시키고 자신을 인류의 자유와 평등을 위한 유효하면서 현실적인 조건으로서 정립할 수 있을 일반지성의 코뮤니즘으로의 전복이다. '자본의 코뮤니즘'과 공통적인 것의 제도 사이에는 어떠한 대칭성도, 어떠한 필연적 직선적 관계도 없다. 다시 말해 공통적인 것의 제도화는 생산된 사회적 부를 집단적으로 재전유하는 것 그리고 항구적 위기 속에 있는 자본주의적 포섭 및 지배 장치의 파괴에 관한 것이다.

이러한 과정에서는 사회운동이 수행하는 자율적 역할이 점점 더 중요하게 된다. 그것이 정치적 프로그램과 행동으로서뿐 아니라 무엇보다 위기에 의해 가장 크게 고통받고 가장 많이 탈취당한 저 주체성들, 특이성들 혹은 계급의 부분들에게 참조점으로 기능하기 때문이다.

삶의 노동 및 생산과정 속으로의 실제적 포섭 그리고 (소유자 개인주의로부터 시작된) 개인주의적·안보주의적 요소에서 나온 만연한 문화적·상징적 환상의 유포는 노동자 및 프롤레타리아 행동에 대한 사회적·인지적 통제 과정의 주요한 기초를 구성한다. 저항과 새로운 계급 구성 활동 속에서 이미 살아 움직이는 자율적 주체성에 대한 긍정과 조직화는 현재의 사회·경제적 위계를 변형할 투쟁 과정을 개시하기 위한 필요조건이다. 이런 관점에서 노마드적 주체성이 이뤄 낼 수 있고 활력을 불어넣을 수 있는 모든 종류의 초과와 봉기는 환영할 만한 것이다. 다양한 형태의 부와 지식의 재전유를 가동하는 것, 재분배의 동학을 전도시키는 것, 위기의 장본인들에게 그 대가를 치루도록 강제하는 것, 사회적 혹은 공통적 복지의 새로운 구조를 숙고하는 것, 환경과 이 행성에 살고 있는 모든 것의 존엄과 양립 가능한 자기조직화 및 생산의 새로운 가능성들을 상상하는 것. 이 모든 것은 바로 그러한 방식으로만, 즉 수천의 물방울들이 모여 강을 이루듯 혹은 수천 마리의 벌들이 떼를 형성하듯, 노마드적 방식으로만 가능하다.

왕은 벌거숭이가 되었다. 고된 길이 우리 앞에 있지만 우리는 이미 그 길에 들어섰다.

발문
'대위기' 상황에서 지대에 관한 몇 가지 고찰[1]

안토니오 네그리

우리 모두 지대가 무엇인지 알고 있다. 우리 모두 지대 수취자가 뭐하는 사람인지 알고 있다. 우리 각자는 적어도 한번 아파트 집세를 내면서 그의 얼굴을 쳐다본 적이 있을 것이다. 그를 부러워하거나 미워할 수 있지만, 어쨌든—적어도 우리는—그를 일하지 않고 돈을 버는 사람으로 생각한다. 구체제(앙시앵레짐)는 지대 법칙이 효력을 발휘했던 체제였다. 버크와 헤겔과 같은 반동 사상가들은 이 법을 자연스러운 것으로 찬양했다. 루소의 혁명적 후예들, 계몽주의 변혁가들 그리고 인권의 주창자들은 그것을 증오했다. 영국의 자유주의자들과 칸트주의 철학자들은 자유가 물려받은 부의 활용으로부터 나올 수도 없으며 그것에 기초할 수도 없다고 생각했다. '어엿한' 부는 노동에 기초해야만 한다는 것이다. '국부'의 이론가이자 정치경제학의 창안자들에 관해 말하자면, 이들은 이 주제에 대해 모호했다. 한편으로 그들이 자본주의적 부는 지대에 **맞서** 구축되어야 한다고(그리고 경제 이론의 진리는 이 길을 찾아내는 데 있다고) 생각했던 것은 사실이다. 다른 한편으로 그들은 자본주의적 발전이 시초에 있었던 폭력적인 전

1 [옮긴이] 이 글은 '지대에 대항하는 민주주의'라는 제목으로 《물티투데스》지에 실린 것(Toni Negri, "La démocratie contre la rente", *Multitudes* 2008/2, n° 32, pp. 127-134)을 약간 수정한 것이다.

유에서 시작되지 않았더라면 결코 이토록 강력하게 구축되고 실행될 수 없었을 것이라는 사실을 숨기지 않았다(비록 종종 그들의 독자들에게는 숨겼지만 말이다). 그리고 이는 역사에서 실제로 발생한 일이다. 종획운동의 시기에 공유지, 토지, 노동이 수탈되었다. 바로 여기서 '절대지대'라는 것이 나타난다. 시초의 폭력적이지만 필수적인—그러나 추악하기에 숨겨야만 하는—축적. 노예화를 동반하고 왜곡적이며 극악무도한 방식의 축적. 물론 절대지대는 지대를 향유하는 평범하고 일상적인 여러 과정들에 잔존했지만 그것은 부를 생산하는 다른 형태에 상당히 종속되어 있어서—경제학자들은 이렇게 말했고 혹은 적어도 이렇게 되기를 희망했지만, 실제 분석할 때는 그 애매함으로 인해 고생했다—결국 (토지 그리고/또는 화폐의) 소유자 사이의 경쟁 상금으로 나타날 때나 의미 있게 되었다. '차액지대'는 상업 자금의 생산성 차이와 마찬가지로 노동이 투하된 토지의 생산성 차이로 인해 발생하는, 노동에 의해 생산된 잉여가치가 드러나는 형상들 가운데 하나가 되었다. '차액지대'를 통해 경제학자들은 한편으로는 개혁주의자들의 편을 들어 그들의 논증에서 어떤 그럴듯한 구실을 찾아내려 했다. 다른 한편으로 현실에서는 꽤나 공공연하게 자본주의적 발전을 포함하여 시초에 있었던 전유의 폭력성, 즉 시초축적의 폭력성을 정당화하는 데 '차액지대'라는 개념을 사용했다. 정치경제학이 설립되던 시기로부터 오늘날까지 사이의 중간쯤 되는 시점에 (즉, 거의 한 세기 전에) 케인스가 '지대 수취자의 안락사'를 희망하면서 계속해서 지대를 저주했었음을 생각해 보면, 21세기의 시작이 다시 한번 지대에 관한 논의로, 그것이 여전히 효력을 발휘하는 것에 따른 정치적 효과로 그리고 그것의 최악의 결과에 대한 반동적 이데올로기적 찬양으로 특징지어지리라고 어느 누가 생각이나 해 볼 수 있었을까?

근대 법질서의 형성 과정에서 작용하는 민주적인 구성적 힘[2]을 연구할 때 우리는 그것이 언제나 자본주의 질서의 소유구조를 건드린다는 것을 지적하지 않을 수 없다(비판적 측면에서 보면 그것은 기존의 구성된 소유관계를 공격한다. 개혁주의적 그리고/혹은 혁명적 측면에서 그것은 새로운 사회적 소유 질서의 욕망을 표현한다). 이러한 구성적 힘의 의지의 강렬함을 고려한다면, 부르주아 법이론이 근대 내내 그 개념을 고립시켰고 그것을 그것이 자라나는 사회적 관계—우선은 사회적 소유관계, 다음으로는 자본주의적 전유 관계—의 물질성으로부터 떼어내려 노력했다는 사실은 그다지 놀랍지 않다. 법이 시작되는 곳에서 구성적 힘은 멈춘다. 테르미도르는 구성적 힘이 실현되었다가 즉시 부정되고 제거된 순간이었다. 그럼에도 불구하고 헌법 이론은 이러한 무력화의 노력이 헛된 것임을 알고 있었다. 구성적 힘이 형식적으로 고립되었을 때조차 법률가들과 정치가들은 즉시 '물질적 구성'에 대한 분석(즉, '형식적 구성' 혹은 법적 구성의 밑바탕에 있는 사회적 관계의 연구 그리고 그 복잡성과 그 궁극적 적대에 대한 연구)을 그들 작업의 고유 토대로 삼을 수밖에 없었다. 따라서 기묘한 상황이 여기서 나타난다. 즉 소유관계가 구성적 힘의 토대에 있는 문제를 구성했다. 반면에 구성된 권력constituted power은 소유관계를 신성하고 불변적인 것

2 [옮긴이] 구성적 힘constituent power은 네그리 사상의 주요 개념 중 하나로 다중이 지닌 새로운 정치 공동체를 구성하는 힘을 뜻한다. 한편 구성을 뜻하는 'constitution'은 국가를 구성하는 것으로서 헌법(제정)이라는 뜻도 갖는데, 이는 근대 이후로 국가 형태가 정치 공동체의 거의 유일한 형태가 된 것과 무관하지 않을 것이다. 이런 맥락에서 'constituent power'는 새로운 헌법을 (그리하여 새로운 국가를) 만드는 힘, 즉 제헌 권력으로 번역될 수도 있는 바 특히 법과 관련된 논의 맥락에서는 종종 양자의 뜻을 중첩해 읽을 필요가 있다. 유의할 것은 헌법과 그것에 기초한 국가권력은 구성된 권력constituted power으로서 단지 다중의 구성적 힘의 (굳어진) 결과물일 뿐이며 많은 경우 그것을 가로막는 역할을 한다는 점이다. 이렇게 구성된 권력과 반대되는 의미로서의 'constituent power'를 '구성하는 힘'이라고 옮길 수도 있다.

으로 여겼다. 확실히 현대 법학의 위선적인 형식주의에서 구성적 힘은 '예외적 힘'으로서만, 오직 정치적 결정의 강렬함으로부터 나오는 것으로서만 다시 활성화될 수 있을 뿐이다. 이와 반대로 구성적 힘이 그 고유의 물질성을 띠며 나타나고 소유관계라는 주제를 다시 끄집어내는 순간마다 그것은 구성의 시간 속에서 그리고 그 너머로 펼쳐지고 법의 혁신과 사회적 해방의 요소로서 자신을 제시하면서 민주적 제도들의 가능성을 열어젖혔다. 바로 이 순간에 구성적 힘은 '절대지대'와 충돌하며 물질적 구성의 긴 시간성 속에서—민주적 기능으로서—스스로를 구성하고 '차액지대'의 법적 형식 내부에서 투쟁한다.

오늘날 민주주의는 단지 땅(토지 및 부동산)을 기반으로 하는 지대와 대면할(그리고 그것에 맞설) 뿐 아니라 무엇보다 금융지대, 즉 다중에 대한 통치의 근본 도구로서 화폐를 전 지구적으로 동원하는 자본과 맞서고 있다. 금융화는 자본주의적 명령의 현재적 형태이다. 명백히 금융화는 여전히 지대와 연결되어 있으며 자본주의적 착취의 모호함과 모순뿐 아니라 폭력적 의도 모두를 반복한다. 따라서 금융자본 그 자체에 적대관계가 들어 있지 않다고 생각하는 것은 어리석은 일일 것이다. 그것은 언제나 노동력을 자신의 필수요소로서, 즉 자본의 생산자이자 적대자로서 포함하고 있기 때문이다. 금융자본이 이 적대를 가둬 두는 형태는 완전히 특수한 다음의 요소들에 따라 정해진다. 노동과 시민 공동체의 물질적 특질로부터의 강력한 추상, 날조된 세계 그리고/혹은 왜곡된 욕망의 자본주의적 구축, 괴물스러운 착취의 공동체 등등. 이 착취는 공통적인 것의 착취이다. 즉, 노동력이 다중이 되고 노동이 인지적이며 협동적이게 된 지금, 자본은 더 이상 개개의 노동자를 착취할 수 없고 본질적으로 협력에 참여한 모든 노동과 이 노동이 생산한 공통적인 것을 수탈한다. **따라서 금융지대는 공통적인 것의 착취로서 나타난다**.

절대지대인가 차액지대인가, 극단적 전유와 수탈에 기초한 지대인가 아니면 생산된 가치와 공통적인 것의 가치화 전체에 기초한 일반화되고 유기적으로 조직된 착취에 기초한 지대인가? 십중팔구 현대 후기산업사회의 경제학자들은 우리들의 질문에 조금도 주저하지 않고 다음과 같이 말할 것이다. "우리는 차액지대의 세상에 살고 있다." 그런데 이윤 자체가 지대로 나타날 때—왜냐하면 전 지구적 시장에서 이윤은 즉각 자본의 이러한 존재 형태로 변형되기 때문이다—금융지대와 금융 흐름, 즉 지대의 세계는 직접적으로 다중의 투쟁에 의해 영향받고 조건 지어진다. 그러나 차액지대의 세계가 여기 우리에게 나타날 때 바로 그 차액지대가 얼마나 큰 **차이**를 보여주는가! 그것, 즉 지대의 세상은 공통적인 것에 맞선 채 공통적인 것 속에서 또 착취의 일반화 속에서 등장한다. 이러한 과정이 매우 '순수'하여 명령의 정치적 중앙집권화와 복지, 사회적 임금, 요컨대 부의 분배 전체 차원 사이의 사회적 관계가 직접적으로 투쟁 관계로 나타나는 국가들(예를 들면 중국)이 있다. 여기서는 임금마저 금융지대가 지닌 일반성의 수준에 도달해 있다. 미국과 유럽과 같이 (혹은 지대 '과두제'가 존속하는 구 제3세계 국가들에서와 같이) 지대와 이윤의 복잡한 결합이 '순수하지 않은' 형태를 띠는 국가들을 보면, 여기에서조차 사회적 재생산 관계의 형성 과정에서 지대의 재전유를 향한 투쟁이 얼마나 격렬했는지 주목해야 한다. 여하튼 모든 곳에서 지대에 맞선 저항은 맹렬하다. 반대로 모든 곳에서 지대의 방어는 지대의 계보학 전체에 걸쳐 나타난, 절대지대와 예외상태 사이의 종합을 다시 꺼내드는 수준에 이르렀다. 민주주의적 과정을 폭력적으로 짓누르면서 지대가 재등장하는 것이 바로 여기서이다. 우리는 절대지대가 자본주의 발전의 역사적 경로를 되돌리면서 이윤의 보증자로서 자신을 주장하는 순간에 와 있다.

지대가 이윤의 동학을 흡수하거나 혹은 적어도 자신 안으로 통합시켜 버린 상황에서 '차액 임금'을 둘러싼 투쟁을 정의하는 것이 가능한가? 즉, 지대 안에서 지대에 대항하는 투쟁의 장치들을 그려 보는 것이 가능할까? 소득을 둘러싼 투쟁의 핵심은 무엇인가? '지대로부터의 임금'은 무엇인가? 이 물음들에 대한 대답은 무엇보다도 행동의 주체라는 문제를 다시 꺼내기 마련이다. 지대가 사회적 생산의 공통적인 것을 신비화하는 순간에 투쟁은 어떤 주체들 사이에서 일어나는가? 우리는 즉시 말한다. 절대지대의 이름으로 행사되는 삶권력의 경직성을 파괴할 능력을 갖춘, 다중의 성격을 가진 적대적 세력, 그러한 주체라고. 그런데 그러한 주체는 어떻게 구성될 수 있는가? 물론 이는 차액지대 위에 정초되고 구조화되며 그것을 향하는 투쟁의 공간을 확립할 수 있을 때 구성될 수 있다. 어떻게 이에 성공할 수 있는가? 그것은 오로지 투쟁하는 주체의 구성을 통해서만 가능하다. **지대는 사회적 투쟁에 의해 민주주의에 종속될 때 절대지대에서 차액지대로 된다.** 따라서 이러한 주체의 구축으로 이를 수 있는 투쟁을 수행할 필요가 있다. 불안정 노동자들과 배제된 사람들을 단결시키기, 물질적 노동과 지적 노동을 재구성하기. 첫째로 공장과 메트로폴리스에서 동시에 작용하는 결합의 복합성을 통해서, 둘째로 그 짜임새(콜센터에서 대학까지, 산업 서비스에서 소통 서비스까지, 연구센터에서 위생 및 교육과 관련된 사회 서비스까지)의 현실적 밀도에서. 이는 곧 금융에 의해 통제되는 지대의 지형에 활발하게 진입할 수 있는 정치적 주체를 구성할 수 있고 (포드주의 공장의 노동자들에게 임금 투쟁이 지녔던 것과 같은 힘으로) 소득을 둘러싼 투쟁을 개시할 수 있는 다중이다. '지대로부터의 임금'이 생각되는 것은 바로 이러한 차원에서이다.

그러나 주의해야 한다. 지금까지의 이야기가 어떠한 경우에도 지대(우선은 절대지대, 이어서 차액지대)로부터 가져오는 임금의 양이 이러저러한 방식으로 자본주의적 명령의 위기를 초래할 수 있다고 말하는 것은 아니다. 소득을 둘러싼 투쟁(매우 엄밀히 말하면 '시민 소득'을 위한 투쟁)은 무엇보다 정치적 주체, 정치적 세력을 구축하는 수단이다.

목적 없는 수단? 물론 그렇다. 그것의 목적이 권력의 획득도, 자본주의 사회의 재생산 메커니즘의 지속 가능한 변형도 아니기 때문에, 또 그럴 수도 없기 때문이다. 투쟁 속에서 형성될 수 있는 것은 소득의 지형에서 효율적으로 움직일 줄 아는 세력의 실재성과 그에 대한 인정뿐이다. 바로 이러한 전환, 투쟁의 이러한 구성적 활용—정치적 주체의 형성과 인정을 위한 활용—으로부터 시민 임금 협상에 국한되지 않고 공통적인 것과 그것의 민주적 관리의 재전유를 목표로 하는 투쟁이 개시될 수 있다.

계급이 자신을 드러낼 장소가 없다면 계급투쟁은 존재하지 않는다. 오늘날 이 장소는 메트로폴리스의 영역이다. 예전에는 공장이 그런 곳이었다. 오늘날에도 물론 공장은 부분적으로는 여전히 그 영역이다. 그러나 오늘날 공장이라는 말은 예전과는 다른 것을 의미한다. 오늘날의 의미에서 공장은 메트로폴리스이다. 그 생산관계들, 연구 분야들, 직접적 생산 장소들 그리고 유통/소통의 흐름, 운송망들, 경계들과 한계들, 생산의 위기, 이동성의 봉쇄, 고용의 여러 상이한 형태들 등등. 메트로폴리스, 가치화 과정에서 인지노동이 우세한 곳에서만 나타나는 초현대적 공장. 그러나 동시에 이주자들과 여성들, 불안정 노동자들과 사회적으로 배제된 사람들 모두 너나 할 거 없이 노예처럼 일하며 착취가 삶의 모든 측면과 순간에 침투해 있는 아주 오래된 공장. 메트로폴리스, 다양한 수준에서의 착취를 통해 지위와 문화의 차이를 이용하는, 인종과 민족의 차이를 계급의 차이로 이용하는 전前산업적 공장. 그러나 이 차이들이 메트로폴리스적 마주침, 연속적이고 창조적인 혼종화, 여러 문화들과 삶들의 상호교차로부터 공통적인 것을 구성하는 탈산업적 공장. 이렇게 공통적인 것은 메트로폴리스에서 인식되고 온전하게 드러나는 바, 지대는 바로 이 공통적인 것을 감추고 왜곡한다. 지대는 마천루들의 가장 높은 층에서 공통적인 것을 구성하며 증권시장에서 공통적인 것을 지배한다. 지대는 공통적인 것을 그것의 진실한 생산자들로부터 숨기는 사람들에게 공통적인 것을 드러낸다. 이와 반대로 투명함, 공개Glasnost를 위한 투쟁의 절대적 민주주의는 공통적인 것의 해방의 길을 우리에게 보여줄 수 있다. 여기서 관건은 부동산 지대에서 (이윤의 금융적 분절화를 **거쳐**) 저작권 및 디지털 생산물의 지대까지 이르는 모든 지대의 흐름 전체를 공격하는 것이다. 우리가 방금 괄호 속에서 지적한 것, 우리가 강조한 이 '거쳐'는 오늘날 자본의 핵심을 구성한다. 민주주의는 차액지대에 저항하는 투쟁들을 발전시키는 데 필요한 활력과 강도를 성취할 목적으로 절대지대를 파괴할 수 있고 또 그래야 한다. 자본 발전의 시초적이고 폭력적인 형상을 나타냈던 절대지대는 오늘날 더 발전된 수준의 자본주의적 착취의 형상이 되었다. 바로 **공통적인 것의 착취**라는 형상. 명령과 공통적인 것 사이의 관계를 모순에 처하게 하는 것—이 모순이 폭발할 때까지—자, 이것이 우리가 가야 할 여정이다. 더 이상 그 어떤 변증법도 문제를 해결할 수 없으며 민주주의만이, 그것이 절대적이 될 때만이, 즉 우리 모두가 공통적인 것 안에서 평등하기 때문에 우리가 서로에게 필요하다는 인식이 생길 때만이 그 해결이 가능하다는 것을 인식하면서 말이다.

대위기는 메트로폴리스에서 시작되었다. 그리고 그 시간은 바로 새로운 프롤레타리아트, 즉 자본주의적 주체성 생산에 의해 '소유자-개인'으로 창조되었다가 뒤이어 복지국가의 신자유주의화로 인해 열악한 자산 상황에 내몰린(동시에 이전 세기 노동자의 투쟁으로 인지 노동자로 고양되고 재규정되기는 했지만 불안정한 삶의 고통 속으로 추락했을 뿐인) 새로운 프롤레타리아트가 반란을 일으킨 때였다. 그들은 사회적 소득이 제 역할을 하지 못하도록 만들었고, 그것의 뿌리를 뽑고자 하였으며, (자본주의적 명령의 평형상태가 긴급히 요구될 때조차) 자본주의적 지대를 둘러싼 합의가 이루어질 수 없음을 다시 한번 분명히 보여주었다. 저항, 반란. 바로 여기에 프롤레타리아트에 의해 시작되는 새로운 주체성의 생산이 있다.

이 책이 태어난 세미나를 끝맺으면서, 나는 이 책에서 주체성 생산과정의 이러한 급진적 전복을 결정하는 모든 조건들이 분명하게 제시되었다고 믿는다. 남은 과제는 자본이 지대로 변형한 것을 공통적 주체성의 것으로 어떻게 재전유할 것인지를 고민하는 것이다. 열정, 지성 그리고 '혁명적' 실천이 전 지구 수준에서 다시금 활기를 띠고 있는 지금, 이러한 질문을 제기하는 것이 부적절한 일은 아닐 것이다. 이 책에 담겨 있는 위기에 대한 분석과 그에 동반된 정치적 사유는 현 자본주의의 역사적 국면을 서술하고 비판할 뿐 아니라 욕망의 새로운 지평을 열어 줄 것이다.

2009년 2월

한국어판 후기

안드레아 푸마갈리 / 산드로 메자드라

이 책이 나오게 된 배경인 두 번의 워크숍 가운데 첫 번째가 열렸던 것은 2008년 9월, 리먼브라더스의 파산이 있기 불과 며칠 전이었다. 그 전해부터 우리는 활동가·연구자 네트워크인 우니노마데에서 역사적으로 파급력이 클 사건으로 보였던 당시 한창 진행 중인 금융·경제 위기에 관한 탐구에 착수했었다. 전 세계 매체들로 하여금 이 위기를 주요 뉴스로 다루지 않고 지나갈 수 없게 만든 리먼브라더스의 파산이 있기 전부터, 이미 우리는 우리가 마주하고 있는 것이 단순한 금융적 동요 이상이라고 확신하고 있었다. 자본주의의 금융화 과정에 대한 장기 분석을 통해 우리는 어떤 방식으로든 '금융' 경제와 '실물' 경제를 명확하게 구분하는 것에 대해 매우 회의적이게 되었다. 이 책의 이탈리아어판이 출간된 때부터 지금의 한글본이 나오기까지의 시간 동안에 이 위기가 전개된 과정은 우리의 이러한 회의가 정당한 것임을 보여준다. 위기로 인해 현대 자본주의는 그 전체가 시험에 놓이고, 압박을 받았으며, 변화를 겪었는데, 이는 이 책에 실린 마지막 글에서 우리가 집단적으로 정교화한 열 가지 테제들 가운데 첫 번째 것에서 예견된 바 있다. 나아가 이 위기가 '지정학적 재평형'의 결정적 순간이었음이 명확하게 드러났으며(테제 5), 특히 이 위기로 경제·정치·사회적 차원의 유럽연합 건설이 지닌 모든 난관과 불균형이 분명하게 드러났다(테제 6).

위기는 그것이 공식적으로 시작된 지 7년이 지난 지금도 전혀 끝날 기미가 보이지 않는다. '플래시 크래시flash crash'로 알려진 2010년 5월 6일의 사건—다우존스지수가 단 몇 분 만에 1000포인트가량 떨어졌다가 다시 몇 분 안에 회복된 사건—은 알고리즘 주식 거래와 재정절벽fiscal cliffs의 시대에 금융자본과 금융시장에 만연한, 짧은 주기로 위기와 회복 사이를 오락가락하는 특징을 징후적으로 보여주었다. 이러한 변동성 패턴은 금융을 정의하는 특징이 되었을 뿐 아니라 불확실성이 사회적 삶의 시간과 구조로 퍼져 나가는 과정이 가속화되고 심화되었음을 알리는 신호였다. 금융의 불안정과 금융을 더 생산적으로 만들려는 시도가 자본주의 합리성을 지배할 때, 다름 아닌 '회복'이라는 관념 자체가 산산조각 난 것으로 보인다.

2007~2008년의 금융위기를 적어도 1997~1999년의 아시아 위기 및 2000~2001년의 닷컴 거품 붕괴와 연결하여 보는 중기적 관점에서 이 금융위기의 동학을 살펴본다면, 경제회복의 안정화에 관한 전망이 모두 얼마나 깨지기 쉬운 것인지 알 수 있다. 미국, 일본 및 유럽에 이르는 세계 각국에서 시행된 공적자금을 통한 대규모 긴급 구제와 양적완화 정책은 한번도 자본주의의 금융화를 문제 삼지 않았다. 앞으로의 경제적 가치증식을 이끌어 갈 수 있을 새로운 금융 컨벤션은 아직 출현하지 않은 가운데, 금융시장을 구성하는 불안정성은 계속해서 경제 전체로 퍼져 나가고 있다. 동시에 지난 몇십 년 동안 지역 간·국가 간·대륙 간 등 다양한 지리적 수준 전체에서 급격히 증가한 소득과 부의 양극화는 위기와 그것의 관리를 통해 완화되기보다 오히려 공고화되었다. 이 책에 수록된 크리스티안 마라치의 글의 제목이기도 한 금융자본주의의 폭력은 (부동산에서 산업자본에 이르기까지) 자본의 다른 '부분'들 및 국가의 조치들과 다양한 방식으로 결합해 계속하여 사회를 저해하는 결과를 낳고 있다.

우리가 제목[*Crisi dell'economia globale*(전 지구적 경제위기)]를 통해 강

조하고자 했던 것은 위기의 전 지구적 차원이다. 이는 2008년만 해도 당연한 것으로 받아들여지지 않았으며, 아마 오늘날까지도 여전히 논쟁의 대상이 될 수 있다. 여기서 중요한 것은 현대 자본주의와 그것이 오늘날 겪고 있는 위기와 관련하여 전 지구적이라는 말이 어떤 의미를 갖는가이다. 우리는 결코 '전 지구적'이라는 말을 생산, 가치증식 그리고 축적의 매끄러운 공간으로 생각하지 않는다. 오히려 최근 몇 년간의 작업에서 우리는 다양한 경계들, 상품 생산 및 유통망, 각종 통로들과 관문들, 금융적 동조화, 수송의 유기적 조직화와 장애, 노동의 이동성과 이동 제한 등이 서로 엇갈리고 연결되어 있으며 동시에 이것들에 의해 분할되어 있는 공간으로서의 전 지구적 공간을, 그것의 균열적이며 이질적인 성격을 강조했다. 따라서 전 지구적 위기에 대해 말하는 것은 위기가 유통되는 공간의 근본적으로 불균등한 지형—이는 현대 전 지구 공간의 불균질성과 닮았다—을 다루는 것을 의미한다. 미국에서 금융위기로 시작되었던 것이 갑자기 유럽에서는 '국가부채'라는 형태를 취했다. 위기의 첫 번째 국면에서 위기의 동학 자체가 중국, 독일과 같은 여러 나라에서 '중상주의적' 정책을 조장한 한편 브릭스BRICS 국가들이 한층 더 성장할 기회를 제공하는 듯 보였지만, 최근 시기의 주요한 특징은 '신흥국'의 성장 둔화가 되었다. 국제 유가를 둘러싸고 일어난 최근의 혼란은 우리가 이 책의 테제들에서 위기 전개의 핵심 주제로 강조했던 '지정학적 재평형'에 새로운 특징이 나타나기 시작했음을 보여준다. 그리고 '통화전쟁'의 유령이 계속해서 전 세계를 맴돌고 있는 가운데, 우크라이나부터 '대중동Great Middle East'에 이르기까지, 전쟁은 더 이상 메타포가 아니다.

이러한 위기를 다루고 있는 우리의 책은 영어, 독일어, 스페인어에서 일본어 및 터키어에 이르기까지 다양한 언어로 번역되었다. 이 책은 좋은 평가를 받기도 했지만 물론 열띤 토론의 대상이 되기도 했으며 때때로 거센 비판도 받았다. 이 책을 둘러싼 토론들은 일반적으로 책의 저자들 대부분이 연관된 소위 '포스트오페라이스모'에 대한 최근 논의들에서 나타났던 양상과 크게 다르지 않았다. 물론 '인지자본주의'나 '이윤의 지대화' 혹은 '생명자본주의'와 같은 주제가 이 책의 주요 부분인 것은 사실이다. 그렇지만 우리가 즐겨 실험적 태도라 불렀던 것 그리고 우리의 이론적 전통을 다른 비판적·마르크스주의적 이론과의 교류에 열어젖힐 필요성 또한 위기에 관한 우리의 집단 연구를 추동한 주요 부분이었다. 이는 우리의 작업의 중요 대화 상대였던 베르나르 풀레와 카를 하인츠 로트의 글이 이 책에 수록되어 있다는 점에서도 분명하지만, 더욱 일반적 차원에서 우리는 위기의 새로운 경험의 지평에서 지난 몇 년에 걸친 우리의 작업이 지닌 한계와 이론적 성취를 비판적으로 시험해 보고자 했다. '포스트오페라이스모' 관점에서의 현대 자본주의와 그것의 위기에 대한 완성된 이론을 제출하는 것은 전혀 우리의 목적이 아니었으며 우리는 1990년대 초부터 발전시켜 온 우리의 통찰과 생각들을 이론적 탐구의 새로운 장을 여는 데 사용하고자 노력했다. 한국의 독자들이 이러한 의도를 알아봐 주기를 그리고 우리의 작업의 발전에 건설적으로 함께해 주기를 희망한다.

이 책이 출간된 후 비판적 관심의 대상이 되었던 많은 요소들 가운데 가장 눈에 띄는 것이 금융과 산업의 관계이다. 우리의 테제들은 종종 오해되어 우리가 정치경제학 비판의 초점을 산업(즉 '생산')에서 금융으로 일방적으로 이동시킬 필요가 있음을 강조하고 있다고 여겨졌다. 이 후기의 자리를 빌려 다시 한번 우리가 전혀 그러한 입장에 있지 않다는 것을 강조하고 싶다. 현대 자본주의가 그것을 산업자본주의와 구별짓는 금융화의 역사적으로 새로운 특질에 의해 특징지어진다고 강조한 것은 사실이지만, 우리는 이것이 산업 활동의 감소와 상응하지 않는다는 것 또한 밝힌 바 있다. 정반대의 사례가 세계 여러 곳에서 분명하게 나타나고 있다. 우리가 말하고자 하는 바의 핵심은 산업 활동 자체가 금융화 과정에 의해 주도되고 새로운 형태를 띠게 되며 금융화 과정과 동기화된다는 것 그리고 자본의 명령이 주요하게 이러한 과정들을 통해 조직되고 절합된다는 것이다. 이러한 상황에서 우리가 '생산'이 그 우선성을 잃었다고 주장하는 것은 결코 아니며 우리가 강조하고자 하는 것은 생산의 변화하는 형태, 구성, 속도에 대한 새로운 탐구에 착수하는 것이 필요하다는 것이다. 그리고 물론 이러한 탐구는 구체적인 지리·사회·정치적 맥락에 경험적으로 뿌리를 두고 있어야 하는 바, 우리는 이탈리아 오페라이스모 활동가들이 1960년대 초부터 '투사적 탐구militant investigation'와 '협력 연구' 등으로 발전시켜 온 정신에서 우리의 탐구를 이끌 수 있는 일단의 일반 원칙을 찾고자 한다. 이러한 일반 원칙(이는 동시에 연구의 가설이기도 하다)들 가운데 우리는 지식에서부터 사회적 협력에 이르는 다양한 '공통의' 힘들이 현대 생산에서 결정적 역할을 담당하고 있다는 점이 포함되어야 한다고 생각한다. 그리고 마르크스를 따라 '산 노동'이라고 부를 수 있는 것의 현대적 구성을 이해하고자 할 때, 이 공통의 힘들의 주체적 차원의 '구체화'가 관건이 된다는 점을 강조하고자 한다.

신자유주의 독트린의 헤게모니가 심각하게 이의에 부딪히고 심지어 몇몇 경우 위기의 소용돌이에 의해 산산조각 나기도 했지만 금융화 과정이 그 전형적 사례인, 우리가 이 책에서 분석한 경향은 오히려 점점 더 공고하게 될 뿐이다. 이 경향은 신자유주의의 기저에 놓여 있는 물질적 구조를 구성하며 이 경향의 공고화는 자신의 실패가 명백히 드러나고 자신의 레토릭의 일부 혹은 전부를 포기한 이후에도 신자유주의는 재생산에 성공할 수 있음을 가리킨다. 이 책은 신자유주의가 실패 이후에도 어떻게 자신을 재생산하고 있는가를 탐구하기 위한 시도이기도 하다. 몇몇 장에서 사용된 협치나 통치성과 같은 개념은 정확히 이러한 방향을 가리킨다. 동시에 우리는 우리의 주요 관심사가 단순히 위기의 '구조적' 논리를 밝히는 것이 아님을 강조하고 싶다. 우리의 초점은 우리의 삶에 대한 자본의 지배에 효과적으로 맞설 수 있는 새로운 정치적 조건들을 창출해내는 것을 포함하여 투쟁을 위한 새로운 공간을 여는 것에 맞춰져 있다. 지난 7년간의 그리고 무엇보다 다가올 시간 속에서 벌어질, 위기 안에서 그것에 대항하는 투쟁의 역사를 써 내려가는 것이 우리의 과제로 남아 있다.

옮긴이 후기

이 책은 포스트오페라이스모 더욱 정확히는 네오오페라이스모Neo-operaismo[1] 이론가들을 주축으로 한, 2008년 금융위기에 관한 집단 토론의 생산물이다. 이 책의 핵심 주장 가운데 하나는 이 위기가 현 자본주의 체제의 구조적 모순에서 비롯된 것이며 따라서 이 체제를 유지한 채 위기를 극복하려는 모든 시도는 결국 실패할 수밖에 없다는 것이다. 이러한 주장의 타당성은 오늘날의 상황 자체에 의해 예증되고 있는 것처럼 보인다. 이 후기를 쓰고 있는 현재(2023년 3월) 2008년을 떠올리게 하는 또 다른 금융위기가 진행 중이다. 미국 역사상 두

1 이 책의 편집자 및 저자들(특히 산드로 메자드라, 크리스티안 마라치, 안드레아 푸마갈리, 카를로 베르첼로네, 스테파노 루카렐리, 페데리코 킷키, 티지아나 테라노바)의 이론적 입장은 1960~1980년대 이탈리아에서 전개되었던 비판적 마르크스주의 이론 및 운동인 오페라이스모의 전통 속에 있다는 점에서 흔히 포스트오페라이스모라고 불린다. 서문에서 메자드라 또한—다소 마뜩잖게—자신들의 작업이 포스트오페라이스모의 흐름 속에 놓여 있다고 말한다(9쪽). 그러나 이들 중 많은 수가 공저자로 참여한 최근의 책에서 이들은 post-라는 접두사가 단절, 극복을 지시하는 반면 자신들의 작업은 오페라이스모를 계승하되 그것을 자본주의의 현대적 변형에 따라 갱신하는 것이기에, 자신들의 입장은 포스트오페라이스모가 아니라 네오오페라이스모로 불리는 것이 더 적절하다고 말한다(Fumagalli, A. et al.(ed.), *Cognitive Capitalism, Welfare and Labour: The Commonfare Hypothesis*, Routledge, 2019, pp.4-6 참조). 네오오페라이스모의 주요 이론가이자 그 자신이 오페라이스모의 일원이기도 한 안토니오 네그리는 심지어 포스트오페라이스모와 같은 것은 없으며 단지 하나의 오페라이스모만이 존재한다고 주장한다(Antonio Negri, *Marx in Movement: Operaismo in Context*, tr. Ed Emery, Polity, 2022, 특히 10장 참조). 이러한 취지를 살려 이 글에서는 포스트오페라이스모 대신 네오오페라이스모라는 용어를 사용한다.

번째 규모의 은행 파산인 실리콘밸리 은행의 파산은 뉴욕의 시그니처 은행과 퍼스트리퍼블릭 은행의 파산으로 이어지면서 미국 지역 은행의 위기를 불러일으켰고 이 불길이 대서양을 건너 스위스로 옮겨 붙으면서 세계 17위이자 스위스 2위 은행인 크레디 스위스마저 사실상 파산에 처하게 되었다. 2008년의 악몽을 떠올리면서 시장은 다음 '감염자'가 누구일지에 온통 촉각을 곤두세우고 있는 바, 은행 위기의 공포가 전염병처럼 퍼지면서 뱅크데믹Bankdemic이라는 신조어까지 등장하고 있다. 특히 이 과정에서 도이체방크의 사례는 주목할 만하다. 도이체방크는 객관적으로 건전한 지표를 보여주고 있음에도 불구하고 시장에 의해 다음 감염자로 지목되었다는 사실만으로 주가가 폭락하고 신용부도스와프CDS가 폭등하면서 실제로 감염의 위기를 겪었다. 이는 이 책의 저자들이 강조하는 금융의 자기준거적 성격과 여기서 비롯되는 금융의 구조적 불안정성을 잘 보여주는 사례이다.

또한 현 위기의 원인이 급격한 금리인상에 있다는 점은 이 위기가 2008년 위기의 연장선에 있으며, 저자들이 여러 차례 강조하듯이 금융위기가 통화적 개입을 통해서는 해결 불가능하다는 것을 드러낸다. 2008년의 위기에 대한 처방으로 공급된 막대한 유동성은 인플레이션을 낳을 수밖에 없었고, 이에 더해 러시아의 우크라이나 침공으로 인한 인플레이션의 가속화는 미국 연준으로 하여금 유례없는 금리인상을 강제했다. 그리고 이 금리인상이 낳은 유동성 위기가 현 은행 위기의 원인으로 지목되고 있다. 이전 위기에 대한 처방이 낳은 부작용을 막기 위한 조치가 또 다른 위기를 불러일으킨 것이다. 그러나 이번 사태는 연준의 실수에서 비롯된 것이 아니다. 이는 은행 위기가 한참 진행 중인 가운데 열린 3월 연방공개시장위원회에서도 연준이 금리인상 기조를 유지했다는 점에서도 드러난다. 다시 말해 그들은 관리 불가능한 위기와 (그들이 생각하기에) 관리 가능한 위기

사이에서 후자를 선택했을 뿐이다. 항상 차악과 최악 사이에서 선택해야 하는 연준의 딜레마는 통화주의적 개입의 한계를 여실히 보여준다.

이런 점에서 이 책이 출간된 후 거의 15년에 가까운 시간이 흘렀지만 이 시간적 간격이 오히려 여기서 제시되는 분석을 오늘날 더욱 적실한 것으로 만들며 현재성을 부여해 준다고 할 수 있겠다.

그러나 이 책에서 눈여겨보아야 할 것은 그 분석의 내용적 적실성 이상으로 이들이 금융 문제에 접근하는 관점이다. 저자들은 금융 문제를 '생산'의 관점에서 바라볼 것을 강조한다. 생산의 문제—누가, 무엇을, 어떻게 생산하는가—를 자본주의 분석의 중심에 놓는 것은 네오오페라이스모 이론가들이 오페라이스모로부터 계승한 방법론의 핵심이기도 하다. 예컨대 마라치는 **"금융화는 잉여가치와 전체 저축액의 많은 부분이 점점 더 비생산적으로 혹은 기생적으로 일탈하는 과정이라기보다 새로운 가치생산과정과 상응하는 새로운 자본의 축적 형태"**(39쪽)라고 말한다. 이 변화된 가치생산과정에 주목해 저자들은 오늘날의 자본주의를 인지자본주의 혹은 삶자본주의로 규정한다. 전자는 가치생산과정에서 지식, 정보, 소통, 창조성 등 인지적 요소가 생산과정에서 헤게모니를 차지하게 되었음을 가리키는 한편 후자는 생물학적인 의미의 삶(예컨대 유전자 정보)에서 돌봄, 교육 등을 통해 (재)생산되는 사회적 삶에 이르기까지 삶 자체가 가치 생산의 핵심 요소가 되었음을 의미한다. 중요한 것은 가치생산과정이 이렇게 변화함에 따라 노동과 자본 사이의 관계 또한 달라진다는 것이다. 저자들은 오늘날 산 노동이 자율적이게 되는 것에 비례해 자본은 점점 더 직접적 생산과정으로부터 외부적이게 된다고 주장한다. 인지적 요소와 사회적 삶의 생산이 산 노동의 창의적 수행성에 기초하는 이상, 자본은 그것이 포드주의적 생산 시대에 훈육적 방식으로 부과했던 것과 같은 노동 조직화를 더 이상 수행할 수 없다. 또한 이 생산이 공장과 사무실을 넘어 사회 전체의 협력에 기반한다는 점에서 오늘날 생산과정에서 작동하는 사회적 협력의 외연은 자본가 개인 혹은 집단이 조직할 수 있는 범위를 벗어난다. 즉, 이 책 3장에서 카를로 베르첼로네가 '가치법칙의 위기'의 핵심으로 지적하듯이 사회적 협력의 조직화를 통해 인류의 희소성에 맞선 싸움에서 자본이 수행했던 긍정적 기능은 오늘날 역사적으로 시효를 다했다. 이제 자본은 직접적 생산과정의 외부에서, 사회적으로 생산된 부를 단지 전유할 뿐이다. 이 책의 핵심 테제 가운데 하나인 '이윤의 지대화'는 바로 이러한 노동-자본 관계 및 자본의 착취 메커니즘의 변화를 가리킨다. 그리고 저자들에 따르면 금융화는 이윤의 지대화를 배경으로 이해되어야 한다. 즉 금융은 자본이 직접적 생산과정의 외부에서 가치를 포획할 수 있게 해 주는 주요 도구이다.

이렇게 금융 문제를 생산의 관점에서, 즉 금융화를 이윤의 지대화라는 더욱 넓은 맥락에서 분석하면서 저자들은 금융위기를 자본주의 체제가 지닌 모순의 표현으로 이해해야 한다고 주장한다. 지대의 발생이 그것이 기원하는 자원의 희소성에 근거하기에 이윤의 지대화는 희소성의 (인위적) 창출에 의존하는 한편 이러한 희소화는 오늘날 생산력의 원천인 산 노동의 자율성과 사회적 협력을 가로막는 장애물이 된다. 이 모순이 극명하게 나타나는 것은 인지적 생산의 영역이다. 지식, 정보 등 인지적 요소는 그 비배타성으로 인해 희소성의 원리에서 벗어나 있을 뿐 아니라 그것의 가치와 생산력은 그것이 공유되는 정도에 비례한다는 의미에서 희소성의 원리에 저항하기까지 한다. 그러나 인지자본주의는 이러한 인지적 생산물로부터 가치를 추출하지 않을 수 없는 바, 그 방식은 그것을 지적'재산'권을 통해 인위적으로 희소한 것, 하나의 가공架空 상품으로 만드는 것이다.

금융 문제와 보다 긴밀히 연결된 또 다른 인위적 희소화는 주거·의료·교육 등 (사회적) 삶의 재생산 영역에서 일어난다. 전통적으로 비상업적 논리에 따라 케인즈주의적 복지국가에서 적자지출을 통해 보장되었던 사회복지서비스는 신자유주의화를 거치며 급격히 상품화되고 희소성의 원리에 의해 지배된다. 이와 나란히 진행되는 노동의 불안정화와 이에 따른 소득의 감소는 결국 부채에 의존하지 않고서는 삶의 재생산이 불가능하게 만든다. 저자들의 분석에 따르면 1980년대 이후 금융의 폭발적 성장은 바로 이런 배경에서 가능했다. 점점 더 많은 사람들이 집을 사기 위해, 병을 치료하기 위해, 교육을 위해 금융에 의존할 수밖에 없게 되었을 뿐 아니라 소득의 감소를 충당하기 위해 자의든 타의든 금융시장에 투자자로 참여하게 되면서, 금융의 논리는 경제와 사회 모두를 지배하게 된다. 이런 점에서 저자들은 금융이 현 자본주의의 고유한 축적양식일 뿐 아니라 자본주의적 사회관계를 재생산하는 장치이기도 하다고 지적한다. 삶의 불안정화와 채무관계의 심화는 사람들을 강제로 노동에 구속시킴으로써 노동-자본 관계를 재생산하는 주요 장치이다. 나아가 금융은 사람들에게 (특히 낮은 금리로) 신용을 제공하여 부의 효과를 창출하면서 그들로 하여금 금융의 논리를 그리고 소유자 개인주의를 내면화하도록 한다. 푸코의 관점에서 보면 오늘날 금융은 투자하는 인간으로서 호모 이코노미쿠스를 생산하면서 삶권력의 장치로 기능한다.

요컨대 이러한 분석에 따르면 자본주의 초기에 있었던 공유지의 종획과 같은 일이 현재 인지적 영역과 삶의 재생산 영역에서 벌어지고 있다. 금융적 축적을 가능하게 하는 이 새로운 종획은 인지적 생산물의 자유로운 유통을 막음으로써 그것의 생산력을 감소시키고 사람들의 삶을 끊임없이 불안하게 만들고 원자화함으로써 산 노동의 자율성과 사회적 협력을 방해한다. 이런 점에서 저자들은 우리가 겪고 있는 금융위기를 마르크스가 자본주의의 내재적 모순으로 지적한 바 있는 모순, 즉 생산의 사회적 성격과 전유의 사적 성격 사이의 모순의 현대적 표현으로 이해해야 한다고 주장한다. 실제로 2008년 금융위기가 신용도가 낮은 주택담보대출인 서브프라임의 위기로 시작되었다는 점은 금융위기가 저 종획의 과정에서 축적된 모순이 폭발된 순간임을 보여준다.

3장에서 베르첼로네는 다음과 같이 말한다. "그람시가 정식화한 표현을 사용하자면 현재의 위기는 '거대한 위기'이자 비극적 순간으로서 그 핵심은 '바로 낡은 것은 죽고 새로운 것은 [아직] 태어날 수 없다'는 사실에 있다. 이런 공위기interregnum에는 그 어느 때보다 많은 병리현상들이 발생한다."(119쪽) 바로 이러한 진단이 현재의 금융 문제에 관한 논의에서 네오오페라이스모 이론가들의 가장 독창적이며 중요한 기여라고 할 수 있을 것이다. 우리가 공위기를 살고 있는 것이라면, 금융위기는 역사의 시계추를 돌려 금융의 지배력을 억제하고 '좋은' 자본주의—이미 죽어 버린 왕—를 복권하는 식으로는 극복될 수 없을 것이다. 금융위기의 극복은 산 노동의 새로운 형상에 걸맞은 새로운 정치·사회·경제적 제도의 발명을 통해서만 가능할 것이다.

이 책에는 금융위기 나아가 지금의 자본주의 체제를 극복하기 위한 아이디어들이 부분적으로 제시되어 있다. 저자들이 제안하는 핵심은 산 노동의 사회적 협력의 생산물, 즉 공통적인 것의 재전유를 가능하게 하는 새로운 복지제도를 구축하자는 것이다. 이들은 이를 공통적인 것의 복지 혹은 줄여 공통복지commonfare라고 부른다. 공통복지의 기획은 크게 두 가지로 구성된다. 하나는 사회적보장소득, 즉 무조건적 기본소득이다. 특히 네오오페라이스모 기본소득론의 특징은 기본소득이 재분배를 위한 제도가 아니라 생산적 노동에 대한 보수로서 1차 소득으로 간주되어야 함을 강조하는 데 있다. 오늘날 가치와 부의 생산이 사회 전체의 협력을 통해 이루어진다면, 이 생산에 참여한 것의 보수로서 모두에게 조건 없이 기본소득이 돌아가야 한다는 것이다. 이렇게 주어진 기본소득은 앞서 말한 소득과 삶의 불안정화에서 비롯된 임금관계에의 강제적 종속을 완화하고 산노동의 자율성을 증대시키는 효과를 낳을 것인 바, 이런 점에서 저자들은 기본소득이 공통적인 것에 기반한 새로운 사회를 향한 발동기로 기능할 수 있다고 본다. 다른 하나는 공기, 물, 기타 자연적 형태의 공통재에서 지식, 정보 등의 비물질적 공통재에 이르기까지 사회적 삶의 재생산을 위해 필수적인 공통재로의 자유로운 접근을 보장하는 것이다. 앞서 지적했듯이 현 자본주의의 축적은 이러한 공통재의 인위적인 희소화에 기반하며 이는 사회적 생산력을 크게 침해한다. 따라서 공통재에의 자유로운 접근은 자본의 전유에 맞선 재전유의 기획으로서, 기본적 삶의 수준을 보장하고 사회적 협력을 강화하기 위한 수단으로서 중요한 의미를 지닌다.[2]

이런 점에서 이 책에서 제시되는 분석과 제안들은 오늘날 한국에서 점점 더 활발히 진행되고 있는 기본소득 운동과 커먼즈commons 운동에 새로운 통찰 혹은 논쟁점을 제공할 수 있으리라 본다.[3] 이 책의 한국어본 발간이 네오오페라이스모에 대한 국내의 관심을 촉발하고 기본소득 운동과 커먼즈 운동 등 대안 사회를 모색하는 이론 및 실천을 더욱 풍요롭게 하는 데 기여할 수 있기를 바란다.

언제나 공부와 삶의 든든한 선배이자 동료인 공통주의 연구모임의 정남영, 윤영광, 채희숙, 박서현 님에게 이 자리를 빌어 감사의 인사를 드린다. 특히 이탈리아어 원본까지 참조하며 초고를 검토하고 교정해 주신 정남영 님께 깊은 감사를 드린다. 또 늘 격려와 응원

2 인지자본주의, 공통복지 등에 관한 네오오페라이스모 이론가들의 보다 본격적인 논의는 다음 책을 참조할 것. Fumagalli, A. et al.(ed.), op. cit.

3 네오오페라이스모의 커먼즈론에 관한 국내 연구로는 다음을 참조할 것. 윤영광, 〈네오오페라이스모의 커먼즈론: 자본의 코뮤니즘이라는 역설의 문제화〉, 《시대와 철학》, 33(3), 101-138, 2022.

을 보내 주는 친구 신정호, 김기승 님과 아내 심슬기 님에게도 고마운 마음을 전한다. 끝으로 이 책의 출판을 기꺼이 수락해 준 두번째테제 장원 편집장에게도 감사의 말씀을 드린다.